영안이 밝게 열리도록 인도하는 가이드

영안을 밝게 여는 비결

강요셉 지음

누구나 이 책을 정독하면 영안이 열릴 것이다.

영안이 열려야 문제의 전반적인 것을 깨달을 수 있다.
성도는 성령으로 영안을 열려는 노력을 해야 한다.

영안은 말씀을 삶에 적용하여 체험함으로 열린다.

영안을 밝게 여는 비결

성령

들어가는 말

모든 성도들이 영안이 열리기를 사모합니다. 그러나 영안에 대한 명확한 지식이 없기 때문에 영안이라고 하면 영물을 보는 것이 영안인 것으로 착각하는 경향이 있습니다. 그러나 영안은 영적세계에 한정하는 것이 아니고, 우리가 살아가는 세상에서 하나님의 역사와 사람의 역사와 마귀의 역사를 보는 것입니다. 또, 하나님의 말씀 안에서 영적인 비밀들을 아는 것입니다. 인간의 오감각을 통하여 알 수도 있는 것이 영안입니다. 지금 교회에는 영안이 열렸다는 성도와 교역자들에게 상처와 피해를 당하는 경우도 있습니다.

영안은 말씀을 깨달으므로 성령으로 열립니다. 또 마귀의 영향으로 열립니다. 영안은 말씀 안에서 성령으로 열려야 합니다. 그런데 마귀가 열어준 영안이 영물들을 더 잘 본다는 것입니다. 분별없는 성도와 교역자들이 눈에 괴이한 현상이 보인다고 다 된

줄로 착각을 하고 무분별하게 떠들고 다님으로 인하여 교회와 성
도들에게 상처를 준다는 것입니다. 하나님의 나라 확장에 전념
해야 하는 교회가 무분별한 은사활동으로 인하여 병들고 있다는
것입니다. 이 책을 쓰게 된 목적은 첫째, 우리 성도들로 하여금
영안을 열되 바르게 열어가자는 취지에서 책을 썼습니다. 둘째,
영안이 열렸다는 성도들에게 피해를 당하지 않게 하기 위해서 썼
습니다. 셋째, 나름대로 영안이 열렸다는 성도들이나 교역자들
이 이 책을 읽고 자신을 진단하여 교정하게 하기 위해서입니다.
아무쪼록 이 책을 통하여 많은 분들이 영안이 바르게 열리기를
소원합니다.

충만한교회 성전에서

주후 2013년 12월 20일

저자 강요셉목사

세 부 목 차

들어가는 말-3

01장 영안이 밝게 열렸나 진단하는 법 -7

02장 영안을 밝게 여는 비결 -33

03장 영안이란 정확이 무엇인지 깨닫자. -52

04장 영안중에 최고 영안을 여는 법 -68

05장 영안을 밝게 열기 위한 훈련 방법 -87

06장 영안을 열기위해 통과해야 될 과제 -106

07장 영적으로 사고해야 영안이 밝아진다. -125

08장 생소한 체험을 통과하면 영안이 열린다. -145

09장 영안을 밝게 여는 적극적인 비결 -166

10장 열린 영안을 진단하는 7단계 -181

11장 열린 영안을 분별하는 법 -200

12장 투시(심령감찰)로 열린 영안 −216

13장 입신(깊은 임재)로 열린 영안 −232

14장 환상을 보는 눈으로 열린 영안 −245

15장 영적지각을 느낌으로 열린 영안 −261

16장 의식이 변해야 영안이 밝아진다, −277

17장 영안으로 보아야 하는 신비 −298

18장 영안으로 분별되는 비밀들 −318

19장 영안을 밝게 여는 영적 비결 −339

20장 열린 영안을 관리하는 방법 −358

1장 영안이 밝게 열렸나 진단하는 법

(눅17:20-21)"바리새인들이 하나님의 나라가 어느 때에 임하나이까 묻거늘 예수께서 대답하여 이르시되 하나님의 나라는 볼 수 있게 임하는 것이 아니요. 또 여기 있다 저기 있다고도 못하리니 하나님의 나라는 너희 안에 있느니라."

하나님의 존재를 인식하고 인정하면 하나님의 은사는 노력해서 얻어지는 것이 아니라, 사모하는 가운데 계속 하나님의 말씀을 인정하고 인식하고 체험하면 은사가 열어지고 능력이 되며 영적인 세계가 우리 안에서 펼쳐집니다. 영안은 어떻게 열립니까? 하나님의 말씀을 삶에서 적용하면서 체험함으로 말씀 안에서 영안이 열리는 것입니다. 성령은 한 분이지만 은사는 여러 가지입니다. 영안이 열어지려면 이런 영적인 원리들을 알아야 합니다. 하나님의 음성을 듣기 위해 이론과 원리가 필요합니다. 심령을 감찰(투시)하는 영안이 열어지면 내 안에서 성령이 말씀하시는 소리를 들을 수 있게 됩니다.

그리고 자기 자신 안의 오장육부 신경 뼛 속 혈관 신체 내부가 다 보이게 됩니다. 영안이 열어짐과 동시에 영적 세계가 보입니다. 내 안에 있는 또 다른 나를 보게 됩니다. 성경 말씀이 역사하시는 것을 체험하게 됩니다. 하나님의 말씀이 내 안에서 능력이 되어집니다. 자기 자신의 영적상태를 알게 됩니다. 인간 관계가 회복이 됩니다. 하나는 죄와 허물을 보는 눈이 열리면 죄가 보여도 정죄하지 않으며 회개하게하며 마음을 열게 되고 하나님의 말씀과 상관이 있는 신앙을 회복하게 됩니다. 하나님과 관계를 회복하게 됩니다. 성경은 남의 눈의 티는 발견하고 내 눈의 들보는 보지 못한다고 하였습니다. 나의 허물을 보는 눈이 열리면 진단하고 점검하며 깨끗한 가운데 말씀이 역사하는 것을 보게 됩니다. 말씀이 생명으로 나에게 나타나기를 시작합니다. 자신을 볼 수 있는 영인은 신앙생활에 필수입니다

이제 제가 그동안 성령치유 사역을 하면서 영안이 열렸다는 성도와 사역자들로부터 당한 피해를 말하겠습니다.

1.사모님 머리에 구렁이 두 마리 감겼다.

지금 교회에는 영안이 열렸다고 하는 목회자와 성도들로 인하여 교회에 피해가 적지 않다는 것입니다. 저에게 몇 년 전 경기도 부천에서 목회하는 목사님이신데 한 3주 동안 열심히 다니면서 성령의 불세례와 치유의 은사를 받으시더니 저에게 이런 말을 하는 것입니다. 목사님 우리 교회는 개척교회인데 우리 교회 여 집사들 가운데 영안이 열렸다고 자랑하고 다니는 집사 두 명이 있습

니다. 자신들이 영안으로 사모를 보니, 사모 머리에 큰 구렁이 두 마리가 감겨있다는 것입니다.

그런데 문제는 우리교회에 와서 아직 정착을 하지 못한 여성도가 있었는데, 그 여 성도에게 사모 머리에 구렁이가 두 마리가 감겨있어 사모가 저 모양이니 교회를 떠나라고 했다는 것입니다. 그래서 그 여성도가 그 말을 믿고 교회를 떠났다는 것입니다. 목사님이 다른 성도에게서 이 말을 전해 듣고 사모에게 직접 이야기하면 사모가 기절할까봐 말을 못했다는 것입니다. 목사님 정말 사람 머리에 구렁이가 감고 있을 수가 있습니까? 그래서 제가 절대로 그 말을 믿지 말라고 했습니다.

도리어 그 여 집사들을 마귀가 점령하고 교회성장 방해하려고 장난을 치는 것이니 조금도 동요하지 말고 사모님을 모시고 오셔서 치유 받게 하라고 권면했습니다. 그러면서 제가 이렇게 말씀해 주었습니다. 예수를 믿었다고는 하나 말씀과 성령으로 완전하게 장악되지 않은 아담의 상태로 머물러 있는 육신에 속해 있어서 마귀의 영향을 받는 사람은 남의 허물을 드러내어 망신시키는 사람입니다. 말씀과 성령으로 치유된 성령의 사람은 허물을 덮어주는 사람입니다. 목사님 더 은혜 많이 받아서 영적인 지식을 넓히고 성령의 권능을 받아서 그 여 집사들을 나무라지 말고 예배 때마다 안수를 계속하라고 했습니다. 그러면 성령의 임재로 그 속에서 역사하며 헛된 것을 보게 하고 교만하게 하는 마귀가 떠나갈 것이라고 했습니다. 절대로 그 성도들의 언행이 잘못되었다고 질책을 하면 자신들의 정체가 폭로 되어 교회를 떠날지도 모르니 그냥 모르는 척하고 안수만 지속적으로 하라고 했습니다. 교회는 성도들이 떠나게 해서는 안 됩니다. 그 성도에게 역사하는 마귀만 떠나가면 되는 것입니다. 그리고 목사님도 바르게 영안을 열어 가시라고 권면한 일이 있습니다. 그래서 그때부터 저는 영안에 대하여 관심을 가지고 이론을 정립하기 시작하였습니다.

2. 제 눈에 영물들이 보여요.

경북에서 사는 여성도가 "**영분별과 기적치유.**"와 "**영안 열림의 혼돈과 분별법**" 책을 읽고 치유를 받기 위하여 찾아왔습니다. 2일 동안 은혜를 받더니 상담을 신청하여 상담한 내용입니다. 목사님 저는 지금까지 귀신에게 속으면서 살았습니다. 영적으로 잘못 알고 있는 지식으로 너무나 많은 사람들에게 상처를 주었습니다. 우리 외할머니는 무당을 했다고 합니다. 어머니는 제 기억에 하루도 평안하게 살지 못했습니다. 늘 머리가 어지럽고 아파서 진통제를 달고 살았습니다. 거기다가 온몸이 근육통으로 고생을 하셨습니다. 등이 아프다가 허리가 아프고, 다시 무릎의 통증으로 걸어 다니지 못할 정도로 고생 하시기도 했습니다. 좌우지간 하루도 평안한 삶을 사시는 것을 보지 못했습니다. 그렇게 고생을 하시다가 오 년 전에 예수를 영접하고 천국에 가셨습니다. 그렇게 예수를 믿어야 한다고 해도 거부하시다가 돌아가시기 3개월 전에 예수를 영접하고 돌아가셨습니다. 제가 예수를 믿은 동기는 저도 어머니와 비슷한 증상이 있어서 한약방, 병원 할 것 없이 다니면서 치유를 받으려고 했지만 치유가 되지 않았습니다. 그러다가 병원에서 어떤 분을 만나서 예수님을 믿으면 치유가 된다는 이야기를 듣고 예수를 믿었습니다. 예수를 믿고 부흥집회에 참석하여 성령체험을 했습니다. 그리고 나니 몸이 좀 가벼워지는 것 같았습니다.

그런데 문제는 성령을 체험한 이후부터 내 눈에 영물들이 보인다는 것입니다. 시도 때도 없이 영물들이 보입니다. 집안에 들어가도 귀신이 보이고, 교회 가는 길에서도 보이고, 교회 안에서도 보입니다. 정말 말로 표현 할 수 없는 이상한 형체의 영물들이 보이는 것입니다. 밤에 잠을 자다가 화장실에 가려고 일어서면 방문 앞에 귀신이 서있는 것입니다. 소스라치게 놀라기를 셀 수가 없을 정도로 했습니다. 문제는 악몽이 말도 못하게 꾸어지는 것입니다. 자연스럽게 밤에 잠을 깊게 자지 못한다는 것입니다. 늘 피곤한 상태로 지냅니다. 머리가 멍하고 어떤 때는 어지럽기도 합니다. 너무나 힘이 들어서 우리 교회에 신령하다는 권사님에게 물어보았습니다. 권사님이 하시는 말씀이 제가 영안이 열렸다는 것입니다. 하나님에게 감사하라는 것입니다. 그래서 나는 영안이 열린 줄로 알았습니다. 순식간에 교회에 소문이 났습니다. 내가 영안이 열렸다고 말입니다. 담임목사님도 나를 특별한 사람으로 취급할 정도가 되었습니다. 내가 지나가는 말로 어떤 성도가 귀신으로 보이더라고 하면 신령하다는 권사님은 그 성도에게 귀신이 역사하니 금식하고 기도 하라고 합니다.

또 한 가지는 누가 방언으로 기도를 하면 내속에서 무엇이 저 사람 귀신 방언을 하는 것이니 담임목사에게 이야기하여 못하게 해라! 그래서 권사님에게 이야기하면 당장 목사님에게 이야기를 하여 귀신방언을 하니 방언으로 기도하지 말라고 합니다. 그런데 저는 그럴 때마다 무엇인가 내가 잘못되었다는 생각이 늘 마음을 사로잡았습니다. 내가 진짜로 영안이 열리고 방언을 통역하는 것일까 항상 의구심을 가졌습니다.

교회 사람들에게 나의 상태를 이야기해도 영안이 열렸다는 말 뿐, 명쾌한 대답을 해주지 못했습니다. 계속 답답한 세월을 살아가다가 우연하게 기독교 서점에 갔습니다. 진열장에서 "영안 열림의 혼돈과 분별법"이라는 책을 발견하였습니다. 사다가 하루 만에 다 읽었습니다. 읽으면서 느낀 것은 내가 잘못되었다는 것입니다. 우리 교회 성도들이 영안에 대하여 잘못알고 있다는 것입니다. 그래서 만 일을 제쳐놓고 충만한 교회에 온 것입니다. 목사님 어찌하면 좋습니까? 내가 이렇게 대답을 해주었습니다. 성도님은 무속의 영들의 영향으로 그러한 현상이 일어나는 것입니다. 성도님이 잘못 되었다는 것을 알았으니 치유는 쉽습니다. 될 수 있는 한 지속적으로 오셔서 말씀과 성령으로 치유를 받아야 합니다. 강한 성령의 역사로 대물림되는 무속의 영들을 몰아내야 합니다. 집에 돌아가서도 계속 영성을 유지할 수 있도록 테잎을 듣는 것이 좋습니다. 내가 하라는 대로 순종하면 몇 개월 내로 정상으로 회복될 것입니다. 그리고 그런 영물들도 꼭 필요한 때 외에는 보이지 않을 것입니다. 그랬더니 이렇게 대답을 하는 것입니다.

목사님 감사합니다. 어찌하든지 와서 치유받아 저의 친정어머니 같은 생활에서 해방을 받겠습니다. 이분이 다행히도 친척집이 서울에 있어서 거기서 숙박을 하면서 몇 주 동안 치유를 받았습니다. 토요일날 개별집중치유도 두번 받았습니다. 정말 많은 귀신들이 소리를 지르며 떠나갔습니다. 점점 얼굴이 환해지고 안정을 찾았습니다. 내가 지나가면서 물어보면 영물들도 잘 보이지 않는다는 것입니다. 밤에 잠도 깊은 잠을 자고 있다는 것입니다. 몇 주 더 치유 받고 테이프를 사서 가지고 고향에 내려갔습니다. 얼마 전에 집회에 참석을 했습니다. 물어보니 이제 안정을 찾아 바르게 믿음 생활을 하고 있다는 것입니다. 무엇보다도 밤에 잠을 깊게 자니 마음이 평안해서 좋다는 것입니다. 또 눈에 이상한 것들이 보이지 않으니 살 것 같다는 것입니다. 목사님의 설교 말씀이 잘 들리니 좋다는 것입니다.

가정환경도 많이 좋아졌다는 것입니다. 이렇게 바른 복음으로 치유를 받으면 전인적인 복이 따릅니다. 그래서 저는 영안이 열렸느니, 은사가 나타났느니, 하는 성도들의 열매를 보아야 정확하게 알 수가 있다고 합니다.

3.영물이 보이고 불면증으로 고생했어요.

강북에 사시는 여 집사님이 눈에 귀신이 보이고, 불면증으로 고생을 하다가 치유 받은 사례입니다. 이 집사님이 지난 7년간 영적인 현상과 불면증으로 고생을 말로 표현 할 수 없이 당했다는 깃입니다. 이분이 말하기를 순간순간 영물들이 보입니다. 전철을 타고 가다가 순간 앞을 보면 뱀이 혀를 날름거리는 형상으로 보입니다. 깜짝 놀라서 가시 보면 사람이 앉아있습니다. 언제인가 전철을 타고 의자에 앉아서 가는데 옆을 돌아보고 싶어서 돌아보니 순간 호랑이가 쳐다보는 보습이 보입니다. 놀라서 다시 보니 건장한 남성이 앉아있는 것입니다. 버스를 타고 가도 마찬가지입니다. 앞에 옆에 앉고 서있는 사람들이 뱀이나 개나 고양이 모습으로 보입니다. 집안에 문을 열고 들어가면 현관 앞에 여자가 머리를 풀고 있는 모습이 보이고, 화장실에 들어가 귀신에게 놀라는 일이 대반사입니다. 화장실에서 볼일을 보다가 가위눌림을 당하기도 했습니다. 새벽에 교회 가는 길에서도 보이고, 교회 안에서도 보입니다. 정말 말로 표현 할 수 없는 이상한 형체의 영물들이 보이는 것입니다. 밤에 잠을 자다가 화장실에 가려고 일어서면 화장실 앞에 귀신이 서있는 것입니다. 시장을 가면서 앞에 가는 사람을 보면 순간 고양이를 어깨에 달고 가는 모습이 보입니다. 바짝 다가가서 보면 아무것도 없습니다. 이러한 현상으로 인하여 소스라치게 놀라기를 셀 수가 없을 정도로 했습니다. 문제는 잠을 잘 수가 없다는 것입니다. 눈을 감으면 거미가 거미줄을 가지고 저를 묶는 환영이 보입니다. 제가 거미줄에 둘둘 쌓여있는 모습으로 보입니다. 잠을 잔다고 해도 가위눌림을 당하기 일쑤이고 악몽이 말도 못하게 꾸어지는 것입니다. 자연스럽게 밤에 잠을 자지 못하는 것입니다. 평균 하루 밤에 한 시간 정도 잠을 잤다는 것입니다. 늘 피곤한 상태로 지냅니다. 머리가 멍하고 어떤 때는 어지럽기도 합니다.

그래서 아는 지인에게 사정을 이야기 했더니 예수를 믿어야 해결이 된다고 하여 예수를 믿고 교회에 다닌 지가 7년이 되었다는 것입니다. 자신은 고통스러워 죽을 지경인데 자신의 교회 전도사는 영안이 열렸을 때 일어나는 현상 같다고 말했다는 것입니다. 어느 성도는 귀신역사로 일어나는 현상이라고 축사를 받으라고 했다는 것입니다. 너무나 견디기 힘이 들어 치유를 받으려고 별별 곳을 다가서 내적치유를 하고, 귀신축사를 그렇게 해도 치유되지 않고 점점 더 심해지고 있다는 것입니다. 심지어 정신병원과 한약방에 가서 약을 수없이 사서 복용해도 효과를 보지 못했습니다. 그러다가 기독 서점에서 "가계의 고통을 끊고 축복받는 비결"과 "하나님의 복을 전이 받는 법" 책을 사서 읽다가 충만한 교회를 알고 치유 받으려고 왔다는 것입니다.

제가 물었습니다. 집시님 조상 중에 무당이나 점쟁이가 없습니까? 하니까, 자신의 고모가 무당이라는 것입니다. 제가 이것은 가계에 역사하는 무당의 영의 영향이라고 알려주었습니다. 그러면서 이는 1~2시간 치유를 한다고 해결이 되지 않습니다. 성령이 완전하게 장악을 하면 그때부터 내적치유가 되면서 귀신들이 떠나갈 것입니다. 7년이란 세월이 흘러서 역사하는 귀신의 영향도 강해진 상태입니다. 그래서 성령이 장악을 하는데 시간이 오래 걸립니다. 몇 주 지속적으로 다니면서 치유를 받으세요. 그러면 점점 좋아지면서 치유가 될 것입니다. 지속적으로 다니면서 치유를 받았습니다. 그러나 귀신의 영향력이 강하여 쉽사리 장악이 되지 않았습니다.

제가 매주 토요일 하는 집중치유를 권면 했습니다. 2시간 30분 동안 기도하며 안수를 받으면 성령께서 장악을 하실 것입니다. 이분이 하겠다고 했습니다. 예약한 날이 되어 저는 안수를 하고 그분은 기도하게 했습니다. 워낙 강하게 묶여서 쉽사리 장악이 되지 않았습니다. 2시간이 지나자 성령의 역사로 기침을 하면서 속에서 더러운 귀신들이 나왔습니다. 집중치유를 받고 효과가 좋았는지 한 번 더 받겠다고 하여 집중치유를 했습니다. 이번에는 성령으로 장악이 되어 정말 많은 귀신들이 떠나갔습니다. 울면서 마음의 상처가 치유되었습니다.

점점 얼굴이 환해지고 말하는 것이 부드러워졌습니다. 깊은 영의기도가 되었습니다. 기도 시간에 제가 안수를 하면 성령의 역사가 강하게 일어났습니다. 내가 지나가면서 물어보니 지금은 영물들이 잘 보이지 않는다는 것입니다. 밤에 잠도 잘 수 있다는 것입니다. 그러면서 뿌리를 뽑겠다고 하면서 3달을 더 다녔습니다. 영적으로 육적으로 완전하게 변했습니다. 지금 건강하게 생업에 열중하고 있습니다. 만약에 이런 현상으로 고생하시는 분은 걱정하지 말고 오셔서 말씀과 성령으로 근원을 치유받기를 바랍니다. 시간이 지나면 지날수록 치유가 힘들어집니다. 빠른 시간에 전문적인 영적 치유를 받아야 정상으로 회복이 됩니다.

4. 집사님은 귀신방언을 해요.

많은 성도들이 저에게 와서 자신의 방언이 진짜 방언인지 아닌지 분별하여 달라고 합니다. 제가 군에 있을 때 군 교회에서 부흥회를 했는데 그때 성령체험을 하고 방언을 하기 시작을 했습니다. 말로 하는 기도보다 방언으로 기도하니 너무나 좋고 감사하고 영적인 체험도 하고 영성도 깊어지는 것 같았습니다. 그러다가 다른 부대로 발령이 나서 가게 되었습니다. 그런데 그곳에 방언통역을 한다는 권사가 한 분 있었나 봅니다. 하루는 저와 가장 가까운 사람이 저에게 당신이 하는 방언기도는 귀신방언이니 하지 말라는 것입니다. 그리고 새벽에 기도할 때마다 제 옆에서 감시를 하고 방언하는 소리를 들어보는 것입니다. 그래서 제가 방언으로 기도를 하지 못했습니다. 그런데 문제는 방언으로 새벽에 기도를 하지 못한 날은 몸이 천근만근이고 기분이 좋지 못하여 하루 종일 고생을 한다는 것입니다. 방언으로 새벽에 기도하고 나면은 발걸음이 가볍고 하루가 상쾌하고 즐겁게 잘 지내는데 방언으로 기도하지 못하는 날은 정말 힘이 들었습니다.

그때 세가 느낀 것인데 사람은 영적인 존재이기 때문에 영성이 활성화 되지 못하면 건강에도 지장이 있다는 것을 체험으로 알게 했습니다. 그런데 제가 목회자가 되고 영적인 일에 관심을 많이 갖고 불같은 성령도 체험하고 나름대로 영성이 조금 깊어진 지금 생각하면 초등학교 일학년 수준인 영적인 지식을 가지고 저의 방언기도를 방해하여 영적성장에 지대한 영향을 미쳤다는 것입니다. 그래서 제가 방언 통역에 대하여 관심을 갖기 시작한 것입니다. 그때 하도 고생을 해서 말입니다. 그런데 제가 성령치유 사역을 하다가 보니 교회에 방언통역을 한다는 성도들로 하여금, 교회 성도들에게 상처를 주고, 피해가 막심하다는 것입니다. 몇 년 전 추석 집회할 때 어느 여전도사가 와서 저에게 이렇게 상담을 했습니다. 목사님 우리 교회 전도사 중에 나름대로 방언 통역을 한다는 여전도사가 있는데, 새벽 기도할 때 성도들의 방언기도를 들어보고 나름대로 평가하여 담임 목사님에게 이야기 하면 목사님이 그 성도에게 방언기도를 하지 못하게 한다는 것입니다.

그 피해자 중에 자기도 포함 된다는 것입니다. 그래서 자기가 방언으로 기도를 못하니 가슴이 답답하여 미칠 지경이라 휴일을 택해서 치유 받으러 왔다는 것입니다. 그래서 말씀 듣고 은혜 받고 심령을 치유 받고 제가 그 전도사의 방언을 들어보니 이상이 없는 성령으로 하는 영의 방언이었습니다. 그래서 이제 걱정하지 말고, 누구의 말에도 눌리지 말고 누가 무어라고 해도 방언으로 기도를 계속 하라고 조언한 일이 있습니다. 제가 성령치유 사역을 오래하다가 보니 개척교회나 큰 교회나 할 것 없이 목회자 분들이 영안이 열렸다, 방언 통역을 한다하는 성도들의 말을 잘도 믿는다는 것입니다. 분별해 보지도 않고 그 소리를 다 믿는다는 것입니다.

저의 임상적인 견해로는 방언을 어떤 소리로 하든지 상관할 필요가 없다는 것입니다. 방언은 계속적으로 바뀝니다. 방언을 하다가 성령의 불세례를 강하게 체험하고 영의 통로가 열리면 방언이 달라지고 바른 방언이 됩니다. 그러므로 방언하는 것 들어보고, 귀신 방언인가 판단하지 말아야 합니다. 또 방언 통역을 아무렇게나 하는 것이 아닙니다. 잘못된 방언도 목회자가 성령의 불세례를 체험하고 성령의 능력을 받아 안수기도를 하면 성령의 강력한 역사에 의하여 영으로 하는 방언으로 바뀌더라는 것입니다.

절대로 교회에서 자기 나름대로 방언 통역한다는 사람들은 자신의 심령 상태를 진단해 보아야 한다고 저는 강력하게 주장을 합니다. 왜냐하면 방언을 가장 듣기 싫어하는 것들이 귀신입니다. 그래서 귀신에게 눌렸던 성도들이 방언을 받으면 귀신들이 많이 축귀되는 것입니다. 특히 영으로 속으로 하는 방언에는 귀신들이 정말로 듣지 못하고 축귀됩니다. 그러므로 방언 통역한다고 들어 보고 귀신 방언 한다고 못하게 하는 그 성도가 바로 귀신 방언을 하는 것입니다.

방인기도의 분별은 본인이 하는 것입니다. 본인이 방언기도를 했을 때 마음이 뜨겁고 성령의 충만함을 느끼면 영으로 하는 방언입니다. 그러나 방언 기도를 하면 할수록 심령이 갑갑하고 영성에 변화가 없으면 잘못된 방언입니다. 이렇게 잘못된 방언을 하다가도 어느날 성령의 불세례를 체험하면 바른 방언으로 바뀌니까, 너무 성급하게 판단하여 낙심하거나 의기소침하면 영성에 해가 되니 참고하시기를 바랍니다. 그리고 방언통역은 심령이 성령으로 장악되고 치유되어 영감이 풍성하고 영안이 열리면 다 할 수 있는 은사입니다. 방언통역은사가 있다고 다 된 것은 아니라고 생각합니다. 심령에서 성령의 생수가 올라오는 성도가 되는 것이 더 중요한 일입니다. 사람이 하는 말에 신경 쓰지 말고 방언으로 기도하세요. 때가 되어 성령으로 충만해지면 방언도 바뀝니다.

5.목사님 하나님이 진노하세요.

   제가 부 교역자를 하던 때의 일입니다. 교회에 다니는 집사 중에서 남편하고 불화가 심하여 이혼을 결심하고 사십일 금식 기도를 하고 왔습니다. 그런데 보호식 기간에 교회에 나오면서 새벽기도를 했습니다. 그러던 어느 주일날입니다. 제가 1부 예배가 끝이 나고 2부 예배를 준비하고 있으면서 출입문 쪽을 보니까, 담임목사하고, 그 여 집사하고 막 손가락질을 하면서 다투는 것입니다. 그래서 저 여 집사가 미쳤나 조금 있으면 2부 예배를 인도해야 하는 목사님을 붙잡고 왜 저렇게 다투는 거야! 하고, 그저 먼발치에서 구경만 했습니다. 정말 상식이 없고 무식한 여자 입니다. 그러니까, 남편이 이혼을 하자고 하는 모양이구나 하며 혼자 말을 했습니다. 그래서 대관절 무슨 일 때문에 저렇게 다투는 것일까, 의아심을 가지면서 주일 예배를 마쳤습니다. 당시 우리 교회는 저녁 예배를 마치고 나면 교역자 회의를 합니다. 교역자 회의를 하면서 담임목사가 하는 말이 그 여자 귀신에게 눌렸다는 것입니다.

   당시 제가 부교역자를 하던 교회는 신도시로서 종교 부지에 교회를 지었습니다. 그런데 사기꾼이 그 종교 부지를 되팔아 먹으려다가 발각이 되어 사기죄로 감옥에 투옥된 상태였습니다. 그 사건을 귀신이 그 여 집사에게 알려준 것입니다. 목사가 그 사람을 감옥에 투옥되게 하여 하나님이 진노하신다는 것입니다. 그러면서 담임목사에게 회개하라고 했다는 것입니다. 나는 성령인데 담임목사에게 꼭 일부 예배가 끝나면 이야기하라고 해서 한다는 것입니다. 담임목사가 화가 나서 담당교역자에게 소리를 지르면서 나무라는 것입니다. 담당 교구의 성도들 교육을 똑바로 시키라고 말입니다. 그러면서 한 말 또 하고, 한 말 또 하고 하면서 회의를 하여 밤 열두시가 되어서 회의를 마쳤습니다.

저는 그때만 하더라도 그 여 집사가 영안이 열렸다고 하여 대단한 사람이라고 내심 부러워했습니다. 저는 그때 정말 영적인 무지한 이었습니다. 그래서 야! 성령께서 그런 것도 알려주시는 구나. 하고 대단히 의아하게 생각했습니다. 그런데 담임목사님이 하시는 말씀을 듣고, 이 여자가 귀신에게 이용을 당하고 있구나하며 생각 했습니다. 지금 생각하면 정말로 악한 영에게 사로잡혀서 지내는 집사가 분명하다고 생각합니다. 귀신은 결점을 드러내어 망신을 시키기 명수입니다. 이 여 집사는 자신 나름대로는 환상을 보고 심령을 감찰하며 하나님의 음성을 듣는 다고 하지만 귀신의 하수인 노릇을 하는 것입니다. 남편하고 이혼하려고 하는 그 심령에 성령의 역사보다 악령의 역사가 더 강할 것입니다. 그리고 그렇게 보여주고 알려준 것은 교회와 담임목사를 위하여 기도하라고 알려준 것인데 그렇게 발설하여 예배를 인도할 담임목사의 심기를 괴롭히니 마귀의 종이 분명합니다. 그러므로 교회에서 영안이 열렸느니 음성을 듣느니 심령감찰(투시)를 한다는 성도나 교역자의 심령 상태를 분별해야 합니다. 우리는 바른 영안을 열어 이런 성도들이나 교역자에게 당하지 마시기 바랍니다. 성령이 열어주는 영안은 꼭 필요한 경우에만 보게 하십니다.

6. 우리교회 예배모습 주님 어찌해야할까요.

어느 자매가 저에게 전화로 상담을 요청한 내용입니다. 목사님! "귀신축사 알고 보니 쉽다" 책을 읽고 목사님을 알았습니다. 그런데 목사님! 저는 아직 영안이 열리는 과정중이라 선명하게는 안보입니다. 제가 예배를 드리는 도중 저희 교회를 보았지요. 천장을 보니까 대문짝만하게 생긴 마귀가 히죽히죽 웃고 있었습니다. 그리고 강대상을 보니까 하얀 천사들이 아닌, 검은 물체들이 (사람모양) 강대상을 서로 손잡고 빙 둘러있었습니다. 그래서 마음속으로 기도했습니다. 아아~ 주님! 어찌해야 좋을까요? 목사님 어떻게 하면 좋겠습니까? 그래서 제가 이렇게 대답을 해주었습니다. 정신을 차리고 그런 잘못된 것을 보려고 하지 마세요. 그리고 만약에 보이거든 성령의 임재 하에 예수님이 주신 권세를 가지고 대적기도하세요. 그러면 물러갑니다. 영안이 열리면 헛것만 보이는 것이 아닙니다. 천사도 보이고 말씀 속에서 여러 가지 영적인 비밀들이 보이는 것입니다. 영안을 바르게 열어가도록 바른 지도자에게 바르게 지도를 받기 바랍니다.

7.사모님 때문에 교회가 성장하지 않아요.

몇 년 전에 안산에 사는 사모님에게 전화가 왔습니다. 이유는 남편 목사님이 영안이 열렸다는 성도들의 말을 듣고 사모에게 전하는 과정에서 부부 싸움이 일어난 것입니다. 사모님이 하시는 말씀이 이렇습니다. 자기 교회에 영안이 열렸다는 여 집사가 있다는 것입니다. 이 집사가 영안을 열어 사모를 보니 사모에게 교회성장을 방해하는 귀신이 따라 다닌다는 것입니다. 그 귀신들이 방해하기 때문에 교회가 성장되지 않는다는 것입니다. 이 말을 하면서 목사님이 사모에게 따라다니는 귀신을 축귀하라고 했다는 것입니다. 그러니 목사님이 사모에게 이 말을 하면서 사모에게 역사하는 귀신을 쫓아내야 하겠다고 했다는 것입니다. 이 말을 들은 사모가 기분이 어떠했겠습니까? 목사님에게 성도들이 하는 말을 믿고 나를 귀신의 영향을 받는 사람 취급을 하려고 한다고 소리를 질렀다는 것입니다. 그러니까, 목사님이 사모의 뺨을 때렸다는 것입니다. 한 번도 아니고 두 번이나 때렸다는 것입니다. 뺨을 맞고 분해서 저에게 전화를 한 것입니다. 정말로 자기에게 귀신이 따라다니면서 교회 성장을 방해하고 있는 것이 맞느냐는 것입니다. 영안이 열리면 귀신이 따라다니는 것이 보일 수가 있느냐고 질문하는 것입니다. 그래서 제가 이렇게 말했습니다. 사모님 억울하지만 참으세요. 원래 귀신의 영향을 받는 사람들은 교회를 파괴하고 가정을 파괴하는 일을 전문으로 하는 자들입니다. 절대로 사모님에게 귀신이 따라다니지 않습니다. 이것은 그 여 집사가 목사님과 사모님을 이간시켜 가정과 교회를 파괴시키려는 마귀의 간계입니다. 그냥 두어서는 더 큰 문제가 생길 수가 있으니 목사님을 설득하여 모시고 오세요. 다음 주 월요일에 사모님이 목사님을 모시고 오셨습니다. 목사님에게 이렇게 말해주었습니다. 그 여 집사는 귀신의 영향을 받아 목사님의 가정과 교회를 파괴하려고 그렇게 말을 하는 것입니다. 여 집사에게 잘못되었다고 이야기 하면 자신의 정체가 폭로되어 교회를 떠납니다. 아무소리 하지 말고 기도하는 시간에 안수를 하세요. 그러면 성령의 역사로 귀신이 떠나가니 헛것들을 보지 못할 것입니다. 몇 주만 그렇게 해보세요. 그러면 이상한 소리를 하지 않을 것입니다. 문제가 생기면 전화를 하라고 하고 집회시간에 불 안수를 해드렸습니다. 며칠을 다니면서 치유 받고 능력을 받았습니다.

몇 주가 지난 다음에 사모님에게 전화가 왔습니다. 목사님이 예배 시간마다 안수를 하니 머리가 너무나 아파서 교회에 있지 못하겠다고 하면서 교회를 떠났다는 것입니다. 목사님이 사모님에게 미안하다고 용서를 구했다는 것입니다. 그래서 일이 잘 마무리 되었다고 감사하다는 것입니다. 지금 교회에는 이렇게 자칭 영안이 열렸다는 성도들로 인하여 목회자들이 많이 당하고 있습니다. 이렇게 영적으로 혼탁한 성도들이 거의 영권이 약한 개척교회 목회자들을 미혹하고 있습니다. 한 두건이 아닙니다. 그러므로 개척교회 목회자들은 무엇보다 영적인 눈이 열려서 이런 성도들에게 농락당하지 말아야 합니다. 문제는 교회성장 방법은 공부하고, 성경공부 시키는 것은 배우려고 하지만 자신의 영안을 열고 영성을 깊게 하는 것에는 관심이 없는 것이 보통입니다. 그러니 개척교회가 성장하지 않는 것입니다.

8. 목사님 하늘에 무슨 용늘이 이렇게 많습니까?

얼마 전에 미국에 있는 어느 여 집사에게서 전화가 왔습니다. 국제 전화를 한 이유는 제가 쓴 책 중에 "성령의 불세례를 체험하라."와 "가계의 고통을 끊고 축복 받는 비결"을 읽어 보았는데 자신의 궁금증이 풀리지 않는 것이 있어서 저에게 물어보려고 전화를 했습니다. 자신은 영안이 열렸는데 하늘을 보면 용들이 그렇게 많이 보인다는 것입니다. 그래서 하늘을 바라 보기가 두렵다는 것입니다. 그래서 제가 그랬습니다. 집사님! 그것은 집사님이 아직 성령으로 완전하게 장악되지 않아서 집사님 안에 육성(아담)이 남아있어서 그 육성에서 역사하는 마귀가 보여주는 것입니다.

지금 집사님의 심령에 육신적인 것들이 아직 남아 있습니다.

말씀과 성령으로 치유를 받아 권능이 임하면 보이지 않을 것입니다. 사실 세상에 용들이 많이 있는 것은 사실입니다. 왜냐하면 하나님이 요한일서 5장 19절에서 이렇게 말씀했기 때문입니다. "또 아는 것은 우리는 하나님께 속하고 온 세상은 악한 자 안에 처한 것이며" 세상은 악한 자에게 처해 있기 때문에 육성(성령으로 완전하게 장악되지 않는 아담 안에 있는 영육상태)으로 열린 눈으로 세상을 바라보면 용들이 많이 보일 수가 있습니다.

그러나 하나님은 요한일서 4장 4절에서 이렇게 말씀하십니다. "자녀들아 너희는 하나님께 속하였고 또 그들을 이기었나니 이는 너희 안에 계신 이가 세상에 있는 자보다 크심이라." 세상에 있는 자보다 크신 하나님이 집사님을 장악하면 악한 것들은 될 수 있으면 보이지 않으려고 숨을 것입니다. 그리고 제가 체험한 이야기를 해주었습니다. 제가 시화에서 목회할 때에 우울증 환자를 약 2시간 동안 축귀를 했습니다. 그러고 나서 교회를 보니 여기저기 구렁이들이 돌아다니고 있었습니다. 그래서 "내가 예수 이름으로 명하노니 더러운 영들은 떠나갈지어다. 내가 예수 이름으로 우리 교회 안에 예수 피를 뿌리노라. 예수 이름으로 명하노니 더러운 영들은 물러갈지어다." 그렇게 대적기도를 하고 보니까, 구렁이가 한 마리도 없었습니다. 예수 이름 앞에 악귀는 물러가는 것입니다. 집사님 무슨 말인지 알아들으셨지요. 집사님! 지금 하늘을 한번 보세요. 지금도 용들이 보입니까? 예! 지금도 보입니다. 그러면 이렇게 해보세요. "내가 예수 이름으로 명하노니 더러운 용들은 떠나갈 지어다." 하면서 서너 번 대적기도를 해보세요. 그렇게 해보시고 조금 있다가 다시 전화를 하세요. 조금 있다가 전화가 왔습니다.

그래서 그렇게 대적기도를 해도 보이더냐고 질문을 했습니다. 그랬더니 웃으면서 신기하게 "내가 예수 이름으로 명하노니 더러운 용들은 떠나갈 지어다." "내가 예수 이름으로 명하노니 더러운 용들은 떠나갈 지어다." "내가 예수 이름으로 명하노니 더러운 용들은 떠나갈 지어다."하고 세 번 기도를 했더니 하나도 보이지 않는다는 것입니다.

내가 이렇게 말해주었습니다. 앞으로 보일 때마다 대적기도를 하세요. 그러면 그렇게 영물들이 보이는 현상이 없어질 것입니다. 이렇게 하는 데도 다시 보이면 저에게 전화를 해주세요. 지금 일 년이 지났는데 전화가 오지 않습니다. 많은 성도님들이 하나님이 주신 권세를 사용할 줄을 모릅니다. 영안은 하나님이 자신에게 준 권세를 알고 사용하는 자가 영안이 열린 자입니다.

9. 아빠! 여기도 귀신, 저기도 귀신이 있어요.

정이라는 자매의 영적인 상태와 이야기입니다. 이 자매는 우리 교회에 오기 전에 영적인 세력들의 영향으로 정신적인 문제가 발생하여 치유를 받으러 온 것입니다. 그러면서 저에게 이렇게 말했습니다. 목사님 저는 영적인 문제에 시달리다가 충만한 교회에 오게 되었습니다. 영적인 문제는 다름이 아니고 자꾸 눈에 악한 영들이 보이고, 밤에는 아예 잠을 자지 못할 정도로 불면증과 악한영의 괴롭힘에 일 년 반을 시달렸습니다. 그리고 심한 우울증으로 일 년을 고생하였습니다. 이곳저곳 능력이 있다는 곳에 다 다녔어도 치유 받지 못했습니다. 그래서 제가 이렇게 말했습니다. 자매님 하나님은 못하시는 것이 없으신 권능의 하나님이십니다. 제가 말하는 것을 믿고 매일 저희 교회의 치유집회에 참석하세요. 그러면 분명하게 치유가 될 것입니다. 그러니까. 이 자매의 얼굴에 화색이 생기면서 알았습니다. 감사합니다. 그러면서 지속적으로 다니면서 치유를 받았습니다. 이분의 아버지가 저에게 하는 말이 아파트 문을 열고 들어가면 아빠 여기 귀신이 있어요, 하고 놀라고, 또 저기도 귀신이 있어요, 하며 놀라고, 자다가도 귀신이 나타났다고 소리를 질렀다는 것입니다.

그러면서 저에게 하는 말이 목사님 한번 생각해 보세요. 잘 길러서 미국 유학을 7년이나 다녀와 영어를 그렇게 잘하던 딸이 연속적으로 스트레스를 많이 받다가 그만 스트레스가 쌓여서 저렇게 순간적으로 변해 버리니 아버지의 마음이 찢어집니다. 지난 일 년 반 동안 안 해본 것 없이 다 해보았습니다. 목사님 저희 딸을 예수 이름으로 치유하여 종전같이 회복 되도록 도와주세요.

그래서 제가 이렇게 대답을 했습니다. 예수님은 못 하시는 것이 없습니다. 의지를 가지고 제가 하라는 대로 순종하고 연속적으로 집회에 참석하여 말씀 듣고 불같은 성령을 체험하고 안수기도 받으면 정상으로 회복이 됩니다. 하고 안심을 시켰습니다.

본인의 말로는 무당 옷을 입은 귀신은 밤에 많이 나타나고, 흉측하게 생긴 귀신은 낮에도 아파트 문을 열면 나타나 놀라게 했다는 것입니다. 그래서 이곳저곳을 헤매며 돌아다니면서 치유 받으려고 하다가 도저히 해결 받지 못하고 어느 분의 소개를 받고 충만한 교회에 다니면서 치유를 받게 된 것입니다. 아버지와 어머니 모두 등록을 하고, 매주마다 영적인 말씀을 듣고 영성 훈련을 하며, 매시간 목사님의 안수를 받으면서 악한 영들이 때로는 울면서 떠나가고, 어떤 때는 악을 쓰면서 떠나가고, 어떤 때는 얼굴과 몸이 뒤틀리다가 떠나가고, 그리고 떠나가면서 각각 형상으로 보여주면서 떠나갔습니다. 그렇게 한 달 정도 치유를 받으니까, 나를 놀라게 하고 괴롭히던 악한 영들이 서서히 보이지 않았습니다.

영적인 깊은 말씀을 듣는 중에도 하품을 통해서 말도 못하게 떠나갔습니다. 하루에 화장지 한통이 들어갈 정도로 많은 더러운 것들과 상처들이 치유되었습니다. 한 두 달이 지나니까, 잠이 잘 오고 불면증도 서서히 사라졌습니다. 그리고 악한 것들도 보이지 않고 밤에도 조용하게 잠을 잘 수 있었습니다. 그러나 우울증의 현상은 완전히 없어지지 아니하고 여전히 남아서 저를 괴롭혔습니다. 그래서 끝까지 치유 받아 정상적인 생활을 하려고 계속 다녔습니다. 4개월이 지나고 5개월 중간쯤 되니까, 마음이 상쾌해지고 삶에 생기가 돌고 우울증이 사라지는 것이었습니다.

그리고 목사님의 말씀이 꿀같이 달게 들려졌습니다. 성경을 읽으면 옛날에는 하나도 보이지 않았는데, 눈에 쏙쏙 들어오는 것을 보니 영안도 열린 것이 분명합니다. 그래서 저는 이렇게 생각합니다. 하나님이 못 고칠 질병이 없고 못 떠나보낼 악한 영이 없다, 그리고 눈에 악한 영이 보인다고 자랑하는 사람들은 정신적으로 영적으로 조금 문제가 있다는 것을 체험적으로 알게 되었습니다. 왜냐하면 그렇게 낮이나 밤이나 눈에 보이면서 괴롭히던 귀신들이 이제 봄 햇살에 하얀 눈이 녹아 없어지듯이 없어졌기 때문입니다. 저에게 이렇게 간증하는 것입니다. 예수를 믿으면서도 이런 고통을 당하는 분들이여, 쓸데없는 고통당하지 말고 시간여유를 가지고 저같이 치유를 받고 참 평안과 주님의 은혜를 체험하시기를 바랍니다. 우리가 잘못 알면 이렇게 고통을 당하기도 합니다.

10. 영안이 열렸으면 분별력을 기르자

지금 교회에는 영안이 열렸다는 성도들과 교역자들로부터 피해가 대단합니다. 성도들도 피해를 당하고 있습니다. 목회자들도 영안이 열렸다는 성도들로부터 피해를 당합니다. 그것도 작은 교회목회자들이 많이 당한다는 것입니다. 저에게 거의 일주일에 한 두 번씩 문의 전화가 옵니다. 그럴 수가 있느냐고 물어오는 것입니다. 우리 눈에 무엇이 보인다고 함부로 말하다가는 영락없이 귀신의 하수인이 되고 만다는 것을 아시기를 바랍니다. 그리고 귀신을 무서워하지 마세요. 성령의 임재 하에 예수 이름으로 대적하면 물러갈 수밖에 없는 존재입니다.

우리는 조심해야 합니다. 왜 조심해야 하냐면 잘못하면 믿음이 약한 성도들이 자신도 이런 신비한 것을 체험해보려고 말씀을 멀리하고 신비한 체험만 하려고 하는 신비주의자로 만들 수 있기 때문입니다.

신비주의자는 하나님의 말씀보다 신비 체험을 더 우월하게 여기는 성도입니다. 우리는 신비한 성도이지 신비주의자는 아닙니다. 자신의 심령을 예수 심령으로 만들면 자신 스스로 천국을 누릴 수 있다고 생각합니다. 그리고 이왕 영안으로 보려면 예수님이 나의 죄 때문에 채찍에 맞으시고 십자가에 달려 고통하면서 숨을 거두시는 보습을 보려고 하시기를 바랍니다. 이 땅에서 마음의 천국도 누리지 못하면서 천국 보려고 하지 말고 마음 천국을 이루시기 바랍니다.

2장 영안을 밝게 여는 비결

(에베소서 1:17-19)"우리 주 예수 그리스도의 하나님 영광의 아버지께서 지혜와 계시의 정신을 너희에게 주사 하나님을 알게 하시고 너희 마음눈을 밝히사, 그의 부르심의 소망이 무엇이며, 성도 안에서 그 기업의 영광의 풍성이 무엇이며, 그의 힘의 강력으로 역사하심을 따라 믿는 우리에게 베푸신 능력의 지극히 크심이 어떤 것을 너희로 알게 하시기를 구하노라"

예수를 믿고 성령으로 거듭난 성도는 영의 눈을 열어 하나님의 역사를 보고 듣고 따라가야 합니다. 많은 성도들이 영안이라고 하면 귀신을 포함한 영물을 보는 것으로 알고 이해하고 있는 경우가 많습니다. 그러나 영의 눈은 단지 영물들만 보는 것이 아닙니다. 세상의 모든 천지 만물을 하나님의 눈으로 바라보는 것이 영안입니다. 모든 세상의 일과 문제들을 하나님의 차원으로 보고 배후를 알아내는 것이 영안입니다

옛말에 "내 몸이 100냥이면, 눈은 99냥"이라고 했습니다. 그만큼 눈이 중요하다는 말입니다. 사람은 육적이면서 영적인 존재이기 때문에 많은 성도들이 영안에 관심이 많습니다. 관심이 많은 것에 비하여 영안에 대한 명확한 성경적인 진리가 정립되

어 있지 않았습니다. 목회자 역시 영안에 대한 명확한 교리가 정립되지 않아서 성도들을 관리하고 훈련하는데 애로가 많습니다. 이러한 이유로 인하여 많은 교회에서 자신만 알아주는 영안이 열렸다고 하는 성도들로 인해서 문제를 야기하고 있습니다.

영안은 하나님의 눈으로 천지만물을 입체적으로 보는 것이라고 말할 수 있습니다. 하나님은 고린도전서 2장 13절에서 이렇게 말씀합니다. "사람의 지혜가 가르친 말로 아니하고 오직 성령께서 가르치신 것으로 하니 영적인 일은 영적인 것으로 분별하느니라." 영안은 성령으로 열려야 한다는 말씀입니다.

그런데 지금 일부 교회에서는 말씀과 성령으로 열리지 않고, 악령의 역사로 열린 영안을 가지고 무분별하게 성도들과 교회를 판단하여 분리시키는 사람들이 있습니다. 더 큰 문제는 이렇게 문제를 일으켜도 명확한 성경적 근거와 영권을 가지고 제재할 수가 없다는 것입니다.

필자가 지난 세월동안 영안에 대하여 상담을 한 결과는 이렇습니다. 교회에서 문제를 일으키는 사람들이 성령을 체험하고 순간 열렸거나, 어느 충격적인 사건을 경험한 다음에 눈이 열려 귀신을 보게 되었다는 것입니다. 심지어 사람의 호주머니에 무엇이 있는지 아는 성도들도 있습니다. 어느 여 목사는 집회 시에 십일조를 떼어 먹은 성도들을 찾아내어 모두 계산하여 헌금하도록 한다는 것입니다. 이 소문을 들은 일부 큰 교회에서 이

분을 데려다가 부흥회를 열었습니다. 여 목사가 집회간 십일조를 떼어먹은 성도들을 찾아내어 그동안 드리지 않은 십일조를 계산하여 토해내게 했다는 것입니다.

이런 영안은 성령으로 열린 것이라고 단정할 수 없습니다. 성령은 인격이시기 때문에 성도의 허물을 드러내어 망신시키지 않습니다. 다만 본인이 깨닫고 알아서 회개하기를 기다리는 것입니다. 이런 유형의 사람들에게 속지 마시기를 바랍니다. 그러나 모르면 속습니다. 이 책을 끝까지 읽으시고 바르게 알고 바르게 영안을 열어 하나님의 의의 도구들이 되시기를 바랍니다.

사람은 육적이면서 영적인 존재입니다. 모든 사람 안에 신령적인 요소가 있습니다. 이 신령적인 요소가 강력한 성령의 역사를 체험하면 순간 열리게 됩니다. 순간 열려서 영적인 존재들이 보일 수가 있습니다. 필자가 체험한 바로는 이렇게 보이다가도 지속적으로 말씀과 성령으로 치유하게 되면 보이지 않는 것이 보통입니다. 자신이 성령으로 장악이 되면 더 이상 보이지 않습니다. 이런 유형의 성도들을 상담한 결과 90%이상이 선조들이 어떤 영적인 일(무당, 점쟁이, 남묘호랭개교, 굿이나 제사를 많이 지낸 경우)을 한 사람들이었습니다.

다른 경우는 선조들이 어떤 영적인 일(무당, 점쟁이, 남묘호랭개교, 굿이나 제사를 많이 지낸 경우)을 한 후손이 충격적인 일(심하게 놀람, 폭행, 밤에 놀람)을 당한 후에 자신의 내면에 역사하던 악한 영의 역사가 밖으로 드러나는 경우가 있었습니다. 이때부터 악한 영이 보여주는 영물들을 보게 됩니다.

또 다른 경우는 선조가 우상을 많이 숭배하여 영적으로 혼탁하고, 상처가 많은 사람들이 세상을 살아가면서 스트레스와 충격을 받다가 보면 체력이 소진됩니다. 사람의 체력이 사기(악한 기운)를 감당할 능력이 되지 않을 때 악한 기운이 사람을 장악하게 됩니다. 이때부터 주야로 영적인 세력들이 보입니다. 그래서 사람이 미치는 것입니다. 이렇게 되면 정상적인 생활을 못하게 되는 것입니다. 이를 종합하여 보면 시도 때도 없이 눈에 무엇이 보인다는 것은 모두 잘못된 것입니다. 반드시 성령은 필요한 경우에만 보여 주십니다. 귀신을 축사할 때 보입니다. 심령을 치유할 때 보입니다. 가정의 문제를 치유할 때 보여주시기도 합니다. 상담할 때 보여주시기도 합니다. 신유 안수 기도를 할 때 보이기도 합니다. 성경을 읽을 때 영적원리와 말씀의 비밀이 보입니다.

저에게 와서 상담한 사람들 중에 전철을 타고 갈 때도 영물들이 보인다는 성도들이 많습니다. 자신이 영물들을 본다고 자랑하는 것과 같이 말을 합니다. 그러나 제가 바르게 알려주고 치유를 받도록 권면합니다. 이런 분들이 몇 주 동안 말씀과 성령으로 치유를 받으면 보이지 않는 다고 합니다. 우리는 눈에 무엇이 보인다고 다 된 것이 아닙니다. 반드시 분별해야 합니다.

1. 사람이 보는 눈의 종류

사람의 눈은 어떤 관점을 가지느냐에 따라서 두 개로 구분할 수도 있고, 세 개로 구분할 수 있습니다. 저는 사람의 눈이 세 개라는 관점을 가지고 있습니다. 첫 번째 눈은 말 그대로 육신적인 눈입니다. 눈에 보이는 대로 사물을 바라보고 인식할 수 있는 눈입니다. 자신의 노력 없이 사물을 볼 수 있는 눈입니다. 다른 분석력이 없이 보이는 그대로 볼 수 있는 눈입니다.

두 번째 눈은 마음의 눈입니다. 눈에 보이지는 않지만 마음으로 볼 수 있는 눈입니다. 슬픔을 당한 사람의 고통이나 아픔은 공감하는 마음의 눈으로 봐야만 보입니다. 겉으로 드러나는 모습만 보는 육신의 눈으로는 한 사람이 웃고 있으면 웃고 있는 것으로 밖에 보이지 않지만, 그 사람을 공감하는 마음의 눈으로 보면 그가 웃고 있는 것은 웃고 있는 것이 아니라, 사실은 울고 있다는 사실을 볼 수 있습니다.

세 번째 눈은 영의 눈입니다. 사람의 삶엔 육신의 눈과 마음의 눈으로도 볼 수 없는 영적인 부분이 있습니다. 초자연적인 영의 세계는 영의 눈이 열려야 보입니다. 예수를 믿는 사람은 성령으로 영의 눈이 열려야 하나님의 역사를 볼 수가 있습니다. 사람은 영적인 존재이기에 사람을 둘러싸고 일어나는 일들은 영적인 세계와 연관성이 있습니다. 사람을 둘러싸고 있는 영적인 일들은 영적인 눈으로만 볼 수 있습니다. 영의 눈은 한 차원 더 깊은 눈입니다. 사물을 입체적으로 보는 눈입니다. 성도는 육신적인 눈도 열려야 하고, 마음의 눈도 열려야 하지만, 영의 눈이 열려야 사물을 정확하게 분석을 하고 평가하여 결정할 수가 있습니다. 또 눈으로 하나님의 역사를 보고 계시를 듣고 따라갈 수가 있습니다. 영의 눈을 열어 하나님의 역사를 보고 따라가야 인생을 성공할 수가 있습니다. 이처럼 사람에겐 세 개의 눈이 있는데 어떤 눈으로 보느냐에 따라서 같은 것을 보면서도 보는 것이 다릅니다. 무엇인가를 제대로 보기 위해서는 육신의 눈과 마음의 눈, 그리고 영의 눈으로 함께 보아야 합니다. 자연을 볼 때 육의 눈으로만 보면 경치만 보입니다. 마음의 눈으로 보면 아름다움과 황홀한 감동이 옵니다. 영의 눈으로 보면 그 자연을 만드신 창조주 하나님이 보입니다.

사람을 볼 때도 마찬가지입니다. 육의 눈으로 보면 그가 잘생겼는지 예쁜지 키는 얼마나 되는지와 같은 외모가 보입니다. 마음의 눈으로 보면 그가 어떤 마음을 가진 사람인지 마음이 보입니다. 영의 눈으로 보면 그 사람 안에 있는 하나님의 형상이 보이고 마음에 품고 있는 중심이 보입니다. 성경을 볼 때에도 육의 눈으로만 보면 글자만 보입니다. 마음의 눈으로 보면 그 안에 담겨 있는 사람들의 고통과 아픔이 보입니다. 사람들의 희로애락이 보입니다. 영의 눈으로 보면 하나님께서 일하시는 것이 보이고 하나님의 마음이 보이고 하나님께서 구원사역이 보입니다. 성도가 세상을 살아가면서 당하는 문제를 해결하는 영적인 원리가 보입니다.

이와 같이 사람은 육의 눈, 마음의 눈, 영의 눈이 있고, 그것들을 종합해야 무엇이든지 제대로 볼 수 있습니다. 그렇기에 사람은 이 세 개의 눈이 다 열려 있어야 하는데요. 문제는 대부분의 사람들에게 육의 눈은 열려 있고, 마음의 눈도 조금 노력하면 열리는데, 영의 눈은 사람이 노력하고 애쓴다고 해서 열리는 것이 아니라는 것입니다. 반드시 성령으로 세례를 받고 영적인 사고를 하고 말씀을 삶에 적용하며 체험함으로 열리는 것입니다.

2. 하나님은 세 개의 눈으로 창조

하나님께서 아담(사람)을 창조하실 때에는 사람들의 육의 눈과 마음의 눈, 그리고 영의 눈이 열려 있었습니다. 그러나 사람(아담)이 죄를 지음으로 말미암아 사람의 영이 죽었고, 그와 함께 영의 눈도 닫혀버렸습니다. 영적인 눈이 닫힌 이후로 사람들은 단지 육적인 눈에 보이는 것만 보거나, 정서적인 공감으로 사람의 마음을 보는 것은 할 수 있지만, 정작 사물의 본질이라고 할 수 있는 영적인 일들은 보지 못하게 되었습니다.

그런데 참으로 이상한 것은 사람들이 영적인 눈이 감겨 있으면서도 별 불편함이 없이 지낸다는 것입니다. 그냥 눈에 보이는 것만 보면서 아무 문제가 없는 것처럼 삽니다. 하지만 그것은 제대로 보는 것이 아닙니다. 껍데기만 보고 있을 뿐입니다. 본다고 하면서 정작 중요한 영적인 것을 보지 못하는 사람을 우리는 영적인 소경이라고 합니다.

육신의 눈이 먼 소경의 가장 중요한 소원이 있다면 눈을 뜨는 것이겠지요. 눈이 보이지 않아서 답답한 것이 한두 가지가 아니기에 앞을 보지 못하는 사람들은 돈보다 보는 것이 더 중요합니다. 이와 마찬가지로 영적으로 눈먼 사람의 소원은 영의 눈을 뜨는 것이어야 합니다. 그런데 문제는 많은 사람들이 영적으로 눈이 멀었으면서도 자신의 눈이 멀었다는 사실 자체를 모른다는 것입니다. 육신의 눈을 뜨고 있으니 자신은 눈을 뜨고 있다고 생각합니다. 아니 영적인 눈이 있다는 것 자체를 모르는 사람이 있습니다. 이렇게 영적인 눈이 있다는 것을 모르는 사람들, 영적인 눈이 감겨 있으면서도 자신이 눈을 뜨고 있다고 생각하는 사람들은 참으로 답답한 사람들입니다. 자신이 영적으로 눈이 멀었다는 것을 알면 그래도 눈을 뜨려는 소망이 있는데, 영적인 눈이 있다는 것도 모르고, 자신이 눈이 멀었으면서도 아니라고 생각하는 사람들은 먼저 영의 눈이 있다는 사실과 자신이 실상은 소경에 불과하다는 사실을 깨달아야 합니다.

어떻게 깨달을 수가 있습니까? 성령으로 세례를 받고 영적인 세계에 대한 말씀을 들으므로 영이 깨어나야 합니다. 성령으로 전하는 생명의 말씀을 들으면 영이 깨어나게 됩니다. 영이 깨어날 때 자신이 영적인 소경이라는 것을 알게 됩니다. 영안이 열리려면 무엇보다도 영적인 체험이 있고 성령으로 충만한 목회자의 말씀을 많이 듣는 것이 중요합니다. 한마디로 자신의 영안을 열어줄 멘토를 찾고 만나야 합니다. 하나님은 성령의 인도를 받는 사람을 통하여 성도의 영안을 열어 가십니다.

우리들은 어떻습니까? 우리는 영적인 눈이 있다는 사실을 믿습니다. 그렇다면 우리는 영적인 눈을 뜨고 있습니까? 아니면 감고 있습니까? 자신의 상태를 정확하게 아는 것이 중요합니다. 예수님 당시의 바리새인들은 자신들이 육의 눈을 뜨고 있어서 겉으로 드러나는 일들을 보면서 소경이 아니라고 생각했는데 예수님께서는 그들에게 너희가 스스로 본다고 생각하는데 정말 중요한 것은 보지 못하는 영적인 소경들이라고 말씀하셨습니다. 그러면서 예수님은 육의 눈으로 보는 것도 필요하지만 더 중요한 것은 영의 눈으로 보아야만 알 수 있다고 말씀하셨습니다. 그렇습니다. 정말 중요한 것은 영의 눈으로 보아야 합니다.

3. 영의 눈은 어떻게 열릴 수 있나?

영의 눈은 하나님께서 열어주셔야만 열립니다. 다른 방법은 없습니다. 그렇기에 성도들은 하나님께 영의 눈을 열어주시길 기도해야 합니다. 성령의 인도로 자신의 영의 눈을 뜨게 할 멘토를 만나게 해달라고 기도해야 합니다. 본문에서 바울 사도는 에베소교회 성도들의 눈을 열어주실 것을 기도하고 있습니다. 본문 18절에서 바울 사도는 '마음의 눈을 밝히사' 라고 기도하고 있는데 여기서 바울사도가 사용하는 '마음의 눈'이란 사람의 정서적인 면, 감성적인 측면의 문을 열어달라는 것이 아니라, 영적인 측면을 이야기하고 있는 것입니다. 본문에서 바울 사도가 말하는 마음의 눈이 영의 눈이라는 것은 그 눈을 열어 무엇을 보기 원하는지를 보면 알 수 있습니다. 바울 사도가 성도들이 눈을 떠서 보기 원하는 것은 무엇입니까? "그의 부르심의 소망이 무엇이며 성도 안에서 그 기업의 영광의 풍성함이 무엇이며 그의 위력으로 역사하심을 따라 믿는 우리에게 베푸신 능력의 지극히 크심이 어떠한 것을 너희로 알게 하시기를 구하노라"

바울 사도가 에베소 교회의 성도들이 마음의 눈을 떠서 보길 원하는 것은 다 영적인 것입니다. 하나님께서 예수님 안에서 그들을 부르신 소망을 보길 원합니다. 또한 성도 안에서 하나님께서 주시는 풍성한 상급을 보길 원합니다. 또한 하나님께서 그들에게 베푸신 능력을 보길 원합니다. 이런 것은 영적인 눈으로만 볼 수 있습니다. 바울 사도가 에베소에서 머물면서 복음을 전해서 교회가 세워졌고, 그가 떠난 다음에 교회가 지속될 당시의 상황은 로마의 박해가 있던 시기였습니다. 유대인들의 거센 반발이 있었습니다.

당시에 에베소를 비롯한 초대교회의 성도들이 신앙생활을 하는 것은 쉽지 않은 일이었습니다. 겉으로 보면 좋지 못한 일이 많았습니다. 핍박과 박해 때문에 숨어서 믿어야 했고, 믿음 때문에 어려움을 겪어야 했습니다. 육신의 눈만 가지고 보면 신앙생활 하는 것이 어리석어 보입니다. 다른 사람들처럼 편하게 살지도 못합니다. 오락을 즐기지도 못합니다. 박해자들의 눈을 피해 몰래 예배를 드려야 합니다. 그런데 바울 사도는 그렇게 고난당하고 핍박당하는 상황에서 성도들이 영의 눈이 열려서 세상의 나라가 아니라 하나님 나라 백성을 삼으신 것을 보길 원합니다.

또한 잠시 있다가 사라질 이 세상 나라에서 누리는 편안함과 풍요보다 영원한 하나님 나라에서 하나님께서 베풀어주실 풍성한 하늘의 상급을 보길 원합니다. 이처럼 에베소 성도들이 보길 원했던 것은 다 영적인 것들입니다. 이렇게 영적인 것들은 영의 눈이 열려야만 보입니다. 그러므로 본문에서 바울 사도가 '마음의 눈을 밝히사'라고 기도했던 것은 다른 말로 하면 '영의 눈을 열어주소서'라는 기도라고 할 수 있습니다.

즉 이것은 영의 눈을 열어서 하나님 나라와 그 일들을 보게 하여주소서라고 기도한 것입니다. 바울사도가 에베소 성도들을 위해 기도했던 이 기도가 우리들에게도 이루어지길 원합니다. 그래서 우리 모두가 영의 눈이 열려서 하나님 나라를 바라보고 신령한 일들을 바라볼 수 있기를 원합니다.

열어주소서라는 찬양이 있는데요. 이 찬양의 가사는 우리의 눈이 열려서 주님을 바라볼 수 있도록 우리의 눈을 열어달라고 기도합니다. 또한 우리의 귀가 열려서 주님의 말씀을 들을 수 있도록 우리의 귀를 열어달라고 기도하는데요. 이 찬양의 고백이 우리의 고백이 되길 원합니다.

열어주소서. 열어주소서. 내 눈을 열어주소서.

열어주소서. 열어주소서. 영안으로 주님을 볼 수 있도록 열어주소서. "내가 예수님의 이름으로 명하노니 주님을 보는 영안이 열릴지어다"

열어주소서. 열어주소서. 성령님의 역사를 볼 수 있도록 열어주소서. "내가 예수님의 이름으로 명하노니 성령님의 역사를 볼 수 있는 눈이 열릴지어다"

열어주소서. 열어주소서. 영의 세계를 보는 눈을 열어주소서. "내가 예수님의 이름으로 명하노니 영의 세계를 보는 눈이 열릴지어다"

열어주소서. 열어주소서. 주님의 말씀만을 들을 수 있도록 열어주소서. "내가 예수님의 이름으로 명하노니 주님의 말씀만 들을 수 있는 귀가 열릴지어다"

열어주소서. 열어주소서. 성령의 역사를 느낄 수 있도록 열어주소서. "내가 예수님의 이름으로 명하노니 성령의 역사를 느낄 수 있는 심령이 열릴지어다"

열어주소서. 열어주소서. 성령의 나타남을 알 수 있도록 열어주소서. "내가 예수님의 이름으로 명하노니 성령의 나타남을 알 수 있는 심령이 열릴지어다" 이렇게 간구도 하시고 선포도 하시기를 바랍니다.

우리는 영의 눈이 열려야 합니다. 그래야 주님을 바라볼 수 있고 영의 일들을 볼 수 있습니다. 그렇다면 어떻게 해야 영의 눈이 열릴까요? 그것은 하나님께서 성령님을 통해서 눈을 열어주셔야 합니다. 성령님께서 우리와 함께 하셔야만 우리는 하나님을 알고 영의 눈을 뜰 수 있습니다. 그래서 바울 사도는 영의 눈을 뜨게 하기 위해서 먼저 성령님을 주시길 기도합니다. 17-18절상반절입니다. "우리 주 예수 그리스도의 하나님, 영광의 아버지께서 지혜와 계시의 영을 너희에게 주사 하나님을 알게 하시고 너희 마음의 눈을 밝히사"

지혜와 계시의 영은 성령님이십니다. 하나님께서 성령님을 주신 사람만 하나님을 압니다. 하나님은 영이시기에 영의 눈을 뜨지 않고는 하나님을 알 수도 없고, 하나님에 대한 지식을 가질 수도 없습니다. 영적인 것은 영적으로만 분별할 수 있는데 그러려면 먼저 성령님께서 우리에게 오셔야 합니다. 성령님께서 오셔서 지혜를 주시고 하나님의 계시를 깨닫게 해주셔야만 하나님을 알 수 있습니다. 그리고 하나님의 풍성하심도 알 수 있습니다. 그러므로 성도에겐 성령님께서 함께 하셔야 합니다. 그렇다면 성령님은 언제 우리에게 오실까요? 또 어떻게 해야 성령님께서 우리와 함께 하실까요?

예수님께서는 십자가를 앞에 두고 제자들에게 내가 떠나가면 너희를 위하여 너희를 돕는 보혜사 성령님을 보내시겠다고 합니다. 그리고 예수님께서 십자가에서 죽으시고 부활하신 다음 승천하시기 전에 제자들과 성도들에게 예루살렘을 떠나지 말고 내게서 들은 바 아버지께서 약속하신 것을 기다리라고 하십니다. 그러면 너희가 몇 날이 못 되어서 성령으로 세례를 받으리라고 하십니다.

그래서 사도들과 성도들이 예루살렘의 마가 요한의 다락방에 120명이 모여서 기도하면서 하나님께서 약속하신 것을 기다리고 있었습니다. 성도들이 하나님의 약속을 믿고 기다리고 있을 때 오순절 날이 되어서 하나님께서 약속하신 성령을 그들에게 부어주셨습니다. 그래서 제자들이 성령을 받고 새롭게 되었습니다. 연약한 제자들이 담대하게 되었고, 영의 눈을 떠서 이전까지 보지 못했던 것들을 보게 되었습니다. 초대교회 시절 처음 성령의 임재는 120명의 성도들이 마가의 다락방에 모여 기도할 때 오순절에 임하게 되었습니다.

그렇다면 오늘날 성령님은 언제 어디에 임하실까요? 하나님께서는 성도가 하나님의 약속을 믿고 성령의 임재하심을 사모하며 기도할 때 그 자리에 임재하십니다. 성령의 임재하심을 사모하며 기도하는 곳에 하나님께서 성령을 부어주시는데 그 시간이 얼마나 걸릴 지는 하나님의 주권에 속해 있습니다. 초대교회의 사도들과 성도들도 예수님께서 부활하신 이후에 10일 이상을 기도하며 기다리고 있을 때 성령께서 임하셨습니다. 그렇다면 우리도 10일 정도 사모하고 기다리면 될까요? 여기에서 10일이라는 시간을 절대시하면 안 됩니다. 하나님께서 약속하신 성령을 간절히 사모하면서 기도하고 기다리는 성도들에게 어떤 경우는 10일이 되지 않아도 성령님께서 임재하실 수 있습니다. 또 어떤 경우엔 10일이 훨씬 넘어서 임재하실 수도 있습니다. 성령의 임재는 예수님의 주권이기 때문입니다. 그렇지만 한 가지 확실한 것은 하나님의 약속의 말씀을 믿고 성령님의 임재를 사모하고 기다리는 자에게 하나님께서는 성령님을 보내주십니다.

4.영의 눈을 밝게 여는 비결

영의 눈을 뜨기 위하여 우리의 영의 눈을 열어주시는 성령님께서 우리에게 오시길 간절히 기도합시다. 뜨겁게 사모하는 마음으로 기도합시다. 성령님께서 오셔야만 우리는 비로소 하나님을 알고 영의 눈을 뜰 수 있습니다. 이것을 아는 사람들은 목마른 사슴이 시냇물을 사모 하듯이 성령님을 찾고 사모해야 합니다. 그렇다면 목마른 사람이 시냇물을 찾듯 성령님을 사모하라는 것은 어느 정도하라는 말일까요?

사슴의 식도는 셀로판지와 같다고 합니다. 일정시간 이상 물을 마시지 않으면 그 식도가 서로 딱 붙게 되는데 일단 식도가 붙어버리면 떨어지지 않고 억지로 떼어내려고 하면 찢어져 버리고 만다고 합니다. 그렇기에 일단 사슴은 식도가 붙으면 더 이상 물을 마실 수도 없고 음식을 먹을 수도 없습니다. 식도가 붙어버린 사슴은 자연히 먹고 마시지 못하니 얼마 버티지 못하고 죽게 됩니다. 그러므로 목마른 사슴이 시냇물을 찾는다는 것은 생명을 걸고 찾는 것입니다. 다른 모든 것에 우선해서 물을 찾습니다. 물을 찾지 못하면 죽기에 물이 있는 곳이라면 늑대나 사자 같은 사나운 적들이 있어도 생명을 걸고 찾아갑니다.

한 마디로 목마른 사슴이 물을 찾는 것은 죽기 살기로 찾는 것인데요. 우리가 성령님을 찾을 때 이런 갈급함이 있어야 합니다. 이런 사모함이 있어야 합니다. 성령님께서 우리에게 오시지 않으면 죽습니다. 성령님께서 은혜주시지 않으면 우리는 살 수 없기에 우리는 최선을 다해 성령님을 구해야 합니다. 그렇게 간절히 성령님을 구하고 부르짖어 구하는 성도에게 하나님께서는 성령님을 선물로 주십니다.

하나님은 우리에게 좋은 것을 주시는 아버지이십니다. 세상의 악한 부모도 자기 자녀에게는 좋은 것을 줍니다. 예수님은 그것을 빗대어서 아들이 떡을 달라하는데 돌을 주거나 아들이 생선을 달라는데 뱀을 줄 부모가 어디 있느냐. 악한 자라도 자기 자녀에게 좋은 것을 줄줄 아는데 하물며 하늘에게 계신 너희 하나님 아버지께서 구하는 자에게 성령을 주시지 않겠느냐고 하십니다. 그렇습니다. 하나님은 간절히 성령님을 사모하고 구하는 자에게 성령님을 보내주십니다. 우리가 간절히 사모할 때 하나님께서 성령님을 우리에게 보내주십니다. 그리고 성령님이 우리에게 오시면 우리는 하나님을 알게 됩니다. 또한 성령님께서 오시면 우리의 영의 눈을 열어주십니다. 영의 눈이 열리면 그동안 보이지 않았던 영의 일들이 보이기 시작합니다.

영의 눈이 열리기 전엔 우리는 육의 눈을 가지고 많은 것을 보았지만 그것은 껍데기만 본 것입니다. 영의 눈이 열리기 전에는 우리에게 일어나는 모든 일들의 의미를 알지 못합니다. 우리 앞에 다가오는 고난이나 어려움의 의미를 알지 못합니다. 누군가 고난을 당할 때 영의 눈이 열리지 않으면 왜 그런 일이 생겼는지를 설명하지 못합니다. 그런데 영의 눈이 열리면 그런 일들이 하나님께서 우리를 훈련시키고 연단시키시는 과정이었다는 사실을 깨닫게 됩니다.

요셉이 영의 눈이 열리기 전에는 형들에게 미움을 받아서 애굽으로 팔려가고, 억울하게 누명을 뒤집어쓰고 종살이할 때 자신이 왜 애굽으로 오게 되었는지를 이해하지 못했을 것입니다. 왜 그리 억울하게 옥살이를 했는지도 몰랐을 것입니다. 하지만 영의 눈을 뜨고 나자 그는 자신을 애굽으로 보낸 것은 형들이 아니라 하나님께서 기근의 때에 그 백성들을 구하시고자 보냈음을 알고 고백하게 됩니다. 영의 눈을 뜨고 나자 지금까지 이해되지 않았던 사건들의 의미를 알게 되었습니다. 그리고 새로운 눈으로 보게 되자 모든 것이 하나님께서 하신 것이었다고 믿음의 고백을 하게 됩니다.

이런 것은 영의 눈이 열려야만 볼 수 있고 알 수 있습니다. 바울사도도 같은 고백을 합니다. 그의 인생사를 보면 큰 굴곡이 있습니다. 처음에는 예수 믿는 사람을 핍박하는데 앞장을 섰던 사람이었습니다. 세상의 성공에 목말라하던 사람이었습니다. 그런데 다메섹으로 가는 길에서 빛으로 나타나신 예수님을 만나고 나서 그의 인생은 바뀌었습니다. 예수님을 만나서 영의 눈을 뜨게 되자 자신이 이전까지 중요하게 생각해왔던 모든 것은 다 쓰레기에 불과하고 자신이 이전까지 부인하던 예수님께서 가장 고상하고 소중하다는 것을 깨달았습니다. 영의 눈이 열리는 순간 보는 것이 달라졌습니다. 영의 눈이 뜨기 전에 보던 것과 영의 눈을 뜨고서 보는 것이 달라졌습니다.

이처럼 영의 눈이 열리면 그동안 보이지 않던 것들이 보이게 됩니다. 영의 눈이 열리면 모든 것을 하나님의 관점에서 보게 됩니다. 이전까지 원망과 불평으로만 보이던 것들에 감사하게 됩니다. 영의 눈을 뜨고 보면 그것이 축복의 씨앗임이 보이기 때문입니다. 또한 영의 눈을 뜨면 고난 중에도 기뻐합니다. 고난 뒤에 있는 하나님이 주실 상급이 보이기 때문입니다.

사람에겐 육의 눈과 마음의 눈과 영의 눈이 있습니다. 사건이나 사물의 가장 중요한 본질을 보는 눈은 영의 눈입니다. 영의 눈이 열려야 하나님의 관점으로 볼 수 있습니다. 하나님의 시각에서 보고 해석할 수 있습니다. 영의 눈은 성령님께서 오셔서 열어주셔야 합니다. 그러기 위해서 우리는 간절한 마음으로 성령님을 사모하며 기다려야 합니다. 목마른 사슴이 생명을 걸고 물을 찾듯 우리도 성령님을 찾아야 합니다. 이제 그 갈망으로 성령님을 찾읍시다.

그리고 성령님께서 우리의 눈을 열어달라고 기도합시다. 예수님의 이름으로 선포하며 애타게 기도하며 뜨겁게 기도합시다. 그래서 성령님이 우리의 눈을 열어주셔서 하나님의 눈으로 영의 일을 바라볼 수 있기를 바랍니다. 영의 눈이 열림으로 이전까지 육의 눈으로만 볼 때와는 다른 삶을 삽시다. 그래서 열린 영의 눈으로 영원한 하나님 나라를 바라보며 하늘의 소망을 가지고 삽시다. 하나님께서 베푸실 상급을 기대하고 소망하며 사는 우리 모두가 될 수 있기를 소망합니다.

3장 영안이란 정확히 무엇인지 깨닫자.

(엡 1:17-19)"우리 주 예수 그리스도의 하나님, 영광의 아버지께서 지혜와 계시의 영을 너희에게 주사 하나님을 알게 하시고, 너희 마음의 눈을 밝히사, 그의 부르심의 소망이 무엇이며 성도 안에서 그 기업의 영광의 풍성함이 무엇이며, 그의 힘의 위력으로 역사하심을 따라 믿는 우리에게 베푸신 능력의 지극히 크심이 어떠한 것을 너희로 알게 하시기를 구하노라"

하나님은 예수를 믿는 성도가 영안이 열리기를 원하십니다. 영안이 열려야 하나님의 뜻을 알고, 하나님과 교통할 수가 있기 때문입니다. 많은 성도들이 영안이 열리기를 사모합니다. 영안이 열려 신령한 세계를 보기를 원합니다. 사람은 육적이면서 영적인 존재이기 때문입니다. 그러나 영안에 대하여 확실하게 알고 있지 못한 것이 사실입니다. 저는 이 원인은 샤머니즘의 신앙의 잔재로 기인한 것이라고 생각합니다. 영안을 복음적으로 바르게 이해하지 못하여 세상 사람들이 말하는 것을 받아들인 결과입니다. 그래서 자기 나름대로 알고 있는 영안에 대한 이론으로 자신이 영의 눈이 열렸다는 성도들로 하여금 여러 교회에서 피해가 상상외로 많이 발생하고 있습니다.

저는 독자들이 이 책에서 영안에 대하여 확실하고 바른 개념을 갖는 것에 책임감을 가지고 영안에 대하여 나름대로 성령으로 말씀을 연구하고 묵상하고 체험한 바를 기록할 것입니다. 부디 이 책을 통하여 영안이 열리기를 사모하는 분들은 모두 바르게 영안을 열어서 하나님에게 쓰임 받으시기를 바랍니다.

우리들이 이 책을 통하여 예수를 믿고 영적인 생활을 하는데 큰 지침이 되기를 필자는 간절한 마음으로 소원합니다. 모두 영안이 열려 하나님의 군사가 되어 이 땅에 하나님의 나라를 이루는 하나님의 도구들이 되기를 소원합니다. 하나님의 군사는 예수를 믿었다고 다 되는 것이 아닙니다. 말씀과 성령으로 충만한 영성을 개발하고 영성을 맑게 회복해야 합니다. 그리고 신령한 그리스도인이 되어야 합니다. 그래서 바울은 고린도전서 12장 1-3절에서 "형제들아 신령한 것에 대하여 나는 너희가 알지 못하기를 원하지 아니하노니 너희도 알거니와 너희가 이방인으로 있을 때에 말 못하는 우상에게로 끄는 그대로 끌려갔느니라. 그러므로 내가 너희에게 알리노니 하나님의 영으로 말하는 자는 누구든지 예수를 저주할 자라 하지 아니하고 또 성령으로 아니하고는 누구든지 예수를 주시라 할 수 없느니라."이라고 말하면서 신령한 것을 알아 바른 길(예수)을 따라가라고 권면하고 있습니다.

신령한 성도는 심령이 치유되어 믿음 생활을 하면 할수록 심령에서 예수님의 인격이 나와야 하나님의 군사로서의 사명을 감당할 수가 있는 것입니다. 예수를 믿노라 하면서도 세상 사람들과 똑같다면 어떻게 하나님의 군사가 될 수가 있겠습니까? 세상 사람과 달라야 합니다. 우리는 자신이 육신에 속한 그리스도인인지, 성령에 속한 영적인 그리스도인인지를 분별할 줄도 알아야 영안이 열린 하나님의 군사가 될 수가 있습니다. 먼저 자신을 분별할 수 있는 영안이 열리시기를 바랍니다.

1. 영안이 열렸다는 표현은

'영안이 열린다'라는 말을 쉽게 표현하면 "영혼이 건강하고 영이 깨어 있어서 우리들의 생각과 마음과 관심의 초점이 하나님께 맞추어져 하나님을 온전한 모습으로 바라보는 것"을 의미합니다. 하나님으로 기뻐하고 즐거워하며 하나님의 말씀으로 부유하고 풍성하여 하나님으로 충만해 있는 것을 뜻합니다. 하나님과 동고동락하고 동행하는 삶을 영위하며 하나님의 뜻을 따라 인도하시는 순종의 삶을 살아가는 것을 뜻합니다.

영안이 열리게 되면 하나님과의 관계가 치유되고 회복됩니다. 하나님과 우리들의 영혼 간에 관계를 가로 막고 있던 죄와 같은 장애물과 쓴뿌리와 같은 장애물이 제거되면서 하나님 안에서 자유하게 됩니다. 영적인 양식에 대한 갈급함으로 인해 하나님이 공급해 주시는 영적인 양식들을 먹고 마심으로 영혼이 강건하고 튼튼해집니다. 죄를 미워하고 성령을 사모하며 우리들의 영혼을 향하신 하나님의 뜻과 계획하심에 집중하게 됩니다.

영안이 열리게 되면 성령으로 충만함의 은혜를 받기 때문에 어둠의 역사에 굴하지 않고 예수님의 보혈의 능력을 의지하여 이를 담대하게 물리치게 됩니다. 또한, 죄악된 삶을 떠나 하나님의 은혜 가운데 거하면서 하나님이 사랑하시는 것을 사랑하게 됩니다. 하나님이 기뻐하시는 것을 기뻐하면서 하나님이 원하시는 것에 부합된 믿음의 삶을 살아가고자 하는 노력을 하게 됩니다.

영안이 열리게 되면 나약해 있던 마음이 치유되어 하나님에 대한 열정이 뜨거워지고 하나님을 향한 열정도 살아나면서 하나님께 헌신하게 됩니다. 또한, 살아계신 하나님의 능력을 체험하게 되면서 하나님이 우리들의 심령 안에서 역동적으로 역사하심을 깨닫게 됩니다. 하나님이 허락하시는 능력을 힘입어 하나님의 역사에 동참하게 됩니다. 아무것도 아닌 우리들의 영혼을 통하여 하나님께서 일하시며 하나님의 하나님 되심을 나타내시는 것을 바라보게 됩니다.

무엇보다 영안이 열리게 되면 우리들의 영혼을 향하신 하나님의 사랑을 고백하고 우리들의 영혼을 위해 십자가 위에서 돌아가신 예수님의 사랑을 찬양하면서 은혜 받은 증인으로서의 삶을 살아가게 됩니다. 죽을 수밖에 없는 죄가 많은 영혼을 구원하시고 살리시기 위해 조롱과 모진 핍박과 고통을 참아내시며, 고난의 십자가를 지신 예수님의 참사랑과 고귀하신 희생을 마음속 깊이 간직하면서 송축하게 됩니다.

영안이 열리게 되면 마음속에 자리 매김하고 있던 그릇된 감정들이 치유되면서 다른 사람들을 불쌍히 여기고 긍휼히 여기는 아름다운 마음이 샘솟아 납니다. 또한, 세상적으로 자신의 영혼을 짓누르고 있던 세상적인 것의 집착에서 벗어나 자유롭게 영적인 비상을 하게 됩니다. 마음속에 가득 임재하시는 성령의 임새 가운데 성령 안에서 기도하며 하나님이 부어주시는 기름 부으심을 받으며 능력 있는 기도 생활을 할 수 있게 됩니다.

영안이 열리게 되면 더럽고 추한 육적인 삶에서 떠나 하나님이 기뻐하시는 영적인 삶을 살아가게 됩니다. 영적인 것을 사모하고, 추구하며 영적인 삶을 통해 하나님께 가까이 다가가려고 합니다. 궁극적으로 영안이 열려 있다는 것은 하나님은 높아지시고 우리들 자신의 영혼은 지극히 낮아지는 것이며 내 자신의 중심에서 하나님 중심으로 모든 부분을 옮기는 것입니다.

영안이 열려 있는 삶을 살아가기 위해서는 예수님의 보혈의 은혜를 통한 거듭남의 은혜를 입어야 합니다. 성령으로 세례를 받으면서 뜨거운 눈물의 회개 기도를 통하여 하나님의 긍휼히 여기심을 받아 더러운 겉 사람을 버리고, 새로운 속사람을 통한 변화된 삶을 영위하게 됩니다. 말씀으로 묵상하고, 성령의 이끌림을 받는 깊은 영의기도를 하여 날마다 심령을 정화해야 합니다. 또한, 하나님의 은혜를 통한 영적인 삶을 살아가기 위해서 날마다 하나님을 찾고 구하기를 열심으로 행해야 합니다. 우리들 스스로는 결단코 닫혀 있는 영적인 부분들을 열 수 없고 영적인 삶 또한 영위할 수 없습니다. 하나님의 은혜로만 가능한 것입니다. 이를 위하여 성령의 인도를 받아야 합니다. 성령으로 기도해야 합니다.

그렇기 때문에 영안이 열려 있는 것에 만족하지 말아야 합니다. 하나님께서 닫혀 있던 영안을 열어 주심으로 우리들의 영혼을 통해 무엇을 원하시고, 어떤 일을 계획하고 계신지에 집중해야 합니다. 항상 하나님께 기뻐하심을 받는 영혼이 될 수 있도록 하나님 앞에 머무르며 하나님을 찾고 구해야 할 것입니다.

2. 영안의 성경적 의미

영(靈)과 영혼(靈魂)에 대하여 성경에 기록된 것을 알고 있습니다. 그런데 '영적인 눈'이나 '영안'이란 말은 성경에 없었습니다. '영안'에 대해서는 그와 관련되는 성경 말씀을 인물의 사례를 중심으로 객관적인 기술이 되고자 하였습니다.

'육신의 눈', '마음의 눈', '영적인 눈'의 관계입니다. 눈은 몸의 등불이므로(마6:22), '볼 수 있는 눈'을 가지게 되는 것이 참다운 복입니다(마13:16). 그런데 눈은 표면적인 물체를 인지하는 '육신의 눈'(행9:8-9)과 내면적인 정신을 통찰하는'마음의 눈'(엡1:18), 두 가지로 구별할 수 있습니다. 인격의 중심인'마음'은 하나님과 만나는 곳이고, 하나님의 영(고후1:22)과 그리스도(엡3:17)께서 계시는 곳입니다.

'영적인 눈'을 말하는 사람들이 있는데, 인간의 마음을 하나님과의 관계에서 생각할 때 '영'(갈4:6)이라 하기 때문에 본질상 '마음의 눈' 과 동의어라고 할 수 있습니다. 에배소서 1장 18-19절에서 '마음 눈(마음의 눈)을 밝힌다.'는 말은 영적인 안목을 통해 하나님을 알고 하나님의 진리를 깨닫는 것을 말합니다. 더욱 구체적으로 말하면 하나님의 부르심의 소망과 하나님의 백성의 영광의 풍성이 무엇이며, 하나님의 능력의 지극히 크심이 어떤 것인지를 아는 눈을 말합니다. 성경말씀에서는 '영적인 눈'과 '마음의 눈'의 동일한 어의로 사용되었습니다.

그러나 영적인 통찰력을 '영적인 눈' 즉 '영안'(靈眼)이라 하고, 인간 내면의 통찰력을 '마음의 눈' 즉 '심안'(心眼)으로 세분할 수도 있습니다. 저는 이 책에서 영적인 통찰력을 '영적인 눈' 즉 '영안'(靈眼)이라 하고, 인간 내면의 통찰력을 '마음의 눈' 즉 '심안'(心眼)으로 세분화하여 글을 전개하였습니다.

3. 심안과 영안을 열어라.

영적으로 깊은 분들의 말에 의하면 사람은 세 가지의 눈이 있다고 합니다. 그 하나는 육안이고 다음은 심안이고, 다음은 영안이라고 합니다. 보편적으로 사람은 젊은 시절에는 육안에 치우치고, 나이 들어가면서 심안과 영안으로 발전하는 것이 정로인데 많은 사람들은 일생동안 예수를 믿으면서 육안으로만 살아가고 더 발전하지 못하고 삶을 마치는 사람이 있는 것은 비극이고 슬픈 현실입니다. 눈으로만 보는 세상과 마음으로 보는 세상, 그리고 영적 눈으로 보는 세상은 결코 같지 않다는 것을 알아야합니다. 어느 편이 더 진실인가 하는 것을 따질 필요는 없습니다. 왜냐하면 나이에 따라서 모두 진실일 수도 있기 때문입니다. 하지만 노년이 되면 육안보다는 심안을 선호하며 더 나아가 영안을 발전시켜 나가는 것이 가장 바람직한 것입니다.

노년은 삶의 여정이 젊은이에 비하여 적기 때문에 지난 세월보지 못한 것들을 새로 열린 마음의 눈을 넓게 열고 보면 지난시간의 자랑거리나 성공과 실패 마음의 아픔도 모두 별것 아닌것이고 애지중지 하던 것을 잃어버리고 슬퍼하던 것마저도 축복이 될 수 있다는 것을 깨닫게 됩니다.

노년이 가지는 심안은 늙은이의 삶이 결코 병약함과 가난만이 아닌 새로운 지평을 열어가는 과정이며, 감사와 겸손을 알게 하고, 모든 것을 사랑하고, 모든 것을 용서하는 하나님이 주신 절호의 기회임을 스스로 발견하게 되어 멋지고 아름다운 삶이 시작되는 것입니다.

유유자적(悠悠自適)과 담담함 긍정과 여유로움을 넓은 마음의 눈으로 보며 이를 새로운 경지임을 인정하고 받아드리고 나면 다음으로는 더 밝은 영안의 경지에 이르게 됩니다. 인간의 고통과 괴로움에서 벗어난 아름다운 세계를 발견하는 것은 영안이 아니고는 결코 발견할 수 없으며, 알지 못하는 엄청난 세상인 것입니다. 영안의 세계는 진솔하게 살려고 열심히 노력한 사람만이 가시는 축복이고 기쁨의 세계인 것입니다. 노년기를 가장 멋진 때로 만들기 위하여 마음의 눈을 넓게 가지고 영적인 안목을 깊게 하는 지혜로운 사람이 되고 싶은 마음 간절합니다.

4. 세 가지 눈의 차이를 알자.

하나님은 자신의 눈을 가지고 모든 세상을 판단하시며 일하십니다. 이 땅에 보내심을 받고 오신 예수께서도 하나님의 눈을 가지고 하나님의 뜻을 이루시며 죽으실 때에는 "다 이루었다" (요19:30)고 말씀하셨습니다.

사람은 이 세상을 살면서 세 가지의 눈을 가지고 살아갑니다. 그 세 가지의 눈의 종류는 이렇습니다. 첫째는 육신의 눈이요,

둘째는 마음의 눈이요, 셋째는 영의 눈입니다.

육신의 눈은 현재 사람들이 가지고 살아가는 눈으로서 물질 세계를 보는 눈을 말합니다. 아무런 노력 없이 사물을 있는 그대로 볼 수 있는 눈입니다.

마음의 눈은 감정이나 생각, 기억 속에서 생겨나는 정신세계를 보는 눈을 말합니다. 사물을 볼 때 자신이 터득한 지식이나 경험과 사고를 동원하여 합리적으로 분석하며 보는 눈입니다. 모든 것을 결정할 때 사리를 분별하는 눈입니다.

영의 눈은 영원한 나라와 영원한 삶이되는 우주 밖의 세계를 보는 눈을 말합니다. 이 영원한 세계는 초자연적인 하나님의 세계를 말합니다. 영의 눈은 모든 세상 만물의 배후를 보는 눈입니다. 보이지 않는 하나님의 계획과 경륜(經綸)까지 보는 눈입니다.

육체는 마음과 생각에 지배를 받고, 마음과 생각은 영의 지배를 받습니다. 그러므로 사람의 육체는 마음의 로봇과 같고, 마음은 영의 로봇과 같습니다. 그렇기 때문에 마음과 생각이 악한 영에 지배를 받으면 악한 마음을 가지고 육체를 다스려 인생의 삶을 망가지게 합니다. 반대로 마음과 생각이 선한 영에 지배를 받으면 선한 마음을 가지고 육체를 다스려 행복한 인생의 삶을 살게 됩니다.

앞에서 말한 세 가지의 눈은 다시 두 가지의 눈으로 정리해서 말 할 수 있습니다. 하나는 사람의 눈이요, 다른 하나는 하나님의 눈(영안)입니다. 사람의 눈은 위에서 말한 육신의 눈과 마음의 눈을 하나로 묶어서 말한 것입니다.

하나님의 눈(영안)은 물질세계에서는 볼 수 없는 영적세계를 보는 눈을 말합니다. 보이는 세계의 배후를 보는 눈입니다. 이 땅에는 생명을 가지고 스스로 살아가는 것 중에 동물, 식물, 미생물 등으로 나누어집니다.

이중에서 미생물은 너무도 작기 때문에 육안으로는 볼 수 없고, 현미경으로나 볼 수 있는 매우 작은 생물로서, 사람들은 그 존재 지체를 망각하며 살아가고 있습니다. 하지만 이러한 미생물은 사람들이 살아가는 생명체들 중에 70%를 차지하며, 식물계나 동물계의 생사를 좌우케 하는 능력을 가지고 있습니다.

이와 같이 눈으로 볼 수 없는 영적세계는 볼 수 있는 물질세계를 지배하며 생사를 좌지우지(左之右之) 합니다. 그래서 영안이 열리지 않으면 문제의 원인을 알 수가 없어 인생살이가 고달픈 것입니다. 마태복음 26장 6-13절의 말씀 사건에서도 사람의 눈과 주님의 눈이 다르다는 것을 잘 가르쳐 주고 있습니다. 그러므로 우리는 하나님의 눈 곧, 주님의 눈을 바로 알고, 주님의 눈을 가지고 살아야 합니다. 주님의 눈이란 영안을 말하는 것입니다.

왜 주님의 눈(영안)을 가지고 살아야 합니까? 주님의 눈(영안)만이 정확하기 때문입니다. 모든 것을 바르게 보고 판단하고 결정할 수 있기 때문입니다.

성경은 모두 하나님의 눈으로 기록한 말씀입니다. 모든 역사의 기록은 지성을 가진 역사가의 눈에 의해서 기록되어지듯, 성경은 온전하신 하나님의 눈(영안)으로 기록되어진 것입니다.

선악의 기준도, 부유와 가난의 기준도, 복과 저주의 기준도, 생명과 사망의 기준도, 불행과 행복의 기준도, 승리와 실패의 기준도…모두 하나님의 눈(영안)에 의해 기준이 된 것입니다. 사람의 눈과 주님의 눈(영안)의 기준은 다릅니다. 성경은 이에 대해 증거하고 있습니다.

요한계시록 2장 9절에 "내가 네 환난과 궁핍을 알거니와 실상은 네가 부요한 자니라. 자칭 유대인이라 하는 자들의 비방도 알거니와 실상은 유대인이 아니요 사탄의 회당이라" 말합니다. 이 말씀은 사람의 눈, 곧 서머나 교인들의 눈으로는 환난과 궁핍으로 보였으나 주님의 눈에는 부자로 보셨습니다. 서머나 교인들은 자신들을 비방하는 자들이 유대인들로 보였지만, 주님의 눈으로는 '사탄의 회'로 보였습니다.

라오디게아 교인들은 자신들이 부자로 보였지만, 주님의 눈에는 옷도 못 입은 벌거벗은 것으로 보였습니다(계3:17,18). 나사로가 병들어 죽었을 때 사람들의 눈에는 죽은 것으로 보였으나, 주님의 눈에서는 잠든 것으로 보였습니다(요

11:11~13). 이와 같이 사람의 눈과 주님의 눈은 다릅니다. 그러므로 주님의 눈만이 정확합니다. 우리는 주님의 눈(영안)을 열어야 합니다. 그래야 모든 것을 정확하게 보고 판단할 수가 있습니다.

주님께서는 "나는 곧, 길이요…"라고 말씀하셨습니다. 주님께서 "하라"는 말씀에는 오직 인도하는 길이십니다. 사람의 눈에는 둑이 넘실거리는 요단강이었으나 하나님의 눈은 그곳이 당신의 택하신 백성들이 걸어가야 할 길이었습니다. 그리하여 그 길로 인도하신 것입니다(수3:15,16). 사람의 눈으로는 장애물이요, 막힌 징벽이나, 하나님의 눈은 자녀들이 걸어가야 할 길인 것입니다. 반드시 통과해야 축복의 땅으로 갈 수 있습니다. 영안이 열린 성도는 힘이 들고 고통스러워도 하나님이 함께 하시니 갈 수 있다는 믿음과 희망을 가지고 목적지를 향해 걸어갑니다.

이스라엘 백성들이 홍해를 건넌 후에 보여 지는 것은 사람이 살 수 없고, 갈 수 없는 광야였으나, 하나님의 눈에는 이스라엘 백성들이 가야할 길이었습니다. 그래서 하나님은 하나님의 자녀들에게 그 험한 길도 하나님이 함께하고 있다는 믿음을 심어주기 위하여 낮에는 구름기둥으로, 밤에는 불기둥으로 인도하셨습니다(출13:21,22). 영안이 열리고 믿음이 있는 자만 축복의 땅으로 들어갈 수가 있다는 것을 깨달아 알고 순종하게 하기 위해서 입니다.

우리는 오직 믿음의 주가 되신(히12:2) 예수 그리스도 곧, 주님의 눈을 가지고 살아야 합니다. 주님의 눈을 가지고 살려면 성령의 사람이 되어야 합니다(고전2:10,11). 주님의 눈을 가지고 살려면 그리스도의 마음을 가져야 합니다(고전2:16). 주님의 눈을 가지고 사는 자만이 행복이요, 축복이며 영원한 승리자입니다. 그러므로 "오~ 주여! 나에게 주님의 눈을 가지고 살게 하옵소서" 라고 성령을 힘입어 기도하기를 바랍니다.

5. 영안이 열리는 경우와 역할

1) 영안이 열리는 경우

① 하나님의 주권으로 열립니다. 사울이 다메섹으로 갈 때에 하늘로서 큰 빛이 비추는 것을 보았습니다(행9:3). 바울이 드로아에서 밤에 환상을 보았습니다(행16:9-10). 바울이 셋째 하늘에 끌려가 환상을 보았습니다(고후12:1-4).

② 성령이 충만할 때 열립니다. 제자들이 불의 혀같이 갈라지는 것이 하나씩 임하는 성령강림을 보았습니다(행2:3). 스데반이 예수께서 하나님 우편에 서신 것을 보았습니다(행7:55-56).

③ 성령에 감동하여 영안이 열립니다. 사도들이 주의 사자가

옥문을 열고 끌어내어 주는 것을 보았습니다(행5:18-20). 사도 요한이 일곱 금 촛대(계1:12-20)와 하늘 보좌를 보았습니다(계4:2).

④ 기도할 때 열립니다. 엘리사가 기도하여 게하시가 불말과 불병거를 보았습니다(왕하6:17). 엠마오로 가던 두 제자가 저희 눈이 밝아져 예수를 알아보았습니다(눅24:31). 고넬료가 하나님의 사자를 보았습니다(행10:3). 베드로가 비몽사몽간에 하늘에서 내려온 그릇을 보았습니다(행11:2-10). 베드로가 옥중에서 주의 사자가 자신을 구해주는 것을 보았습니다(행12:5-12). 사울(바울)에게 주의 이름을 불러 세례를 받고 죄를 씻으라고 하셨습니다(행22:16).

2) 영안의 역할

① 주님께서 길을 알려 주십니다. 사도들에게 성전에서 서서 이 생명의 말씀을 다 백성에게 말하라 하셨습니다(행5:20). 사울에게 성으로 들어가라 행할 것을 네게 이를 자가 있음을 가르쳐 주셨습니다(행9:6). 아나니아에게 사울을 찾아 안수하게 하셨습니다(행9:10-18). 고넬료에게 베드로를 청하여 말씀을 듣도록 인도하셨습니다(행10:4-8). 베드로에게 고넬료가 보낸 사람을 의심치 말고 따라가라고 말씀하셨습니다(행10:17-20).

② 감추인 것을 알게 됩니다. 베드로가 아나니아와 그의 아내가 땅값을 감춘 것을 알게 되었습니다(행5:1-11). 바울이 주의 환상과 계시를 알게 되었습니다(고후12:1,7). 사도 요한에게 미래의 일을 계시하셨습니다(계1;1). 계시를 받는 자는 하나님 아버지를 알게 됩니다(마11:27;눅10:22).

③ 병들어 죽은 사람을 살릴 수 있습니다. 욥바에서 병으로 죽은 도르가를 기도하여 살렸습니다(행9:36-42). 예수께서 말을 더듬는 자의 귓속에 손가락을 넣으셨다가 침을 발라 그의 혀에 대시고 "에바다"(ephphatha: 열리다)라고 말씀하셨습니다. 그러자 말을 더듬는자(도르가)의 영이 알아듣고 혼에 명령하니 육이 순종하여 말을 하게 되었습니다.

(막7:34)"하늘을 우러러 탄식하시며 그에게 이르시되 에바다 하시니 이는 열리라는 뜻이라"

우리는 영안을 열어 미혹의 영을 분별하고, 오직 주님의 "에바다"의 축복으로 눈을 떠서 천국을 바라보고, 영의 귀를 열어 하나님의 음성을 들으며, 입을 열어 복음 전하며, 예수 이름으로 귀신을 몰아내고, 병든 자를 치유하는 권능 있는 믿음의 생활을 하여야 하겠습니다.

4장 영안중에 최고 영안을 여는 법

(마 6:23)"눈이 나쁘면 온 몸이 어두울 것이니 그러므로 네
게 있는 빛이 어두우면 그 어둠이 얼마나 더하겠느냐"

예수를 믿고 성령으로 거듭난 성도는 영안이 열려야 합니다.
영안이 열려야 비로소 하나님의 역사를 보고 따라갈 수 있기 때
문입니다. 그런데 영안은 성령으로 세례를 받는 다음에 열립니
다. 그래서 성노는 반드시 성령으로 세례를 받아야 합니다.

영안이란 무엇인가? 영안이란 세상의 모든 천지만물(天地萬
物)을 물질로만 보지 않고, 하나님의 눈(영안)으로 그 형상을 입
체적으로 보는 것입니다. 입체적이란 인간의 눈으로 보지 못하
는 부분까지 정밀하게 보는 것을 말합니다. 이유는 모든 만물이
영이신 하나님이 말씀으로 창조했기 때문입니다.

모든 존재는 마음의 세계에서도 그 물질의 형상을 기본적으
로 그대로 갖습니다. 그래서 물질이 곧 영이고, 영이 곧 형상으
로 표출된 것입니다. 물질을 물질로만 보면 물질이지만, 그것
을 영의 모습으로 보면 곧 형상과 정확한 실체를 보는 것입니
다. 다만 다른 점이라면 물질은 물질만을 보지만, 영은 그 물질
에 깃든 에너지의 기운까지 같이 본다는 점에서 좀 다릅니다.

그래서 영의 눈이 열려야 됩니다. 육적인 눈은 타고난 것이지만, 영적인 눈은 구해야 합니다. 눈 중의 최고의 눈은 예수님이 산상수훈에서 말씀하신 밝은 눈입니다. "눈이 나쁘면 온 몸이 어두울 것이니 그러므로 네게 있는 빛이 어두우면 그 어둠이 얼마나 더하겠느냐"(마 6:23). 이것이 최고의 눈입니다.

주의 법을 보는 것보다 일곱 배는 중요한 눈입니다. 환상과 영의 세계를 보는 것보다 일곱 배는 중요한 눈입니다. 그것은 비둘기같이 순결한 눈입니다. 그것은 초점이 흐려지지 않는 눈입니다. 그것은 우로나 좌로 치우치지 않고 곁눈질하지 않는 눈입니다. 그것은 예수그리스도만 바라보는 눈입니다.

그것은 예수그리스도의 아름다움을 보고 예수그리스도가 얼마나 중요한지를 알고 예수그리스도만 바라보는 눈입니다. 그게 밝은 눈입니다. 그 눈이 밝으면 온 몸이 밝고 그 눈이 어두우면 온 몸이 어둡게 됩니다. 그 눈이 밝아지면 온 생활이 변화가 됩니다. 전체생활이 변화가 됩니다.

그 눈이 밝아지지 않으면 변화가 안 됩니다. 우리가 제일 사모할 것은 그 눈이 밝아지도록 기도해야 할 줄로 믿습니다. 그 눈이 밝았던 사람이 다윗입니다. "주의 아름다움을 보고 그 전에서 사모하게 할 것이라." 그 눈이 밝았던 사람이 바울입니다. 그래서 세상 모든 것을 배설물로 여기고 그리스도를 알기 위해서 그리스도를 얻기 위해서 살아간 사람입니다.

그리고 참 놀라운 사람인데 그 눈이 밝았던 사람이 썬다싱입니다. 썬다싱은 약혼을 한 사람이었습니다. 참 저는 남자로서 이해가 잘 가지 않습니다. 이 사람의 수준이 참 부럽다는 생각이 듭니다. 약혼해서 정말 연애하는 그런 땐데 그 때 썬다싱이 예수님을 만났습니다. 예수님의 아름다움을 봤습니다. 그리고 나서 파혼을 했습니다. 그래서 여자가 막 울면서 왜 그러냐고 이유가 뭐냐고 하니까, 썬다싱이 "나는 예수님께 내 마음을 전부 다 드렸기 때문에 당신에게 나눠줄 수 있는 마음이 없다."라고 했습니다. 솔직한 사람입니다. 그 다음에 예수님만 실제로 사랑하고 살아간 사람이 썬다싱입니다. 참 그의 영성이 굉장히 놀랍고 아름답습니다. 굉장히 특별하고 아름답기만 합니다. 그것이 눈이 밝은 것입니다. 눈이 밝아진 것… 우리가 이 세상을 살아가면서 힘든 것은 눈이 어두워서 그렇습니다. 눈이 어두워 보이는 면만 보게 되니 마귀에게 속기 때문입니다.

보암직하고 먹음직하고 지혜롭게 할 만큼 탐스럽기도 한 것, 세상의 좋은 것들은 다 눈에 보입니다. 그러나 주님의 아름다움이 실제적으로 보이지 않기 때문에, 겸손의 아름다움이, 온유의 아름다움이, 희생의 아름다움이, 모두 보이지 않습니다. 반대로 세상 것들은 눈에 보이기 때문에 마음이 끌려서 세상 것에는 의무가 되기 쉽습니다. 세상 것에 의무가 되니 주님에게는 마음이 끌리지 못하는 것입니다. 그래서 돈에도 관심이 가는 것이고, 명예에도 관심을 뺏기는 것이고, 쾌락에도 관심을 뺏기는 것이고, 세상 성공에도 관심을 뺏기는 것이고, 그래서 세상 살기가 어려운 것입니다. 자기 힘으로 살아가려니 자연스럽게 힘든 세상이 되는 것입니다. 그러나 눈이 밝아지게 되면, 그래서 정말 주님의 아름다움을 보고, 그래서 정말 주님을 사모하는 자가 되고, 주님의 얼굴을 구하는 자가 됩니다. 그러면 돈, 명예, 권세 그 모든 것이 바울이 말한 것처럼 배설물이 되는 것입니다. 세상 사람들이 죽자 살자 추구 하는 것, 그것이 배설물처럼 가치 없고 혐오스러운 것으로 보이는 것입니다. 인생길에 주님 없이 못산다는 고백이 저절로 나오는 것입니다.

그래서 거룩은 단순히 노력에 의해서 되는 게 아니라, 진짜 거룩은 성령의 깊은 계시, 주님과의 깊은 교제 속에서 점진적으로 열리게 되는 눈의 밝아짐입니다. 그것을 통해서 진짜 거룩이 이루어지는 것이고, 진짜 주님의 형상이 우리 속에서 이루어지는 것인 줄 믿습니다. 이 세상에서 가장 큰 보배중의 하나는 눈이 밝아지는 것입니다. 밝은 눈을 갖게 되는 것입니다. 영안이 열리는 것이 큰 축복입니다.

베드로와 요한과 야고보가 변화산상에서 엘리야 모세 예수님이 나타나 있는 모습을 봤는데, 영광 중에 맨 처음에 모세도 들어오고, 엘리야도 들어오고, 맨 처음에 모세와 같은 능력도 들어오고, 맨 처음에 엘리야 같은 예언도 들어오고, 계시도 들어오고, 영적 체험도 들어오고, 사역도 들어오고, 부흥도 들어오고…. 그러나 나중에는 "예수 외에는 보이지 않더라."이게 영적으로 이루어져야 되는 것입니다. 이제는 예수 외에는 보이지 않는, 예수님이 전부가 되는, 그래서 자동으로 주님을 찾는, 이것이 되어야 진짜 거룩이 이루어지는 것입니다. 그것이 되어야 진짜 거룩이 이루어지는 것이고, 그게 되어야 진짜 예수님의 친구가 되는 것이고, 진짜 예수님의 신부가 되는 것이고, 그것이 되어야 부흥과 추수를 위해서 준비가 되는 것입니다. 그것을 구하시기 바랍니다. 그것을 사모하며 구하시기 바랍니다.

그리고 그 눈이 활짝 열리시기 바랍니다. 이 시간도 주님께서 성령으로 역사하셔서 저에게도 책을 읽는 분에게도 그 눈이 활짝 열리게 되시기를 바랍니다. 그 눈이 활짝 열려서 우리가 세상에 대해서, 세상이 우리에 대해서, 십자가에 못 박혀 죽어지고, 그 다음에 정말 주님만을 바라보고 추구하면서 살아가는 모두가 되시기를 간절히 소원합니다.

1. 최고 영안이 열리는 것

우리는 흔히 영안(靈眼)이 열린다는 말을 사용합니다. 앞에서 영안이란 세상의 모든 천지만물(天地萬物)을 물질로만 보지 않고, 하나님의 눈(영안)으로 그 형상을 입체적으로 보는 것이라고 했습니다. 그런데 이 영안을 교회에서 보통 사람들이 모두 이해하기를 영적인 눈이 열려 신령한 세계를 보게 되는 것을 의미하는 말로 사용되고 있습니다. 또 영적인 세계를 보는 것으로 이해하고 있습니다. 영적 세계란 천국을 포함해서 천사들이나 악령들을 환상 가운데 보는 것을 의미하는 것입니다.

지금 교회에서 일반 성도들이 영안에 대하여 알고 인식하고 있는 것은 천국을 포함해서 천사들이나 악령들을 환상 가운데 보는 것을 의미하는 좁은 의미로 사용되고 있습니다. 넓은 의미의 영적 세계란 신앙생활 전체를 의미하는 것입니다. 즉 성도들이 세상을 살아가면서 말씀과 성령으로 거듭난 영적인 눈으로 세상을 보고 살아가는 것이 영안입니다. 그런데 일반 교회 성도들이 말하는 영안이 열린다고 할 때 접촉하거나 볼 수 있는 세계는 현실적으로 누구나 다 경험하는 교회 생활은 제외하는 것입니다.

영안이 열린다고 할 때 우리가 흔히 경험하는 것은 영적 실체와의 접촉일 것입니다. 육신의 눈으로는 전혀 볼 수 없는 영적 존재를 실제로 보는 것과 흡사한 환상에 빠져들어 가는 상태, 즉 성령의 임재상태에 빠져 들어가는 것을 말합니다. 그래서 영안은 성령의 깊은 임재 하에 열립니다. 성령의 임재가 자신을 장악하도록 안정한 심령이 되어야 합니다.

성령으로 세례를 받아 성령의 기름부음이 강하게 임하면 우리의 의식세계는 전적으로 성령의 지배를 받게 됩니다. 이때 성령이 보여주시는 것을 보게 되는 것입니다. 육안으로 볼 수 없는 것을 영안으로 볼 수 있게 되는 것은 강력한 임재 속에 들어가는 상태를 말합니다. 이는 우리의 의식이 전적으로 성령에 의해서 지배를 받게 되는 상태가 된 것입니다. 이때 영의 눈(하나님의 눈)으로 사물을 보게 되는 것입니다. 하나님의 입장에서 하나님의 수준으로 사물을 보는 것입니다. 마치 가나안을 정찰하던 여호수아와 갈렙 같이 하나님의 눈으로 매사를 보고 판단하는 것입니다. 성도의 심령에서 성령이 강력한 임재가 일어나며 우리의 의식 밑바닥에 있는 지식과 정보들이 표면으로 나오게 됩니다. 이것을 심리학자들은 무의식의 작용이라는 말로 설명하는 것인데, 내면 깊숙이 있는 정보들을 통해서 우리는 실제처럼 느껴지는 환상의 세계로 진입하게 되는 것입니다.

성경은 이런 상태를 '황홀한 중에 또는 비몽사몽'이라고 표현하고 있습니다. 바울은 이런 상태를 자신의 영이 몸 안에 있었는지 몸 밖에 있었는지 전혀 알 수 없었다고 고백합니다. 이런 상태를 우리는 '임사상태'(臨死狀態) 또는 '가사상태'(假死狀態)라는 말로 설명합니다. 성령의 강력한 임재로 말미암아 육의 기능이 멈추고, 영의 초의식 상태로 빠져 들어가는 것입니다. 이런 강력한 임재에 빠지면 당사자는 현실과 환상을 구분할 수 없게 되며, 자신이 본 환상을 현실로 착각하게 됩니다.

천국을 경험했다고 주장하는 다수의 사람들에게서 이런 영적 현상이 나타납니다. 환상으로 경험한 것임에도 불구하고 그것을 실제로 착각할 수밖에 없는 것은 깊은 영적 잠김(spiritual sinking)에 이르게 되기 때문입니다. 성령께서는 우리가 지니고 있는 정보와 지식을 사용해서 어떤 상황에 대해서 이해할 수 있도록 돕습니다. 따라서 천국을 경험하였다고 주장하는 대부분의 사람들은 자신이 평소 알고 있는 천국에 관한 지식의 한계를 벗어나는 일은 불가능하다고 저는 생각합니다.

제가 체험한 바로는 개인이 알고 있는 성경 지식 안에서 환상이 나타나는 것이 보통입니다. 그래서 성도는 성경을 많이 묵상해야 합니다. 그래야 마귀에게 속지 않습니다. 마귀도 영적체험을 하게 할 수 있기 때문입니다. 그러나 특별한 경우에는 성령께서 경험한 지식외의 신비한 것들을 보여 주실 수도 있습니다.

바울이 삼층천에서 경험하였던 것은 아마도 실제였을 가능성이 많습니다. 이런 경우 말로 표현할 수 없을 것입니다. 그 경험은 자신의 지식을 바탕으로 구성되는 환상이 아니기 때문에 말로 설명한다는 것은 불가능할 것입니다. 그러므로 바울은 "말할 수 없는 말을 들었으니 사람이 가히 이르지 못할 말이로다."라고 기록했습니다(고후 12:4).

바울과 같은 이런 영적 경험은 무척 희귀하며 아마도 바울 한 사람으로 끝났을 수도 있을 것입니다. 우리들 가운데 경험하는 낙원에 대한 경험은 대부분이 성령의 강력한 임재에 의한 환상일 것으로 생각됩니다. 우리의 영안이 열리면 때로는 스데반처럼 눈을 뜨고 천사들을 볼 수 있습니다. 이는 구약 시대에 야곱이 광야에서 잠들려고 했을 때 보았던 환상과는 다른 차원입니다. 눈을 뜨고 천사들을 보았기 때문입니다. 그러나 영적 경험 면에서는 야곱이 광야에서 잠들려고 했을 때 보았던 환상과 흡사한 것입니다.

영안이 열리는 수준은 성령의 임재 정도에 따라서 차이가 생기는데, 강력한 임재로 인해서 쓰러지거나 정신을 잃어버리는 사건이 생기면 우리는 전혀 다른 세계를 경험하게 됩니다. 순간에 정신을 잃어버리는 강력한 임재는 주로 성령의 인도를 받는 깊은 영의기도를 할 때나 성령 집회에서 자주 일어납니다. 그러나 개인이 기도하면서 경험하게 되는 임재에 의한 황홀경에 들어가는 것은 대체로 몸이 나른하게 이완되면서 잠이 들듯이 그렇게 빠져들게 됩니다. 이를 성령의 임재에 의한 영의 상태라고 표현합니다. 뇌파가 의식이 있는 '알파파'에서 영의 상태인 '세파파'로 들어가는 상태를 말합니다. 이 상태가 되면 자는 것도 아니고 깨어있는 것도 아닌 평온하고 몽롱한 상태(비몽사몽)에 빠지게 됩니다. 이는 베드로가 제 9시에 기도할 때 경험한 것인데, 환상 가운데 큰 광주리를 보게 되었고 성령의 음성을 들었습니다. 이런 상태를 베드로는 비몽사몽(황홀한 중에)이라고 설명했습니다. 베드로가 감옥에 갇혀 있을 때 천사가 와서 그를 이끌어냈습니다. 그러나 주변에 있는 사람들은 전혀 반응하지 못했으며 자신도 큰 길에 이르기까지 마치 상태에 빠진 몽유병 환자처럼 아무런 반응도 할 수 없었습니다. 그리고 정신이 들어왔을 때에야 이 사실이 환상이었음을 알게 되었습니다.

그럼에도 불구하고 그는 환상에 도취되어 행동하게 되었습니다. 이와 같은 강력한 임재에 의해서 행동으로 옮겨지는 일은 오늘날에도 일어나는 일들입니다. 저도 이와 같은 현상을 여러 번 체험했는데 등장인물들과의 대화는 마치 꿈을 꾸는 것과 흡사하지만, 실제적으로 환상 속에서 걸어 다니는 행동이 나타난다는 점에서 수동적인 꿈과는 차이가 있습니다.

영안이 열리는 것 즉 영적 존재들과의 만남은 우리의 노력이나 기대와는 상관이 없으며, 오로지 성령의 주관적인 임재에 의해서 발생하는 것입니다. 절대로 영적인 상태로 들어가야 하겠다고 마음먹고 기도하면 절대로 성령의 깊은 임재를 체험할 수가 없습니다. 그냥 성령으로 인도를 받는 깊은 영의기도를 지속적으로 하다가 보면 어느 순간 성령의 임재에 빠져드는 것입니다. 그러므로 이런 영적 경험을 기대한다고 해서 발생하는 것도 아니며, 구한다고 해서 일어나는 것도 아닙니다. 아주 우연히 그리고 전혀 기대할 수 없는 순간에 즉흥적으로 발생하는 것이며, 우리의 영적 수준이나 믿음의 정도와도 상관이 없는 것입니다.

성령의 강력한 임재와 그에 따른 영적 경험은 하나님으로부터 오는 선물일 것입니다. 바울은 "말할 수 없는 선물을 주시는 하나님께 감사합니다"(고후 9:15)라고 했습니다. 그러므로 영안이 열려 영적 실존을 경험하게 되는 것은 말로 형언할 수 없는 선물입니다. 그러나 우리가 여기서 구분해야 하는 한 가지가 있는데, 영적 분별력에 관한 것입니다.

영적 분별력은 은사 가운데 하나로써 영직 선쟁을 위한 무기입니다. 성령께서 주시는 이 은사는 마귀를 멸하기 위해서 성도들 가운데 나누어주시는 성령의 은사입니다. 이 은사는 영적 실체를 접촉할 수 있고 그 실체를 파악할 수 있는 능력입니다. 사단과 마귀의 일은 성경을 바탕으로 구분할 수 있기 때문에 특별히 영분별의 능력을 받지 않았다고 해도 가능한 일입니다.

2. 차원 높은 영분별을 하라.

성령을 체험하여 거듭나게 되면서 우리에게는 다양한 영적 현상들이 나타나기 시작합니다. 몸이 뜨거워지거나 진동하거나 환상이 보이기도 하고 곁에 어떤 영적 존재가 다가와 있는 것 같은 느낌을 받게 되고, 밝고 환한 기분이 들거나 어둡고 두려운 분위기를 느끼는 등의 다양한 경험을 시작하게 됩니다.

이런 영적 경험을 일반적인 교회에서는 아무와도 쉽게 나눌 수 있는 분위기도 아닌 경우가 많습니다. 전통적이고 보수적인 교회에서는 이런 일들에 대해서 별로 비중을 두지 않을 뿐만 아니라, 가치 없고 때로는 위험한 것으로 가르치기 때문에 벙어리 냉가슴만 앓게 됩니다. 이렇게 시간이 흐르면서 그 현상에 대한 궁금증도 사라지고 아울러 그런 현상도 시들해집니다. 그래서 결국 그런 영적 현상은 영적으로 유치할 때 일시적으로 경험하는 아무런 유익도 없는 것이라고 생각하게 됩니다.

영적 현상은 어떤 계기에 집중되며 그 현상을 받아들이고 적극적으로 이해하고자 할 때 더욱 강력하게 나타납니다. 우리는 모든 영적 현상이 성령의 역사하심으로 이해하기 쉽지만, 그리 단순한 것이 아닙니다. 영의 세계에는 다양한 속성들과 계급이 있으며, 그에 따른 직능과 역할이 다르기 때문에 이 영들이 우리에게 접근할 때 그 증상들이 나타나는 것입니다. 우선 주목해야 할 것이 우리 자신의 영입니다. 이 영은 자연인으로 있을 때는 죽었던 것이 그리스도 예수를 믿음으로 말미암아 살아난 것입니다. 이 영은 우리의 의식세계를 지배하며, 마음은 하나님의 영을 받아들이는 장소가 됩니다.

영을 구분하는 일은 쉬운 일이 아니지만, 그럼에도 불구하고 분별해야 합니다(요일 4:1). 전문적으로 구분하는 능력은 은사로 주어지며 이 '영을 분별하는 은사'는 독특한 기능을 지닙니다. 일반성도들은 요한 일서에서 언급한 정도로 그 사람의 영이 어떠한지를 구분하는 정도입니다. 즉 말씀에 비추어 구분하는 것입니다. 교리로 확정되어 있는 것과 다른 교리를 주장하는 사람들을 구분할 것을 의미합니다. 많은 사람들이 이런 구분을 제대도 하지 못해서 이단에 휘말립니다. 올바른 교리 교육만 받았다면 절대로 이단에 휘말리지 않을 것입니다.

일반적인 그리스도인들은 이 수준이지만 '영을 분별하는 은사'는 이런 정도를 넘어서 다양하게 나타나는 영적 현상에 대해서 그 배경에서 그 현상을 주도하는 영의 실체를 파악하는 능력을 하나님으로부터 부여받는 것입니다. 그런데 그 기능이 어느 날 갑자기 하늘로부터 완벽하게 임하는 것이 아니라, 말씀을 삶에 적용하면서 다양한 영적 현상을 경험하며, 그에 따라서 그 배경에 있는 영의 존재에 대한 분석력이 생겨서 가능해지는 것입니다.

영의 분별력은 탁월한 직감과 영적 감각으로 파악하게 되는 능력인데, 그 직감이 바로 다양한 영적 경험을 통해서 우러나오는 것입니다. 모든 성도들은 기본적이고 일반적인 수준의 영적 현상들을 경험하게 됩니다. 성령의 감동으로만 여기는 다양한 증거들 즉 '진동' '전률' '열감' '청량감' '부양감' '영의 이탈' '황홀경' '환상' '임재에 사로잡힘' '다른 지역으로 옮겨감' '투시' '영의 격동' '악령의 감각' '동통' '울음' '환희' '기절함' '백일몽' '영의 교체' '신들림(악령이 임함)' 등의 증상들인데 이것들이 지니는 특성들과 그 배경을 이해하기 위해서는 독특한 수준의 영적 지식을 얻어야 합니다.

'영을 분별하는 은사'는 영적 경험을 통해서 일반적인 성도들이 경험하지 못하는 영의 깊이 있는 경험을 할 수 있게 합니다. 자신에게 나타나는 증상들이 어디서 오는 것인지를 실제로 알 수 있는 또 다른 차원의 경험을 하게 됩니다. 그러므로 영적으로 깊어지려면 반드시 '영을 분별하는 은사'를 깨워야 합니다.

성령의 임재로만 여기는 다양한 증거들을 가져오는 영적 실체에 대한 영적 인식을 위해서 하나님은 영안을 열어 보게 합니다. 아무도 볼 수 없는 영적 실체에 대한 이성적 인식을 위해서 열려지는 영안은 먼저 감각적인 것으로부터 시작합니다. 어떤 영적 실체가 자신에게 다가온다는 것을 눈으로 보기 전에 먼저 감각으로 느끼게 하는 것으로 시작합니다. 예를 든다면 어느 장소에 들어갔더니 온몸이 섬뜩한 느낌이 들기도 합니다. 반대로 어느 장소에 들어갔더니 훈풍이 불어오는 느낌이 들기도 합니다. 이 분위기를 분별하는 것은 영을 분별하는 은사가 없는 다른 은사에도 매우 중요하기 때문에 누구든지 일정 수준의 영적 분위기를 감지하는 능력은 기본적으로 갖추어져 있습니다. 이 알 수 없는 분위기를 예민하게 느낄수록 영안이 열릴 가능성이 높다고 볼 수 있습니다. 기도할 때 또는 예배할 때 느끼는 영적 분위기는 감성적으로 느끼는 것과는 다른 것이며, 감정이 고조되고 흥분되어 느끼는 그런 육체적 감각과는 구별됩니다. 그렇기 때문에 무어라고 말로 표현할 수 없는 그런 묘한 분위기를 느낍니다. 특히 예언을 하는 사람에게는 이 분위기를 느끼는 힘이 강합니다. 위로부터 마치 이슬이 내리듯이 차분하고 온화하게 내려앉는 것과 같은 영적 분위기를 느낄 때 그런 분위기를 만드는 주체가 바로 천사의 영인 것입니다. 아늑하고 포근한 분위기가 내려앉을 때 영안이 열리면 그 실체가 보이게 됩니다. 그래서 그런 분위기를 만드는 존재가 천사임을 알게 됩니다. 이것은 한 예이며, 다양한 영적 분위기와 영의 접근에 따라서 나타나는 현상들은 각각 다른 영의 작용입니다. 진동은 예언의 영이 임하는 증거일 때가 많습니다. 이는 '계시의 영'이라고 부르는 것인데 이 영이 임하면 입술에 가벼운 떨림이 생깁니다. 그리스도의 영이 임하는 것을 우리 영이 알고 흥분하게 되는 것입니다.

성령은 담력을 가져다줍니다. 그러므로 성령이 임하면 갑자기 자신감이 생기고 담대해져서 결단을 하게 됩니다. 영안이 열리면 예수께서 자신의 배후에서 자신을 지지하는 모습을 보게 됩니다. 우리는 보지 못할지라도 그 영의 작용으로 인해서 담대해집니다. 스데반이 죽임을 당할 때 그는 예수님의 모습을 보았고, 그 처절한 고통 속에서도 오히려 웃는 얼굴을 지을 수 있었고 그로 인해서 얼굴이 해같이 빛날 수 있었습니다. 영안이 열리기 전에 우리는 우선 다양한 영의 임재로 인해서 오는 증상들을 경험하게 됩니다. 우리는 기도할 때 너무도 열정에 휩싸여 감정이 고조되어 혈압이 오를 때가 있습니다.

영적 현상을 느끼지만 그 영의 실존을 볼 수 있는 사람은 주로 '영을 분별하는 은사'를 받은 소수의 사람에게 한정됩니다. 우리는 간혹 아주 드물게 영적 존재를 황홀한(비몽사몽) 중에 실체로 경험하게 됩니다. 그리고 대부분의 성도들은 영의 존재를 감각으로 느끼도록 허락하고 계시는 것입니다. 영적 경험은 그 배후에 있는 다양한 영의 실존을 인식하는 데까지 나아가야 합니다. 그러려면 영의 실체에 대한 이해가 있어야 하지요. 우리가 대부분 성령의 역사처럼 이해하고 있는 대부분의 경험은 천사와 악령에 의한 것입니다. 그리고 우리 안에 있는 우리의 영의 감동으로 인해서 느껴지는 것이 많습니다. 우리 영은 되살아나면 그 감격으로 인해서 오랫동안 흥분하게 됩니다. 이런 경우 우리는 성령 충만으로 오해할 수 있습니다. 감격해서 눈물을 흘리고 격동하는 것은 우리 영이 흥분하는 증거입니다.

영적 접촉이 일어나면 우리의 영은 흥분하게 됩니다. 이것이 육체로 전달되며 그 증상으로 다양한 영적 경험이 만들어지게 됩니다. 이런 증상들은 주로 내면에서부터 우러나오며, 외부로부터 오는 것과는 다릅니다. 천사의 접촉이나 그 입김으로 일어나는 열감과 청량감은 외부로부터 오는 것 같은 느낌을 받습니다. 밖으로부터 스며드는 것입니다. 밖으로부터 스며드는 것은 귀신의 역사일 가능성이 많으므로 반드시 분별하고 받아들여야 합니다. 그러나 내면의 영으로부터 시작하는 것은 자신의 영 안의 성령으로 인해서입니다. 능력 사역을 행할 때 우리는 자신의 감정으로 인해서 생기는 감동과 영적 존재가 임해서 생기는 현상을 구분할 수 있어야 제대로 사역할 수 있는 것입니다.

영을 분별하는 능력을 받으면 이런 부분에 대해서 세밀하게 체험하게 됩니다. 성령은 다양한 영적 존재들을 사용해서 역사를 하십니다. 그 모든 영들을 우리는 통틀어 성령이라고 하지만 실제로는 천상의 영적 존재들입니다.

성령은 이들을 사용해서 우리에게 다양한 기능을 할 수 있도록 하십니다. 성령이 임할 때 그 현상은 인격적이지 않습니다. 성령께서 마음대로 역사하십니다. 전혀 예기치 못하고 체험하지 못한 특이한 현상들이 일어날 수가 있습니다. 그렇기 때문에 분별력과 믿음이 필요한 것입니다. 성경은 성령이 임하는 모습을 분명히 '불의 혀 같이' '비둘기 같이'라는 표현을 사용합니다. 영의 눈으로 보았을 때 성령의 모습은 이렇듯이 이상한 모습을 취합니다. 요한 계시록은 더욱더 이상한 모습으로 설명합니다. 이는 분명히 인간의 모습과는 전혀 다르게 나타나는 것입니다.

그러나 천사의 등장은 인격적입니다. 많은 경우 그 모습은 우리를 닮았습니다. 자신이 좋아하고 추구하는 쪽으로 역사하는 것입니다. 그래서 거부 없이 받아들이게 합니다. 예를 든다면 어느 집회에 참석했는데 나타나는 현상이 자신이 평소에 느끼고 체험하고 싶은 그런 현상이 나타난다는 것입니다. 자신이 아무 거부 없이 받아들이게 역사한다는 것입니다. 그러나 성령의 역사는 자신의 의사와 생각과는 상관없이 성령께서 자신의 심령을 장악할 목적으로 역사하기 때문에 거부가 생기는 것입니다. 그래서 바른 영분별 능력을 가지고 분별해야 하는 것입니다. 쉽게 분별할 수 있는 방법은 자신에게 변화가 일어나느냐 그렇지 않느냐로 분별이 가능합니다. 바른 성령의 역사는 반드시 변화가 일어납니다. 자신이 느끼고 알도록 변화가 나타납니다. 그러나 다른 영의 역사는 자신에게 변화가 나타나지 않습니다. 이는 느낌이지만 성령과 천사를 구분하기 위해서 다른 모습으로 나타나게 합니다. 이들이 다양한 영적 현상들을 동반하면서 우리에게 접촉합니다. 그것이 접촉의 신호입니다. 영을 분별하는 능력을 지닌 사역자는 이 신호와 함께 이 실체를 영안으로 보는 것입니다.

영을 분별하는 일은 영에 속한 일입니다. 이론과 지식으로 가능한 부분이 있고 그렇지 못한 부분이 있습니다. 보고 느끼고 구분하는 것입니다. 예수의 제자들이 변화산에서 모세와 엘리야를 보았습니다. 그들이 본 이미지는 실체였으며, 그 증상은 밝고 환하여 눈보다 더 희었습니다. 우리가 경험하기 시작하는 다양한 증상들에 대한 의미를 제대로 이해하기 위해서는 예리한 분석이 필요하며 면밀한 검증이 요구됩니다. 영을 분별하는 능력은 축사와 치유 사역에 있어서 매우 소중하며 나아가 자신과 가정과 교회를 악령으로부터 보호하는 데 없어서는 안 되는 중요한 기능입니다. 이 영을 분별하는 능력은 어느 날 갑자기 주어지는 신기한 능력이 아니라, 영적 현상에 대한 깊은 관심을 가지고 접근할 때 비로소 영안이 열려 신기한 영적 존재들을 접하게 되면서 탁월한 능력으로 드러나게 되는 것입니다. 그래서 많이 체험해야 합니다. 많은 분들이 영적인 역사가 일어나는 장소에 가기를 두려워합니다. 이유는 잘못될 수 있다는 것입니다. 일부 목회자들이 성도들에게 자기네 교회 외에 다른 곳에 가면 잘못될 수 있다고 세뇌했기 때문입니다. 그래서 앉은뱅이 신자가 됩니다. 예수를 믿으면서 살아계신 성령의 역사를 체험하지 못하여 매일 마귀와 귀신에게 당하면서 믿음 생활을 하게 됩니다. 문제는 이렇게 마귀와 귀신에게 당하면서 믿음생활을 하니까 정작 자신은 이유를 모른다는 것입니다. 참으로 안타까운 현실입니다. 영을 분별하는 능력은 체험하므로 열립니다. 절대로 두려워하지 말고 담대하게 성령이 역사하는 현장에 가십시오. 그러면 당신은 그때부터 영안이 열리기 시작하여 영을 분별하는 능력이 개발될 것입니다.

5장 영안을 밝게 열기 위한 훈련 방법

(계3:17-18)"네가 말하기를 나는 부자라 부요하여 부족한 것이 없다 하나 네 곤고한 것과 가련한 것과 가난한 것과 눈 먼 것과 벌거벗은 것을 알지 못하는도다. 내가 너를 권하노니 내게서 불로 연단한 금을 사서 부요하게 하고 흰 옷을 사서 입 어 벌거벗은 수치를 보이지 않게 하고 안약을 사서 눈에 발라 보게 하라"

영안이 열리면 우리는 하늘에 있는 영적 존재들과 그 구조를 경험하게 됩니다. 우리에게 영적인 눈이 열리게 되면 가장 먼저 깨닫게 되는 것이 하나님과 자신과의 관계성입니다. 이것이 가 장 중요하고 이런 관계성에 관한 의식은 영적 삶이 지속되는 동 안 꾸준하게 이어져야 하며, 그렇지 못한 경우에는 문제가 생기 게 되는 것입니다. 하나님과의 관계성을 모르거나 망각하게 되 면 우리는 방자히 행하게 되거나 외식적인 태도를 취하게 되며, 이런 형태는 종교적인 결과를 만들어내게 됩니다.

우리의 영적 눈이 떠져서 하나님과의 관계를 분명하게 볼 수 있어야 합니다. 이런 점에 관해서 성경은 "안약을 사서 눈에 발 라 보라"(계3:18)고 주문했습니다. 자신이 벌거벗었는지 모르는 소경이 된 그리스도인이 있기 때문에 이런 말씀을 주시는 것입니다. 수치를 수치로 알지 못하는 것은 눈이 감겨있기 때문입니다. 실제로 바리세인들 대부분은 소경의 상태였습니다(요 9:41).

우리의 영적 눈이 떠져서 영적 실체를 보는 것을 환상이라고 하는데, 이 환상에는 크게 두 가지 차원이 있는 것입니다. 실제로 영상을 보는 것 같은 '영상적 환상'(visible fantasy)이 있으며, 영상은 보이지 않지만 사물이 보이는 것과 같은 강한 느낌을 받는 '이미지 환상'(imagery fantasy)이 있습니다.

영상적인 환상은 주로 선견자의 직임을 가진 사람들이 자주 보는 것입니다. 선견자의 직임을 가진 사람이라고 해도 실제적인 영상을 보는 경우는 많지 않으며, 대부분의 환상을 이미지로 경험하게 됩니다. 고정된 영상이나 움직이는 영상을 마음에 그릴 수 있는 능력이 갖추어져 있고 하나님으로부터 오는 정보를 귀로 또는 마음으로 듣는 것보다는 이미지로 그리는 것이 더 자유로운 사람이 선견자(the Seer)입니다.

1. 말씀의 비밀을 깨닫는 훈련

하나님은 그의 종들에게 정보를 주실 때 직설적인 화법 보다는 비유적인 화법을 사용하십니다. 직설적인 것 같이 보이는 말씀일지라도 사실은 비유입니다. 비유는 크게 은유와 풍유로 나누어서 생각할 수 있는데, 주님이 주시는 정보는 대부분이 이런 비유로 전해지기 때문에 은유와 풍유를 해석하는 능력이 있어야 합니다. 은유와 풍유를 해석하려 하면 성령으로 영안이 열려야 합니다.

은유는 사물의 본뜻을 숨기고 표현하려는 대상을 암시적으로 나타내는 수사법입니다. 예를 들면, '내 애인은 한 송이 장미' 등과 같은 표현입니다. 풍유법은 무엇을 무엇에 비유한다는 것을 드러내지 않고, 비유하는 말만을 들어 그 뜻을 알게 하는 방법으로 예를 들면 '빈 수레가 더 요란하다'와 같은 속담과 격언이 이에 속합니다. 하나님은 전하고자 하는 내용을 이미지 또는 느낌이라는 수단을 통해서 비유로 우리에게 전하게 되는 것입니다. 그런 가장 강력한 수단이 꿈과 환상인 것입니다. 꿈은 우리의 의식이 배제된 상태에서 받는 것이며, 환상은 의식이 깨어 있는 상태 또는 비몽사몽과 같은 황홀경에서 받게 됩니다.

이미지를 볼 수는 없지만 마치 보는 것과 같은 느낌을 받아서 주님으로부터 온 정보를 구체적으로 묘사할 수 있게 됩니다. 본 것은 아님에도 불구하고 본 것이나 다를 바가 없이 의식 속에 선명합니다. 이런 이미지 환상은 '가상 환상'이라고 할 수 있을 것입니다. 주로 이런 환상을 경험하는 사람들은 이미지를 그려내는 기술이 부족하거나 감성이 예민하지 못한 사람들에게서 주로 경험되어지는 것입니다.

오늘날 대부분의 사람들은 이성적이고 합리적인 사고를 할수 있도록 교육을 오랫동안 받았습니다. 그러므로 우리들의 의식세계는 이미 이성적으로 사고하도록 프로그램이 되어 있기 때문에 비록 감성적인 사람이라고 할지라도 그가 갖추고 있는 사고구조는 이성적 판단체계입니다. 감성이 풍부할지라도 교육을 통해서 그 기능이 억제되었고 이성적이고 논리적인 사고를 하도록 학습되어있기 때문에 이미지를 형상으로 그려내지 못하고 느낌으로 받게 되는 것입니다.

하나님으로부터 오는 정보를 우리는 이미지로 받아들일 수있기 위해서 이미지를 그리는 방법을 학습할 필요가 있는 것입니다. 감성이 풍부한 사람은 몇 차례 훈련을 받기만 하면 자연스럽게 환상이 그려지며 의식만 해도 환상이 보이게 됩니다. 구체적으로 어떤 장면을 그려내는 기술이 부족하다고 할지라도 우리는 본 것과 같은 강력한 이미지를 품을 수 있습니다.

눈을 통해서 보는 환상이나 마음을 통해서 느끼는 이미지나 같습니다. 마음속으로 대상의 이미지를 그리는 심상훈련(心象訓練)을 하게 되면 떠오르는 생각들이 구체적으로 들어오게 됩니다. 마음속에 생각이나 성경구절이 떠오르는 것을 심상으로 구성하는 것입니다. 정신을 집중하게 되면 우리 마음속에 일련의 생각들이 마치 파노라마처럼 몰려 들어오며, 그 생각이 선명하지는 않지만, 구체적으로 어떤 이미지를 형성하게 되는 것입니다. 비유를 풀어내어 대화로 또는 상황의 설명으로 이해할 수 있게 됩니다. 이것이 영적 눈이 떠지는 것입니다. 비유를 성령의 임재 하에 하나님의 입장에서 풀어서 이해하는 것입니다. 우리가 가장 원시적으로 이런 감흥을 경험하는 것이 바로 죄책감입니다. 기도할 때나 묵상할 때 우선 떠오르는 것이 하나님과의 관계에서 드러나는 죄의식입니다. 죄가 떠오름으로써 그 당시의 상황이 영상적인 이미지로 되살아납니다. 때로는 아주 어린 시절의 경험으로 거슬러 올라가 그 당시의 영상이 생생하게 재생되어 실제처럼 느껴집니다.

죄와 상관된 장면이 뚜렷하게 기억에서 되살아나면서 장면이 눈에 선명하게 그려지는 것입니다. 이런 상태가 영적 눈이 떠진 상태인 것입니다. 과거와 연관된 이미지는 이미 경험한 것이기 때문에 선명하게 되살아납니다. 그러나 미래와 연관된 이미지는 경험된 것이 아니므로 선명하게 그려지지 않을 수 있는 것입니다. 이미 과거와 연관된 일련의 문제를 다루는 과정을 경험하였다면 이제는 미래와 연관된 이미지들을 그려낼 수 있게 됩니다.

과거는 자신의 죄와 연관이 있으며, 미래는 자신의 비전과 연관이 있습니다. 그러므로 비전은 미래 지향적이기 때문에 이미지를 구성하는 능력이 부족할 경우 자칫 놓칠 수 있습니다. 많은 사람들이 죄의 회개는 철저하게 하려고 하면서도 비전에 관해서는 그만큼 심각하게 노력하지 않는 것 같습니다. 비전은 자신이 해야 할 직임과 연관되어 있고 장차 천국에서 받을 상급과 관계되어 있습니다.

죄의 문제는 원칙적으로 우리들이 비전을 바르게 이해할 수 있는 환경 즉 하나님과의 올바른 관계를 구성하기 위해서 반드시 거쳐야 하는 '기반적인 의미'(foundational meaning)가 강하다고 본다면, 비전은 하나님 나라를 이 땅에서 이루어내는 '성취적인 의미'(accomplishmental meaning)가 강합니다.

비전은 미래 지향적이기 때문에 자신이 경험하지 못한 부분일 것입니다. 그러므로 이런 부분에 대한 하나님으로부터 오는 정보가 비유를 통해서 전달될 때 우리들의 의식 세계에 반영되는 수단이 이미지인 것입니다. 꿈과 환상을 주요 수단으로 해서 우리들에게 정보가 전달되는 것이 사실이라는 점을 바르게 이해할 필요가 있는 것입니다. 하나님이 우리들에게 정보를 전달하고 말씀하시는 주된 수단이 바로 이미지입니다.

이것은 영적인 눈이 떠져야만 알 수 있는 것입니다. 하나님으로부터 직접 오는 계시는 개인에게 중요합니다. 오늘날 우리는 성령과의 직접적인 관계 속에서 모든 정보를 받을 수 있는 상황에 놓여있습니다. 성령이 각 성도들을 직접 인도하는 그런 시대에 살고 있기 때문에 영적인 눈이 떠지지 않은 사람은 성령의 인도 하에 말씀과 성령으로 심령을 치유하며 영안을 열려고 노력하여 영안을 열어야 합니다. 영안이 열려야 하나님을 알고 하나님을 알아야 하나님에게 나아가는 통로인 예수를 믿고, 성령을 받고 성령의 인도를 받을 수가 있기 때문입니다. 성령의 인도를 받아야 자신이 죄인이라는 것을 명확하게 알 수 있습니다. 자신이 죄인이라는 것을 알아야 말씀과 성령으로 자신을 치유하려고 합니다. 말씀과 성령으로 자신이 치유되면 될수록 영안은 밝히 열리는 것입니다. 영안이 밝히 열림으로 인생의 주인은 자기가 아니라 예수님이라는 것을 알고 예수를 주인으로 삼고 살수가 있는 것입니다.

그래서 말씀과 성령으로 영안이 열린 성도의 영적 눈이 띄는 가장 근본적인 증거는 죄의 회개와 비전의 인식일 것입니다. 죄를 회개하고 하나님과의 관계를 올바르게 정리하면 다음은 우리가 해야 할 직임에 대한 인식을 얻는 것입니다. 이는 터를 닦고 집을 짓는 두 가지 차원을 의미하는 것입니다. 터만 닦아놓고 방치한다면 꼴 보기 사나울 것입니다. 황량하여 잡초만 무성하게 된다면 책망만 돌아올 것입니다.

우리의 영적인 눈이 열려야 하는 이유가 여기에 있습니다. 이 중요한 영적인 안목을 갖추는 일이 마음으로 하나님을 읽어내는 수단을 배우고 개발하는 것입니다. 이 과정은 결코 단순하거나 쉬운 일은 아닙니다. 그러나 그 요령을 터득한 사람에게는 결코 어려운 과정이 아닙니다. 모든 그리스도인이 당연히 알아야 할 환상의 세계에 대해서 우리는 이제까지 적절한 교육을 받지 못했습니다. 꿈과 환상은 신약시대 즉 교회에 성령이 역사하는 시대를 사는 우리들에게 하나님으로부터 정보를 받는 가장 주된 수단 가운데 하나임을 제대로 이해해야 합니다.

2.하나님의 역사를 보려고 하는 훈련

하나님은 영이십니다. 신앙생활이 영적생활이기에 영적소경은 주님을 볼 수도 없고, 신앙생활을 그 자체도 제대로 할 수기 없습니다. 예수님 당시 수많은 서기관들과 구약에 능통한 바리새인들이 예수님을 옆에 두고도 예수를 영접하지 않고 배척했던 것을 봅니다. 이것은 그들이 하나님의 말씀은 알지만 육신에 속한 영적인 소경인 것을 보여줍니다. 빛이 어두움에 비취었어도 그 어두움들이 깨닫지 못했던 것입니다.

요한복음 3장에 나오는 니고데모도 비록 그가 구약의 율법에 능통한 사람이었지만 그는 거듭남이 무엇이며, 하나님나라를 본다는 것이 무엇인지 잘 몰랐습니다. 심지어 주님을 3년 동안이나 따라다녔던 제자들도 영안이 제대로 열리지 못함으로 인하여 예수님 앞에서 예수님을 보고 하나님을 보여 달라고 했던 것입니다.

우리가 영적인 눈을 가져야 하는 이유는 삶 속에서 하나님의 역사하심을 보고, 우리를 향하신 하나님의 뜻을 깨닫고, 올바른 신앙생활을 해야 되기 때문입니다. 더구나 소경이 소경을 인도할 수 없는 것처럼, 영적인 눈을 가지지 않으면 세상 사람들을 주께로 인도할 수는 없는 것입니다.

성경을 보면, 신앙생활을 확실하게 했던 사람들의 특징을 보면, 모두 영안이 확실하게 열렸다는 것입니다. 물론 일시적으로 간헐적으로, 조금만 열린 사람들도 있지만 확실히 영안이 열려 하나님의 영광을 보았던 사람들이 있었다는 것입니다.

예를 든다면 베드로가 예수님이 '너희는 나를 누구라 하느냐' 라는 질문에 베드로가 다른 사람처럼 '예수님을 엘리야요, 예레미야나 선지자 중에 한 분입니다'라고 말하지 않고, '주는 그리스도요 살아계신 하나님의 아들입니다'라고 고백했었던 것은 그가 영적인 눈이 열렸기 때문이었습니다. 그러나 그런 베드로가 예수님이 십자가에서 죽고 부활하리라는 말에 대해서는 '결코 주에게 그런 일이 미치지 아니하리이다'라고 말함으로 주님으로부터 '사탄아 내 뒤로 물러가라 너는 나를 넘어지게 하는 자로다. 네가 하나님의 일은 생각지 아니하고 도리어 사람의 일을 생각하는 도다' 라는 말을 들었던 것을 보면, 이때에는 영안이 열리지 않고 닫혔던 것을 봅니다.

그러므로 영안이 열리는 것은 전적으로 하나님의 은혜인 것입니다. 그래서 요한복음 1장 12-13절을 보면, "영접하는 자 곧 그 이름을 믿는 자들에게는 하나님의 자녀가 되는 권세를 주셨으니 이는 혈통으로나 육정으로나 사람의 뜻으로 나지 아니하고 오직 하나님께로서 난 자들이라"고 했던 것입니다. 하나님의 자녀가 되는 것은 나의 의지가 아니라 전적으로 하나님의 은혜인 것입니다. 하나님이 우리의 눈을 열어주어야지만 주를 영접할 수 있는 것입니다. 그렇다고, 우리의 눈이 한 번 열려 주님을 영접하고 주님의 영광을 보았다고 해서 계속 열려져 있는 것이 아님을 알아야 합니다. 계속 열리기를 원한다면, 베드로처럼 사람의 일을 생각과 소리를 듣지 않고, 하나님의 일을 생각하고 하나님의 음성을 듣고 말 한다면, 우리는 계속해서 영안이 열려 주의 기이한 법들을 보고 깨닫게 될 것입니다.

3.담대하게 영적전쟁을 통해서

바울 역시 3층천, 하늘나라에 갔다가 왔습니다. 그가 갔다가 오자, 바울의 삶은 완전히 달라졌습니다. 복음과 함께 고난을 받는 것을 전혀 두려워하지 않았습니다. 그 어떤 난관도 기쁨으로 헤쳐 나갔습니다. 그 어떤 일에도 그는 만족할 줄 알았습니다. 좋을 때에나, 슬플 때에나, 부할 때에나 가난할 때에나 바울은 자족하는 법을 알았습니다. 바울은 심지어 복음 때문에 감옥에 갇혔어도 그의 심령은 갇히지 않았고, 오히려 감옥 밖의 사람을 위로하고 기뻐하라고 했습니다.

그가 3차 전도여행을 하고, 포로의 신분으로 로마여행까지 했었던 것은 그가 영안이 열려 하나님의 영광을 보았기 때문이었습니다. 그리고 예루살렘에 가면 포박을 당한다고 예언자가 말해주었지만 바울은 로마에 가서 복음을 전할 사명을 감당해야 하는 깨달음이 있었기에 그는 포박을 당한다는 사실을 알면서도 당당히 예루살렘으로 갔던 것입니다. 그 결과 로마군대의 호위 속에 로마황제 앞까지 와서 복음을 전하게 되지 않았습니까?

언제나 영안이 열린 사람들의 특징을 보면, 담대하다는 것입니다. 바둑과 장기에서 수를 미리 보듯이, 하나님의 역사하심을 미리 보게 됩니다. 하나님의 능력을 믿기에 불가능해 보이는 것도 뛰어드는 것입니다. 남들이 볼 때 아무 것도 없는데 마치 모든 것을 가지고 있는 것처럼 행동한다는 것입니다. 연약해 보이는데, 강하다는 것입니다.

영안이 열린 사람들은 남들이 감히 생각지 못했던 것들을 보고 행동합니다. 우리가 세상을 살아가는 것이 영적인 투쟁입니다. 시시각각으로 일어나는 마귀와의 영적전쟁을 위하여 영안이 열려야 합니다. 그래야 하나님으로부터 마귀가 감히 생각하지 못했던 것들을 보고 사용할 수가 있습니다.

한 번은 아람군대가 이스라엘을 쳐들어왔습니다. 열왕기하 6장 8절이하의 말씀입니다. 진을 치고 공격을 하려고 합니다. 그러면 엘리사가 적들의 상황을 이스라엘 왕에게 다 고하는 것입니다. 그래서 아람군대는 먼저 엘리사를 잡고자 엘리사가 살고 있는 성을 에워쌌습니다. 그러자 엘리사의 사환이 두려워 떨고 있습니다. 그러자 엘리사는 그 사환에게 다음과 같이 말합니다.

(열하6:16)"두려워하지 말라 우리와 함께한 자가 저 아람군대보다 더 많으니라"

그리고 하나님께 엘리사가 기도합니다. "여호와여 원컨대 사환의 눈을 열어서 보게 하옵소서" 그러자 하나님이 그 사환의 눈을 열어 보게 하셨는데, "저가 보니 불 말과 불 병거가 산에 가득하여 엘리사를 둘렀더라" 엘리사가 적군 앞에서도 그렇게 당당하게 아람군대를 물리쳤던 것은 바로 영안이 열려 천군천사를 미리 보았기 때문인 것입니다. 참으로 얼마나 떨리는 말씀입니까? 엘리사가 하나님께 사환의 눈을 열어달라고 기도하자 하나님이 열게 해서 보게 하는 역사를 하십니다. 주여! 우리도 보길 원하나이다. 우리 주위를 둘러싸고 있는 천군천사를 보게 하소서….나와 함께 하시는 하나님을 보게 하시어서 복음과 함께 살아가는 자들이 다 되게 하소서….그렇습니다. 이 기도는 지금도 유효하고, 지금도 하나님이 우리가 이런 기도를 하기 원하심을 알아야 할 것입니다. 엘리사만이 아닙니다. 구약의 선지자들의 특징들을 보면, 한결같이 주의 영광을 보거나, 주님으로부터 주의 음성을 들었고 들었던 말씀을 이스라엘에게 전했던 것입니다. 그들이 전한 말씀들은 추측해서, 자신들이 생각해 내서 그렇게 선포한 것들이 아닙니다. 하나님으로부터 말씀을 받아서 말한 것입니다.

성경에는 영안이 열린 사람들의 이야기들이 가득 차 있습니다. 세례요한이 예수님에게 세례를 베풀 때에 세례요한은 하늘로부터 내려오는 비둘기와 같은 성령을 보았습니다. 세례요한의 주변에 그렇게 많은 사람들이 있었지만 그들은 보지 못했습니다. 그러나 세례요한은 보았던 것입니다. 하나님이 세례요한의 눈을 열어주고, 하늘의 음성을 듣게 하셨던 것입니다.

요한계시록에도 보면, 이번엔 사도요한이 영안이 열려 하늘보좌를 보고, 하나님이 이 세상을 어떻게 통치하시고, 종말에 이 세상과 교회는 어떻게 되는지에 대해 보게 됩니다.

그러니 사도요한의 하루하루의 삶이 어떠하겠습니까? 얼마나 큰 담력과 확신과 성령의 능력 가운데 살아가겠습니까? 사람들은 보지 않고는 믿으려 하지 않습니다. 어찌 보지 않고 믿느냐는 것이죠. 그러나 주님은 보지 않고 믿는, 그 믿음이 복되다고 하셨습니다. 그러나 때로는 믿음의 선배처럼 직접 주님이 우리의 영안을 열어 보게도 한다는 사실을 알고 열린 마음을 가지고 주님 앞에 나오는 것이 중요합니다.

우리가 앞에서 '우리 보좌 앞에 모였네 함께 주를 찬양하며…'이것은 사도요한이 보았던 장면을 찬양으로 표현한 것입니다. 베드로가 마지막 순교할 때, 십자가에 거꾸로 달려 죽을 수 있었던 그런 담대함은 하나님의 영광을 보았기 때문인 것입니다. 더구나 베드로는 변화산에서 영광의 주를 모세와 엘리야와 함께 보지 않았습니까? 또 부활의 주를 직접보지 않았습니까? 비록 처음에는 영안이 간헐적으로 열리고 완벽하게 열리지 않아 실수도 하고 주님을 세 번씩이나 부인도 했지만, 시간이 지날수록 영안이 온전히 열렸던 것을 봅니다.

예를 들어 미문에 앉아 있는 앉은뱅이를 보고 남들은 돈 몇 푼을 주면서 지나갔지만 베드로는 하나님이 그 앉은뱅이를 일어나 걷고 뛰게 하려는 뜻을 알고 믿음으로 '은과 금은 내게 없거니와 내게 있는 것으로 네게 주노니 곧 나사렛 예수 그리스도의 이름으로 걸으라'고 선포했고, 그 선포대로 '일어나 걷고 뛰고 성전에서 하나님을 찬미하지 않습니까?' 그리고 이런 것을 계기로 놀라운 구원의 역사들이 일어나지 않았습니까? 베드로는 하나님의 역사하시는 그 때를 알고 믿음으로 반응할 정도로 영안이 열렸던 것입니다.

어떻게 마리아라는 여인이 300데나리온에 해당되는 향유 옥합을 주님의 머리에 담대하게 부을 수 있습니까? 당시 300데나리온으로 약 3만 명이 동시에 식사할 수 있는 금액이었습니다.

식사 한 끼에 3,4천원만 잡아도 약 1억 원에 해당되는 그런 돈입니다. 그런데 한 번에 부어버립니다. 얼마나 아깝습니까? 그러나 합니다. 왜 입니까? 믿음의 눈, 영안이 열렸기 때문입니다.

지금 우리들이 십일조를 하고, 주를 위해 여러 헌금들을 하고 있습니다, 영안이 열리지 않고 어찌 물질을 주님께 드릴 수 있겠습니까? 자원하는 마음으로 기꺼이 주님의 것이라고 뗄 수 있는 그런 믿음은 아무나 하는 것이 아닙니다. 물질만능시대에 물질을 그렇게 떼어서 주님의 것이라고 드릴 수 있는 것은 대단한 믿음이 아닐 수 없습니다.

제가 지금 '영안이 열렸다'라는 말을 하고 있는데요, 영안이 열렸다는 것은 좁게, 혹은 넓게 이해해야 합니다. 좁은 의미에서 영안이 열렸다는 것은 엘리사의 사환같이 천군천사를 보는 것이나, 바울과 같이 무당에게 역사하는 귀신을 보는 것, 세례요한이 하늘로부터 비둘기처럼 임재하는 성령을 보는 것을 말할 수 있습니다. 그러나 넓은 의미에서 영안이 열렸다는 것은 눈으로 직접 영의 세계를 보는 것만이 아니라 '하나님의 말씀이 깨달아짐, 예수님이 믿어짐, 세상 삶 속에서 살아서 역사하시는 하나님의 능력과 권세를 눈으로 보고 몸으로 체험함' 등도 '영안이 열렸다'라고 말할 수 있습니다. 우리는 좁은 영안도 열려야 하지만, 넓은 의미의 영안을 열어가려고 해야 합니다.

이런 의미에서 예수님이 하나님의 아들이라고 믿어지는 것 그 자체가 영안이 열린 것이요, 성육신 하신 독생자의 영광을 본 것이라고 말씀드릴 수 있습니다. 요한복음과 같은 주의 말씀을 보면서 이 말씀이 과연 진리의 말씀이고, 은혜와 진리가 충만한 말씀이구나 라고 깨닫는 것도 영안이 열린 것이요, 그래서 요한복음 1장 17절과 같은 말씀을 깨닫게 되는 것입니다. "율법은 모세로 말미암아 주신 것이요 은혜와 진리는 예수 그리스도로 말미암아 온 것이라" 이런 말을 할 수 있다는 그 자체가 말씀을 영으로 보는 눈이 열린 것이라는 것입니다. 이런 고백은 말씀을 논리적으로 분석하고, 연구를 해서 말하는 수준이 아닙니다. 어느 한 순간에 성령의 감동으로 번개와 같이 뇌리를 스치고 마음의 눈이 밝아져 고백하는 것입니다. 성령의 감화 감동의 체험의 고백인 것입니다. 말씀이 살아 역사 하는 그런 고백인 것입니다. 이것을 가리켜 영안이 열려 깨달았다고 하는 것입니다.

질병에서 치유함 받고, 기도의 응답을 받는 것과 하나님의 살아계심을 체험한 것들 역시 영안이 열렸다고 말할 수 있는 것입니다. 그래서 그 결과 하나님에 대해 분명한 신앙을 갖고, 주의 말씀대로 순종하며 살겠다고 헌신하게 되는 것입니다. 이런 의미에서 예수님을 믿고 거듭나서 구원의 확신이 있는 사람들이라면 모두 다 영안이 열려야 한다고 말씀드릴 수 있습니다. 그러나 문제는 어느 정도 얼마만큼 열렸느냐는 것입니다. 어떤 사람들은 조금 열려 적게 깨달을 수가 있습니다. 반면에 어떤 사람들은 활짝 열려 주의 말씀을 잘 깨달을 뿐만 아니라 실제 영적인 세계를 볼 수도 있습니다. 신앙생활은 세상의 안목과 육안을 가지고 하는 것이 아니라 하나님의 안목과 영안을 가지고 하는 것이기에 영안이 활짝 열려야 하는 것입니다. 영안이 열리면 육안으로 볼 수 없었던 것들을 우리가 볼 수 있습니다.

예를 든다면 영광 가운데 계신 주님을 볼 수 있고, 때로는 천사를 때로는 악령들의 역사를 눈으로 볼 수도 있는 것입니다. 신비주의는 나쁜 것이지만 신앙의 세계는 신비의 세계인 것입니다. 이런 의미에서 우리의 영안이 활짝 열려서 주의 말씀도 잘 깨닫고, 영적세계도 볼 수 있도록 성령으로 기도해야 할 것입니다. 그래서 기본적이고 상식적인 수준에서만의 신앙을 갖는 것이 아니라, 세상의 지혜를 뛰어넘을 수 있는 영안이 열려야 할 것입니다. 영안이 열려야 신앙생활을 제대로 할 수 있다고 한다면, 그럼, 우리의 영안이 활짝 열리기 위해서는 어떻게 해야 합니까?

4. 영안이 밝게 열기 위한 훈련

하나님만이 영안을 열어주십니다. 훈련단계는 이렇습니다.

첫째. 엘리사가 기도했듯이 영으로 기도해야 합니다. 기도를 하되, 하나님만이 우리의 눈을 열어주신다는 것을 알고 하나님께 기도해야 합니다. 인간의 노력으로 되는 것이 아닙니다. 하나님이 열어주셔야 합니다.

바울도 에베소서에서 '마음의 눈을 밝히사 하나님의 부르심의 소망이 무엇이며 성도 안에서 그 기업의 영광의 풍성이 무엇이며 그 힘의 강력으로 역사하심을 따라 믿는 우리에게 베푸신 능력의 지극히 크심이 어떤 것을 너희로 알게 하시기를 구하노라' 누구에게요? 하나님께! 모세도 하나님의 영광을 보여 달라고 기도하지 않습니까?

둘째, 우리의 영안이 열리기 위해, 주의 말씀을 가까이 해야 합니다. 말씀을 늘 가까이 하되, 성령님을 의지해야 합니다. 성령님 나의 눈을 밝혀 주의 기이한 법을 볼 수 있도록 도와 달라고 하면서 주의 말씀을 대해야 합니다. 단지 소설을 읽거나, 또 분석이나 연구하는 차원에서만 끝나지 않도록 해야 합니다. 한 말씀 한 말씀을 대할 때마다 '영이요 생명인 말씀'으로서 대해야 할 것입니다. 성령의 임재 하에 지속적으로 말씀을 묵상해야 합니다. 그러면 엠마오로 가는 두 제자들처럼 눈이 밝아질 것입니다.

셋째, 지금 보다 더욱 힘써 신앙생활을 하는 것입니다. 어제보다는 오늘이 더욱 더 신앙의 진보를 가져오는 삶을 살아야 한다는 것입니다.

(베드로후서 1:3-11)"믿음에 덕을, 덕에 지식을, 지식에 절

제를, 절제에 인내를, 인내에 경건을, 경건에 형제 우애를, 형
제 우애에 사랑을 공급하라. 이런 것이 없는 자는 소경이라.
그러므로 형제들아 더욱 힘써 너희 부르심과 택하심을 굳게
하라."

신앙의 성숙과 진보를 위해 노력하고자 하면 할수록 눈이 밝
아진다는 것입니다. 그래서 영성훈련을 하는 것입니다.

가만히 신앙의 성숙을 가져오려고 노력도 하지 않고 있어도
눈이 밝아진다는 것은 있을 수 없는 일임을 기억하고 더욱 힘써
노력해야 할 것입니다. 이렇게 하나님께 부르짖고, 말씀을 가
까이 하고, 더욱 힘써 주님을 닮아가려고 하면, 우리는 더욱 더
영안이 밝아질 것입니다. 마음의 눈이 밝아질 것입니다. 그러
면, 더욱 더 영광의 주를 인식하게 되고 주님께서 받으시는 찬
양과 경배를 올려드릴 수 있게 될 것입니다. 더욱 더 경외하게
될 것입니다. 죄와 싸우되 피 흘리기까지 싸우게 될 것입니다.
부름의 소망에 따라 우리의 인생을 준비하고 드리게 될 것입니
다. 주를 보았던 믿음의 선진들처럼 복음과 함께 기꺼이 고난을
받을 것입니다. 잘 했다 칭찬 듣는 주의 자녀들이 다 될 것입니
다. 우리 모두 영안이 열려 말씀이 육신이 되어 우리 가운데 거
하시는 그 독생자의 영광을 보시되 계속해서 주의 영광을 보며,
영광을 드러내는 삶을 사시길 기도드립니다.

6장 영안을 열기위해 통과해야할 과제

(고전 2:10-11)"오직 하나님이 성령으로 이것을 우리에게 보이셨으니 성령은 모든 것 곧 하나님의 깊은 것까지도 통달하시느니라. 사람의 일을 사람의 속에 있는 영외에 누가 알리요, 이와 같이 하나님의 일도 하나님의 영외에는 아무도 알지 못하느니라"

성도가 영안이 열리는 것은 무엇보나 중요한 것입니다. 영안을 열기위해 해결해야 할 과제가 있다는 것입니다. 영안은 땅의 사람이 하늘의 사람으로 바뀌어야 하기 때문에 버리고 해결해야 하는 난해한 과제들이 있습니다.

"보지 못하고 믿는 자들은 복되도다."(요 20:29)라는 말씀은 눈으로 보고 손으로 만지지 않고는 부활하신 주님을 믿을 수 없다고 말한 도마에게 하신 말씀이십니다. 죽은 사람이 살아났다는 말을 액면 그대로 믿는다는 것은 너무도 무책임하며, 지각 있는 사람으로서 행할 태도가 아닙니다. 도마의 태도는 지극히 당연하며, 저도 그런 상황이었다면 도마와 같은 말을 했을 것입니다. 이 말로 인해서 도마는 의심 많은 사람으로 취급을 당하였지만, 실제로 도마는 매우 합리적이고 이성적인 지성인이었음을 알 수 있습니다. 그냥 감정적으로 흥분해서 앞뒤를 가리지 않고 덤비는 다른 제자들과는 달랐음을 엿볼 수 있습니다. 이 말씀은 이후에 그냥 믿는 것이 좋다는 뜻으로 남용되기도 하지만, 주님이 이 말씀을 하신 본뜻은 그런 것이 아니었을 것입니다.

보지 않고 믿어야 하는 세계는 영적 세계입니다. 이는 볼 수도 없고 확인할 수도 없는 믿음의 세계이기 때문입니다. 그러나 이 볼 수 없는 세계를 보는 사람들이 있습니다. 우리가 흔히 말하는 '영안이 열렸다'라는 말이 그것인데 대부분의 사람들은 일생을 사는 동안 한 번도 그런 경험을 하지 못하는데 어떤 사람은 수시로 영안이 열려 영적 세계를 봅니다. 모든 사람들은 일생에 단 한번은 영안이 열리는 때가 있습니다. 그것은 임종을 앞두고 열리는 경우입니다. 죽음이 임박해서 아주 짧은 시간이지만, 영안이 열려 자신을 데리고 갈 영적 존재를 보게 됩니다. 불신자는 사단의 영을 보며, 성도는 천사를 봅니다. 불신자는 너무도 무서워 떨지만 이미 그의 삶은 남은 것이 없습니다. 영안이 열림과 동시에 이 땅에서 파란 많은 삶을 마감하게 되는 것입니다.

실제로 영적 눈이 뜨어서 영적 실체를 보는 경우는 아주 특별한 경우입니다. 일반적인 사람들에게는 영적 세계는 감추어져 있는 것이며, 성도들 역시 이 세계는 쉽게 볼 수 있는 것이 아닙니다. 그러므로 우리는 영의 세계를 보아서 믿는 것이 아니라 믿음으로 보는 것입니다. 하나님은 그리스도인들에게 이 원리를 적용시키고 있는 것입니다. 보이지 않는 것을 보는 것처럼 인식하게 하는 기능을 믿음 속에 넣어두었으며, 우리는 이 기능을 통해서 보이지 않는 세계를 보는 것과 같이 실감하게 됩니다. 이 기능이 '이미지의 기능'입니다. 상상의 세계가 그것인데 이는 공상의 세계와는 전혀 다른 것입니다. '상상의 세계'로 들어가는 바탕은 기록된 말씀입니다. 우리는 말씀을 통해서 하나님의 나라가 있음을 믿습니다. 이 믿음은 그림을 만들어내며 이 그림은 실제처럼 우리 마음속에 자리 잡게 되는 것입니다. 이것은 보지 못했지만 본 것과 전혀 다를 바 없는 실체가 되는 것입니다.

히브리서는 이 원리를 우리에게 가르치고 있는 말씀입니다. 아브라함을 예로 들어 그가 보지 못한 약속을 본 것처럼 행동한 배경은 그가 약속을 마음속에 그렸기 때문이라고 설명합니다. 이미지를 마음속에 그리는 것은 우리의 믿음을 견고하게 하는 중요한 요소입니다. 믿음이 거의 없던 사람이 천국을 다녀오고 난 후에는 강한 믿음의 용사가 됩니다. 그가 경험한 천국은 실제가 아니라 환상이었지만 그는 실제라고 굳게 믿습니다. 이로써 우리는 보는 것이 얼마나 강한 힘을 나타내는지를 알 수 있게 됩니다. 건성으로 형식적인 믿음 생활을 하던 사람이 주님을 만나고 영적 경험을 겪고 난 후에는 뜨거운 열정에 사로잡혀 열성적인 그리스도의 일꾼이 됩니다. 이 모든 것은 보았기 때문입니다. 보는 것이 얼마나 중요한 것인지는 우리 모두 잘 알고 있지만, 그럼에도 불구하고 우리는 보고 싶어도 볼 수 없어서 안타까워하기도 합니다. 성경은 우리가 실제로 영안이 열려 볼 수 있는 것은 극히 예외적임을 가르치고 있습니다. 이 예외적인 일을 일상적인 것으로 알고 그것만을 추구하는 것은 어리석은 일입니다. 우리가 성경을 통해서 볼 수 있는 길이 있는데 그것이 '믿음의 눈'으로 보는 것입니다. 믿음의 눈이란 곧 상상의 세계인데 하나님의 말씀을 형상화하는 것을 말합니다. 기록된 모든 말씀을 이미지로 보는 능력입니다. 우리가 라디오 드라마를 들을 때 귀로는 들으면서 머리로는 그림을 그립니다. 상상력이 풍부한 사람은 실제처럼 그림을 머릿속에 그립니다. 이처럼 우리가 성경을 읽으면서 그림을 그리면 그것이 실체처럼 살아나며, 그 속에 등장하는 인물들이 말을 걸어옵니다. 이것은 상상의 세계이지만 이 상상력이 영의 세계로 들어가는 중요한 도구가 될 때가 있는 것입니다.

어린 아이들은 작은 장난감을 가지고 놀면서 그것과 대화합니다. 혼잣말로 중얼거리면서 말을 이어갑니다. 마치 성우처럼 장난감 하나하나에게 생명을 부여해서 이야기를 만들어가면서 즐겁게 놉니다. 어른들에게는 아무 의미도 없는 것이지만 아이들은 그렇게 이야기를 만들어가면서 놉니다. 이러던 아이가 자라면서 이런 일들이 점차로 사라지게 됩니다. 어른이 되면서 이런 세계를 공상이라고 생각하고 버리게 됩니다. 그런데 이 기능이 하나님과 대화하는 중요한 통로가 된다는 사실을 우리는 망각하고 있는 것입니다. 주님은 하나님의 나라를 소유하기 위해서는 어린 아이와 같아지지 않으면 절대로 안 된다고 말씀하셨습니다. 어린 아이의 순수성을 의미한다고 생각하지만 그 순수는 단순히 순진 무구하게 하나님의 말씀을 받아야 한다는 의미 이상입니다. 어린 아이의 순수성은 상상의 세계를 만들어냅니다. 사물과 끝없이 대화하며 모든 물체를 생명으로 인식하고 그것과 대화합니다. 이것이 주님의 세계를 볼 수 있는 중요한 기능입니다.

우리는 누구나 이런 시절이 있었지만 어른이 되면서 그 기능을 까맣게 잊고 살아가고 있습니다. 영의 세계를 볼 수 있는 능력은 이 순수함에서 출발합니다. 상상의 세계를 만들어내기 위해서는 우리가 벗어나고 바뀌어야 할 여러 가지 과제가 있습니다. 크게 여섯 가지로 구분해서 설명하고자 합니다.

1. 성경을 문자와 지식으로 보는 사고를 벗어야 한다.

성경을 문자로 보는 성도들이 있습니다. 또 성경을 지식으로 아는 성도들이 많이 있습니다. 많이 알면 다 된 것으로 착각하는 성도들이 많이 있습니다. 이들을 성경주의(biblicism)자라고 말합니다.

성경주의(biblicism)란 성경을 문자적으로 이해하며 그것만이 전부라고 생각하는 태도를 말합니다. 오로지 성경 이외에는 없다는 극단적인 태도를 취하며, 성경에서만 모든 것을 구하고 찾으려고 합니다. 다른 말로 하면 '말씀주의'입니다. 자신이 아는 성경 말씀이 많으면 다 된 것으로 착각하는 것입니다. 이런 사람들은 성경에만 매달린 나머지 성령의 도우심이나 성령으로부터 오는 말씀을 이해하지 못합니다. 성령으로부터 오는 말씀을 영어 표현으로는 떠오르는 말씀(illumined scriptures)이라고 하는데 성경을 묵상할 때 성경을 배경으로 마음속에 떠오르는 생각을 말합니다. 이것을 레마(rehma)라고 부르기도 합니다.

이것은 성경을 읽고 그 의미를 자신의 의지로 깨닫는 지성적 인식과는 전혀 다른 것입니다. 순간 자신이 전혀 예상하지 못한 깊은 생각이나 감동으로 떠오르는 말씀입니다. 사람들에게는 이런 사고 기능이 누구에게나 남아 있습니다.

그러나 이 지적 작용으로 얻은 지식은 믿음을 만들어내지 못하며, 경건의 모습은 생길지 몰라도 능력은 나타나지 않습니다. 이런 사람들은 이 지적인 인식과 성령의 일깨움과의 차이를 전혀 모르기 때문에 삭막하기만 합니다. 학구적인 사람은 학문적 성취로 인해서 그 일에 전념하게 되고 커다란 즐거움을 느끼게 됩니다. 머리로 아는 것으로 만족을 누린다는 것입니다. 성경공부도 그런 학문적 성취에서 오는 즐거움에 빠지는 것과 동일한 감각을 가질 수 있습니다.

2. 이성주의 합리주의를 탈피해야 한다.

영안이 열리려면 영적으로 사고해야 합니다. 영적인 사고는 말씀과 성령으로 생각하고 행동하는 것입니다. 이에 반대하여 합리주의란 다른 말로 하면 '인본주의'를 말합니다. 사고의 주체를 자신에게 두며, 세상의 체계로 하나님을 이해하려고 합니다. 사람들이 이해하는 수준을 벗어나지 않으려고 하며, 특히 영적인 일보다는 이성적인 일을 더 중요하게 생각하기 때문에 '초월하시는 하나님'보다는 '인격적인 하나님'을 더 강조하게 됩니다. 성경의 모든 이야기는 신비의 하나님을 소개합니다. 모든 사건의 배경에는 합리적으로는 도무지 이해할 수 없는 신비로 가득합니다. 근대 독일 신학은 이런 주의 일들을 신화라고 몰아붙입니다.

합리주의는 자신의 사고체계를 넘어서는 것에 대해서는 전혀 받아들이지 않으려고 합니다. 말씀을 듣고 묵상을 해도 정수를 하여 듣고 행동합니다. 한마디로 자신의 상식과 지식에 맞으면 받아들이고, 다르고 그렇지 않으면 거부하는 것입니다. 바리세인들이 그런 사람들이었는데 그들은 예수 탄생에 대해서 전혀 아는 바가 없었습니다. 물론 성경에 자세하게 기록되어 있지만 영안이 열리지 않은 그들의 눈에는 보이지 않은 것입니다. 예수 탄생을 안 사람은 별의 지시를 받은 동방박사와 천사의 계시를 받은 들판의 목동들 뿐 이었습니다. 이들이 주를 경배하기 위해서 부르심을 받은 수단은 너무도 어처구니없어 보이는 별과 천사였습니다. 합리주의에 빠진 사람들은 성경이 하나님의 말씀이므로 믿는 것이 아니라 자신들의 사고 체계에 합당하기 때문에 믿습니다. 이들은 성경을 해석할 때 자신의 수준에서 다룹니다. 그러므로 많은 기사와 표적들을 신화로 또는 설화로 취급합니다. 이들은 주의 보좌에서부터 흘러나오는 그림(flowing pictures)이나 성령으로부터 오는 자연스러운 인도(spontaneity guide)에 대해서는 전혀 알지 못합니다. 이런 것들은 모호한 무의식 체계에서 오는 감각적 작용이라고 무시합니다. 이성적 사고 이외의 것에 대해서는 전혀 의미를 두지 않을 뿐만 아니라 위험한 것으로 여깁니다. 이들에게 꿈이란 프로이드가 만든 무의식의 작용 정도의 수준으로 밖에는 이해하지 않습니다.

3. 즐거움 쾌락주의에서 벗어나야 한다.

쾌락주의란 우리의 삶에서 얻어지는 '최고의 선'을 말합니다. 삶의 기쁨을 얻기 위해서 봉사도 하고, 공동체 활동을 함으로써 즐거움을 누리려고 합니다. 삶의 즐거움을 얻음으로써 그것이 신앙의 본질인 것으로 착각합니다. 다양한 봉사와 헌신을 통해서 즐거움을 얻습니다. 이것은 불교신자들이 '보시'(布施)함으로써 맛보는 즐거움과 다르지 않습니다. 학구적인 사람은 성경을 읽음으로써 학문적 성취를 맛보게 되며, 그 즐거움 때문에 성경 읽기에 푹 빠지게 됩니다. "그리스도의 평화가 여러분의 마음을 지배하게 하십시오."(골 3:15)라는 말씀에서 보듯이 영적 차원에서의 평화가 무엇인지 경험하지 못한 사람은 그 즐거움을 육체의 노력에서 찾으려고 합니다.

물론 봉사와 헌신에서 오는 즐거움도 소중합니다. 그러나 그 즐거움이 전부가 아니라는 점을 이해하지 못하면 일방적으로 육체의 즐거움에만 매달리게 되는 것입니다. 그리스도인은 자신의 영에서 오는 즐거움을 느끼는 법을 배워야 합니다. 그리스도인은 영을 따라 사는 사람이기 때문입니다. 영의 즐거움은 육체의 것과 어떻게 다른지를 제대로 알지 못한다면 그는 육체의 사람이며, 그가 맛보는 즐거움은 육체를 따라 온 것이며, 이는 쾌락주의인 것입니다. 육체적으로는 무수한 어려움이 있고 고통이 있지만 영으로부터 오는 즐거움과 평안 때문에 그 모든 시련을 극복하게 된다는 사실을 알아야 합니다. 하나님으로부터 고난을 받는 일꾼들은 육체로는 얻는 것이 없더라도 영으로 누리는 비길 데 없는 즐거움 때문에 그 길을 가는 것입니다. 이는 하박국 선지자가 고백한 것과 같습니다. "…없고, …없고, …없을지라도 나는 주님 안에서 즐거워하련다."(합 3:17~18).

그래서 기독교는 생명의 종교이자, 체험의 종교인 것입니다. 체험이 없으면 자칫 성도의 신앙생활이 이성적인 즐거움과 쾌락

주의에 빠질 수 있기 때문입니다. 말씀과 성령으로 거듭난 감성
으로 믿음 생활을 해야 합니다. 절대로 이성적인 즐거움과 쾌락
주의에 빠지면 안 됩니다.

4. 경험중심에서 벗어나야 한다.

경험중심이란 자신이 경험한 것을 절대적이라고 믿는 것을 말
합니다. 경험을 우선으로 두기 때문에 경험이 없는 것은 믿으려
고 하지 않습니다. 자신이 경험하는 배경에는 기도가 자리하고
있습니다. 자신이 기도한 것이 이루어지는 것을 통해서 하나님을
인식하려고 합니다. 이들은 성경에서 어떤 결론을 유추하고 그것
을 모든 것에 적용하려고 하는 유혹을 받습니다. 자신이 지니고
있는 고정 관념은 경험에서 온 것이며, 그것은 기도를 통해서 응
답이라는 형태로 얻은 것이기 때문에 절대적이라고 생각합니다.
우리는 이런 모습을 하박국서 1장 서두에서 보게 됩니다. 하박
국 선지자는 주께서 언제까지 부르짖음에 응답하지 않으시겠느
냐고 질문하는 말로 시작합니다. 그 부르짖음에 대해서 주님은 5
절부터 말씀하십니다. 그 말씀의 배경은 당시 이스라엘이 자신들
이 하는 것만이 정의라고 생각하고 자기들의 권위만을 내세우는
자들이라고 지적합니다.
이스라엘은 자신들이 지니고 있는 율법의 범위에서 벗어나려

고 하지 않았으며, 그것을 바탕으로 경험한 것들을 진실로 여겼습니다. 이들은 역사를 중요하게 여겼을 뿐, 성령이 자신들에게 조명해주는 시각이 있다는 사실을 전혀 모릅니다. 성령의 조명 없이 얻은 결론은 올바르지 못하다는 점을 제대로 인식하지 못하는 것입니다. 성령의 조명이 없는 경험은 경험(experience)일 뿐이지 문제를 해결하는 직면한 해답(encounter)은 아닙니다. 그것은 관념을 만들어낼 수는 있지만 능력이 되지는 못합니다. 기적의 역사를 일으키지 못합니다.

많은 경험을 했다고 생각하지만 그 경험으로부터 능력이 나오지 않는 것은 바로 성령의 조명이 없었기 때문이지요. 풍성한 경험으로 인해서 말은 달변이지만 그 말을 지지해줄 능력이 나타나지 않을 뿐만 아니라, 자신이 가진 것을 나누는 일도 '지식의 전수' 일 뿐이지 능력의 전이(impartation)가 되지는 않습니다.

5. 인본주의에서 벗어나야 한다.

인본주의란 사람을 중심으로 생각하고 사람들이 개발해낸 여러 가지 기법이나 방법들을 적용하는 것을 의미합니다. 이들은 상담을 하더라도 세속적인 기법으로 합니다. 기독교 상담학이라고 해도 실제는 세상에서 만들어낸 심리학적 상담입니다. 그 기법에 다만 하나님의 말씀을 적용하는 것입니다. 이것은 절충식 즉 요즘 유행하는 퓨전이지요. 하나님의 것과 세상의 것을 적당히 혼합하는 '혼합주의'입니다. 이들은 성령이 주시는 지식의 말씀과 지혜의 말씀을 경험하지 못했기 때문에 성령이 주관하는 상담이 무엇인지 전혀 모릅니다. 이들은 삶을 결정 짓는 주체가 인간이며, 구체적인 수단이 이성입니다. 이성의 요구에 따라서 행동하며, 합리적이고 이성적인 태도가 진실하다고 믿는 것입니다. 이것은 영이 죽은 세상 사람들이 취하는 삶의 방식인데 영을 지닌 그리스도인들이 이 방법을 따릅니다.

그리스도인들은 영의 사람입니다. 그러므로 영의 요구에 따라서 행동하며 더욱 구체적으로 우리 영 안에 작용하는 성령의 이끄심에 따라서 행동하는 법을 알아야 합니다. 꿈과 환상과 계시는 하나님이 영으로 거듭난 그의 백성들을 이끄시는 중요한 기능이며, 성령의 감동은 절대적인 수단입니다. 이 감동이란 것이 구체적으로 무엇을 의미하는지를 제대로 모르는 이들에게 있어서 삶을 인도하고 이끄는 힘은 학문적 지식과 그것을 바탕으로 해서 만들어진 경험들입니다. 이들은 내주하시는 성령이 '상담자'라는 사실을 모릅니다. 그러므로 영적 상담자(spiritual counselor)이신 성령의 도움을 받는 방법을 알지 못합니다. 이들은 하나님의 인도하심이 구체적으로 어떤 것인지를 경험하지 못했기 때문에 영적인 일에 대해서 아는 바가 거의 없습니다. 신앙생활을 하고 있고 심지어 지도자의 위치에 있어도 이들은 철학을 더 소중하게 여깁니다. 하나님의 말씀을 철학적인 수준으로 이해하는 것이 전부입니다. 그러므로 이들의 가르침은 우리가 어떻게 해야 하는가에만 치중하게 되며, 하나님의 시각에서 우리를 다루는 것이 아니라 우리의 시각에서 하나님을 보려고 합니다.

6. 신비주의에서 벗어나야 한다.

신비주의는 말씀을 무시하고 영적 경험을 중심으로 생각하는 것입니다. 반대로 신비 성도는 말씀의 테두리 안에서 영적경험을 다루는 것을 말합니다. 신비수의는 영적 경험을 절대적인 위치에 두기 때문에 영적 증거(체험)를 중요하게 여깁니다. 이들은 다양한 기법들을 개발하여 영적 실체와 접촉하고자 합니다. 영적인 사람들은 꿈과 환상과 계시를 중요하게 여기지만, 그 바탕을 제공하는 삼위일체 하나님을 중심에 두며, 항상 그분에게 초점을 맞추려고 노력합니다.

그러나 극단적 신비주의는 수단에 집착하게 되며, 그것으로부터 인해서 얻어지는 신비한 경험에 매달립니다. 영적 실체에 대한 분석 보다는 그것이 가져다주는 신비함에 더 관심을 둡니다. 신비주의는 영적 수단에 집착하는 나머지 모든 것을 영적으로만 해석하려는 유혹을 받습니다. 귀신을 경험하는 사람은 모든 현상을 귀신으로만 단정합니다. 우리는 모든 현상을 귀신에 결부시키면 문제를 해결할 수가 없습니다. 인간의 문제는 여러 가지 원인에 의하여 발생하기 때문입니다. 그렇기 때문에 경험이나 체험한 가지에 치우치면 밝은 영안이 열리지를 않는 것입니다.

신비주의는 하나님으로부터 오는 진정한 계시(illumined revelation)를 알지 못합니다. 이들은 하나님의 뜻을 찾기 보다는 계시의 수단에 집중하기 때문에 모든 것을 그것에만 의존하려고 합니다. 사소한 일조차 결정하지 못하고 기도에만 매달리려고 합니다. 우리에게 주어진 자율의지를 전혀 알지 못하기 때문입니다. 자유의지(free will)와 자율의지(autonomic will)는 같은 내용으로 이해되는 경우가 많습니다. 자율이라는 말은 칸트가 윤리학의 용어로 인용하면서 자유와는 다른 개념으로 소개되기 시작했습니다. 자율의지란 타인의 명령이나 간섭을 받지 않고 자신의 의지로 판단하여 행동하는 것을 말합니다.

그런데 신비주의자들은 사소하고, 일상적인 일조차 기도 응답을 통해서 결정하고자 합니다. 이런 태도는 매우 경건한 것 같아 보이지만 실제로는 무지하기 때문입니다. 영적 세계를 알고 난후에 지식이 동반되지 않으면 우리는 극단적 신비주의에 빠질 수도 있습니다. 수단에 얽매여 자유 함을 점차로 잃어가게 되며 그수단이 속박이 되며, 새로운 형태의 율법이 되고 있음을 모르는 것이지요. 영적 경험이 쌓여가고 다른 사람들이 경험하지 못하는 영의 세계를 경험한다는 우월주의적인 생각이 자신을 사로잡아가는 것을 깨닫지 못하는 것입니다. 신비주의는 '정예주의'에서 생기는 것입니다.

신비주의자들이 영적 경험이 많아지면 자칫 교만해져서 하나님의 뜻은 다음이고 그 수단에 치우치게 되며, 자신이 보고 들을 것을 자랑하게 됩니다. 고린도 교인들이 범한 그런 실수는 누구나 할 수 있는 것입니다. 수단과 방법에 너무 치우친 나머지 숲은 보았지만 산은 보지 못하는 어리석음과 같은 것입니다. 영적 경험은 소중한 것이며, 이를 통해서 영적지각을 얻게 되고 영안이 열려 신비한 것을 보게 됩니다. 그러나 앞에서 언급한 이런 장애와 위험이 있음을 알아야 합니다. 어린 아이처럼 순수한 마음으로 상상력을 발휘해야 합니다. 영적 실체를 이미지로 그리며 그 속에서 대화하며 이야기를 구성합니다.

그러나 이 모든 작용에서 빠질 수 없는 것은 성령의 도우심을 구하는 것입니다. 성령의 계시하심이 자신에게 임해서 비록 자신의 의지로 시작된 상상이지만 이 기능을 주께서 주관해서 거룩한 주님의 흐름(Divine flow)이 이루어지기를 구해야 합니다. 마음속에 하나님으로부터 오는 생각이 스며들어 그 이야기를 구성하는 생각이 주님으로부터 오는 '떠오르는 생각'(illumined thought)이 되는 것입니다.

보지 않고 믿는 것이 복됩니다. 보지 않는다는 것은 장님이 되는 것을 의미하는 것이 아니며, 단순히 보는 것은 의미가 없으며 믿음을 통해서 볼 수 있어야 함을 강조한 말씀입니다. 주님은 눈이 먼 사람의 눈을 뜨게 하셨습니다. 이것은 영적인 맹인의 눈을 떠서 영의 세계를 확실하게 볼 수 있도록 하시는 일의 상징이기도 합니다. 육체적 장애를 치유하시는 것을 통해서 영적 장애를 고치시는 것을 보이신 것입니다. 그러므로 우리는 누구든지 영의 세계를 보아야 합니다. 영안이 열려서 신비한 것을 보는 그 일은 육체의 일은 분명히 아닙니다. 그러나 믿음의 눈으로 본 것이 아니라면 그것은 실제로 육체의 일일 수 있습니다.

영적 세계는 실체가 없으며, 만지지도 맛볼 수도 없습니다. 그 세계는 상상의 세계처럼 실체를 볼 수 없는 세계입니다. 오로지 믿음으로 보는 세계입니다. 그럼에도 불구하고 우리는 영적인 눈으로 실체처럼 보는 것입니다. 그러므로 우리가 보는 영의 세계는 믿음의 눈으로 보는 것입니다. 따라서 우리는 이미 주어진 믿음의 눈으로 보기를 시도해야 합니다. 그것이 상상력을 동원하는 것입니다. 이미지를 그리고 그 환상 속에서 이야기를 구성하는 것입니다.

이런 구성력이 있을 때 우리는 성령의 감동을 통해서 다양한 영적 실체를 만나고 보게 되는 것입니다. 그리고 헤아릴 수 없는 많은 말들을 들을 수도 있게 되는 것입니다. 영적 실체 속에서 대화하는 기술은 자신에게 이미 풍성히 주어진 상상력을 이용해서 이야기를 구성하는 것입니다. 릭 조이너가 경험한 천국 역시 그의 상상력이 만들어낸 것이라고 봅니다. 쉽게 설명하면 우리가 만들어낸 것을 주님이 승인하면 그것이 공신력이 있는 계시적인 이야기가 되는 것입니다. 성경은 이야기입니다. 수많은 사람들이 기록한 이야기입니다. 그것을 주님이 승인하는 것입니다. 그래서 계시가 된 것입니다. 주님이 승인한 것을 우리는 성령의 감동이라고 표현합니다. 성경을 이루기 위해서 허락하신 감동은 이미 끝났지만, 우리의 삶을 이끌기 위해서 그리고 그리스도 공동체를 위해서 허락하시는 계시는 지금도 여전히 이어지고 있습니다.

릭 조이너의 "The Call"이라는 책에서 다룬 것과 같은 이야기 (narratıon)는 우리들 누구라도 얻을 수 있는 아주 일반적인 것입니다. 단지 우리는 우리 자신에게 주어진 상상력을 사용해서 과감하게 그림을 그리지 못하고 있을 뿐입니다. 주님은 날마다 꿈을 통해서 이야기를 구성하는 법을 우리에게 가르칩니다. 어설픈 선잠 속에서 황홀한중에 우리는 이야기를 만들어내는 경험을 가지고 있을 것입니다. 그 때 만들어내는 이미지는 마치 꿈처럼 영상을 형성하고 이야기를 구성합니다. 그 이야기가 너무도 아름답고 황홀해서 잠이 깨지 말았으면 좋겠다는 생각을 하면서 잠에서 깹니다. 깨는 순간 그 꿈은 자신이 만든 이야기라는 사실을 깨닫고 허탈해하기도 합니다. 이 기능은 주님이 주시는 매우 중요한 것입니다. 이 상상력으로 그림을 그리고 이야기를 만들어낼 때 어느 날 그 이야기가 놀라운 영적 세계로 자신을 이끄는 수단이 될 때가 있습니다.

릭 조이너의 글을 읽으면서 자신도 그런 경험을 해 보았으면 하는 기대를 할 것입니다. 바울이 삼층천에 올라 이루 형용할 수 없는 것을 보고 들었다고 합니다. 그것은 그가 몸 안에 있었는지 몸 밖에 있었는지 자신은 알 수 없었다고 말합니다. 이것을 황홀경이라고 표현하는 것인데 비몽사몽이라고도 합니다. 영어로는 비몽사몽(trance)또는 황홀경(rapture)이라고 적습니다. 상상력이 없는 사람은 이런 황홀경에 빠져도 아무런 것도 보거나 듣지 못합니다. 그저 정신을 아득하게 잃고 있기만 할 뿐입니다.

우리의 상상력이 동원될 때 하나님으로부터 흘러오는 계시의 말씀이 접촉하게 되며 이것이 바로 영상을 만들어냅니다. 하나님은 우리가 가지고 있는 재능을 사용하십니다. 우리가 예민한 감각을 가질 때 영적으로 예민해지며, 지적 수준이 높을 때 풍성한 영적 지식이 더해지는 것입니다.

죄송한 말이지만 학교 다닐 때 공부를 잘 하지 못한 사람은 영적 경험은 많이 해도 영적 지식은 자라기가 쉽지 않습니다. 그래서 능력은 많아도 가르치지는 못합니다. 이와 같이 우리에게 이미 주어진 기능들이 제대로 개발되지 않으면 주님은 우리를 사용하지 못합니다. 일시적으로 강한 힘을 통해서 사용하실 수 있습니다. 그러나 이것은 어디까지나 예외입니다. 하나님은 예외적은 방법은 정말로 예외적으로만 사용합니다. 많은 사도가 있었지만 성경을 기록하는 일은 바울의 차지였습니다. 왜 그렇습니까? 바울은 학구적인 사람이었고, 이미 많은 학문적 성취를 얻은 사람이기 때문입니다. 그런 반면에 갈릴리 출신 사도들은 이 부분에서 바울을 능가할 수 없었습니다. 그러므로 자연적으로 기록하는 일에는 적게 쓰임을 받게 된 것입니다.

신령한 영적 경험을 얻기를 원한다면 상상력을 개발하십시오. 많은 그림을 그리고 그 그림과 대화하십시오. 길을 가면서도 대화하고 자나 깨나 대화하십시오. 주님과 대화하는 길은 그렇게 해서 열려지는 것입니다. 주님의 말씀으로 다시 돌아갑니다. "보지 않고 믿는 것이 더 복되다." 이 말씀은 영안이 열려서 보기만을 바라는 어리석은 행위를 하지 말도록 요구하시는 말씀입니다. 수동적인 태도로 하나님의 세계를 접촉하려고 한다면 우리는 평생 아무 것도 볼 수 없을 것입니다.

그러나 우리는 주님이 아버지가 하신 것을 보고 자신도 그대로 따라 행동한다는 말씀을 사모해야 합니다. 우리도 영의 아버지이신 주님이 하시는 것을 보아야 합니다. 보지 못하면 우리는 장님입니다. 장애자는 많은 것을 잃게 됩니다. 주님은 이 땅에 오셔서 보지 못하는 사람들의 눈을 뜨게 하셨습니다. 우리의 영안은 자신에게 이미 주어진 상상력을 통해서 열려지는 것입니다. 또 믿음으로 열리는 것입니다. 그래서 어느 날 갑자기 영안이 열려 영적 실체를 보는 것은 초보수준이며, 이것 역시 맛보기일 뿐입니다.

7장 영적으로 사고해야 영안이 밝아진다.

(고전 2:14-16)"육에 속한 사람은 하나님의 성령의 일들을 받지 아니하나니 이는 그것들이 그에게는 어리석게 보임이요, 또 그는 그것들을 알 수도 없나니 그러한 일은 영적으로 분별되기 때문이라. 신령한 자는 모든 것을 판단하나 자기는 아무에게도 판단을 받지 아니하느니라. 누가 주의 마음을 알아서 주를 가르치겠느냐 그러나 우리가 그리스도의 마음을 가졌느니라"

하나님은 예수를 믿고 성령으로 거듭난 성도들이 영적인 사고를 하기를 원하십니다. 우리가 말로는 예수를 믿고 영적으로 거듭났다고 합니다. 그러나 여전하게 육을 입고 육적인 사고에서 탈피하지 못하고 살고 있는 것을 부인할 수 없는 것입니다. 육적인 사고에서 탈피하지 못하니 영안이 열리지를 않는 것입니다. 성도는 반드시 영안이 열려야 합니다. 저는 영적인 사고가 굉장히 중요하다고 생각을 합니다. 영적으로 사고하면 좀 더 빨리 영안이 열리고 영적으로 바뀔 수가 있기 때문입니다. 신령한 사람으로 바뀔 수 있습니다.

왜 나는 예수를 믿고 교회에 다닌 지 십 년이 넘었는데 믿음이 자라지를 않을까? 사고가 영적으로 바뀌지 않기 때문입니다. 생각이 바뀌지 않고, 습관이 바뀌지 않고, 여전하게 인간적인 사고를 하기 때문에 믿음이 자라지를 않고 영안이 열리지를 않는 것입니다. 어떻게 하면 영적인 사고를 하면서 영안이 빨리 열리게 될까요?

1. 영적인 사고를 하는 사람이 되려면

성경은 "사람이 물과 성령으로 거듭나지 아니하면 하늘나라를 볼 수 없다"고 말씀하셨습니다. 육으로 난 것은 육이요, 성령으로 난 것이 영입니다. 우리는 부정모혈로 육으로 태어나 육의 사람이 되었지만 이제 또 다시 태어나야 하는 것입니다. 우리는 성령으로 태어날 수밖에 없는 것입니다. 이러므로 유대인의 선생이요 율법사로서 윤리와 도덕적인 면에서 흠이 없는 사람이었던 니고데모가 주님을 찾아왔었을 때 예수님께서는 단도직입적으로 "내가 진실로 진실로 네게 이르노니 사람이 물과 성령으로 거듭나지 아니하면 하늘나라를 볼 수 없느니라"고 말씀하셨던 것입니다.

이와 같이 거듭난다는 것은 하나님께로부터 태어나는 것입니다. 이는 혈통으로나 육적으로나 사람의 뜻으로 나지 않고 아버지께로부터 태어나야 하는 것입니다. 이렇게 거듭나게 하기 위해서 하나님께서 그 아들 예수님을 보내주신 것입니다. 하나님의 아들 예수님은 바로 우리의 생명나무요 생명의 씨앗인 것입니다. 예수께서 오셔서 우리의 거역한 모든 죄를 당신의 몸에 짊어지고 죄악을 다 책임지시고 십자가에서 몸 찢고 피 흘리시며 죽으심으로 말미암아 우리를 구하시고 죽은지 사흘 만에 부활하심으로 말미암아 생명의 원천이 되신 것입니다. 이러므로 예수 그리스도를 구주로 모시지 않고 거듭날 수 있는 사람은 한 사람도 없습니다.

예수님의 생명나무에 접붙임을 받지 않고 생명을 얻을 존재는 없습니다. 예수님의 생명의 씨앗을 받아야 우리가 영의 사람, 신령한 사람으로 태어나게 되는 것입니다.

저는 이런 이야기를 들었습니다. 이 사람은 가난한 집에서 태어나서 결심하고 뼈가 으스러지도록 일을 해서 48살에 거부가 되어 더 이상 일한 필요가 없어서 은퇴했다고 말했습니다. 그는 은퇴한 후 아들과 함께 산장을 지어놓고 사냥, 낚시를 해보고 해도 마음에 만족을 느낄 수가 없다고 했습니다. 뼈가 부러지게 일을 할 때는 가난을 면해보겠다고 일했으므로 인생의 권태를 몰랐는데 이제는 은퇴 후 시간과 돈이 있다가 보니 인생이 허무하기 짝이 없다는 것입니다. 왜 사는지 그 공허가 말할 수 없다는 것입니다.

그래서 예수를 믿으라고 했다는 것입니다. 그러니까, 예수를 믿는다고 공허감이 사라지느냐고 묻더랍니다. 그래서 예수를 믿고 성령으로 충만해지면 마음의 참 평안을 찾게 될 것이라고 예수를 믿을 것을 권면 했습니다. 그래서 예수를 믿고 교회에 나가기 시작하자 공허감이 사라졌다는 것입니다. 예수님을 믿고 구원을 받아야 비로소 우리 마음속의 공허와 허탈감이 사라지는 것입니다. 왜냐하면 하나님께서 사람을 지으셨을 때 하나님을 섬기며 살도록 만들어 놓으셨기 때문입니다. 하나님이 없으면 그 마음속에 영원한 공허감이 생기게 되는 것입니다. 사람은 영적인 존재이기 때문에 영의 만족을 누리지 않으면 공허할 수밖에 없는 것입니다.

영적인 공허함 그것은 돈, 지위, 명예, 권세로 절대 메울 수 없습니다. 오직 예수님을 모시고 거듭나면 마음속이 공허가 메워지는 것입니다. 그리고 삶의 참 목적과 가치와 기쁨을 체험하게 되는 것입니다. 이러므로 영의 사람, 영적인 사고를 하는 사람은 말씀과 성령으로 거듭난 사람을 말합니다. 예수님을 구주로 믿는 사람을 말합니다.

영적인 사고를 하는 사람은 하나님의 자녀가 된 사람을 말합니다. 인본주의에서 벗어나 하나님을 중심에 모시고 섬기는 신본주의가 되어서 의와 거룩함의 열매를 맺게 되는 것입니다. 그러므로 우리 모두가 다 하나님의 자녀인 것입니다.

더 나아가서 영적인 사고를 하는 사람이란 하나님의 성령이 내주 하시는 사람입니다. 예수를 주인으로 영접하여 영의 사람이 되자마자 하나님은 거룩한 성령을 우리에게 보내주셔서 성령이 우리 속에 거하고 계시는 것입니다. 성경은 "너희가 하나님의 성전인 것과 하나님의 성령이 너희 안에 거하시는 것을 알지 못하느뇨" 라고 말씀하십니다. 육으로 있을 때는 육의 세계만 알지만 하나님이 성령이 오셔서 거하심으로 말미암아 3차원의 육의 세계를 떠나 영적인 사고를 하며 신령한 세계의 시민이 되고, 신령한 세계와 대화하고 호흡하게 되는 것입니다.

육에 속한 사람은 하나님의 성령의 일을 받지도 아니하고 신령한 세계에 대해 전혀 알 수 없습니다. 그런 우리 속에는 성령이 오셔서 거하시게 되므로 신령한 세계와 대화가 이루어지고 호흡할 수 있게 되는 것입니다. 우리 속에 신령한 세계가 개발되어 들어오게 되는 것입니다. 이렇기 때문에 영적인 사고를 하는 영에 속한 사람과 육에 속한 사람은 다릅니다.

그래서 하나님의 영적인 사고를 하는 성령의 사람은 기도와 말씀이 요구되는 것입니다. 그는 기도하지 않고는 살 수가 없습니다. 성령이 들어와 계시므로 하나님과 교제하는 대화의 생활을 통해 신령한 하나님의 생명이 우리에게 공급되는 것입니다. 기도하지 않으면 하늘나라의 신령한 생명이 우리에게 공급되지 않습니다. 영적인 사고를 할 수가 없습니다.

이렇기 때문에 교회에 아무리 왔다 갔다 하여도 기도하지 않는 사람은 하나님의 생명을 받을 수가 없는 것입니다. 영적인 사고를 할 수가 없습니다. 그리고 성령이 거하시며 영적인 사고를 하는 사람은 하나님의 성령이 주시는 영의 양식을 먹어야 합니다. 육의 양식을 먹지 않으면 살아날 천하장사가 없는 것처럼, 영의 양식을 먹지 않고서 영적인 사고를 할 수 있는 영이 살아날 사람은 없는 것입니다. 그래서 우리는 하나님의 말씀을 열심히 먹고 싶은 욕구가 생기는 것입니다. 그리고 하나님의 성령이 거하시기 때문에 성령이 증거의 영으로서 우리로 하여금 육의 세계가 아닌 영의 세계가 있다는 것을 끊임없이 증거 하게 만드시는 것입니다.

이러므로 육신의 정욕, 안목의 정욕, 이생의 자랑을 따라 썩어질 것만 추구하는 사람들에게 '이 길로 가면 종국에는 멸망한다. 죽어 지옥에 떨어지게 되고 만다. 그러나 여기에 더 높은 길, 다른 길, 사는 길이 있다. 그리스도의 길이 있다' 하고 성령께서는 우리를 통해 부모, 형제, 친지, 이웃 간에 지속적으로 전도하게 만들어 주시는 것입니다. 그리고 성령께서 속에 거하시기 때문에 폐일언하고 생활에서 영적인 사고를 하며 성령의 열매가 맺어집니다. 감나무에 감 열리고 밤나무에 밤 열리는 것처럼, 성령이 오시면 성령의 열매인 사랑, 희락, 화평, 오래 참음, 자비, 양선, 충성, 온유, 절제와 같은 열매가 맺어지게 되는 것입니다.

예수님을 믿어 교회를 10년 20년 다녔다고 해서 조금도 열매 없는 삶을 사는 것은 영적인 사고를 하지 않기 때문입니다. 그 사람 속에 성령이 주인이 되시지 않았다는 증거입니다. 또한 영의 사람이 되지 않았다는 증거입니다. 많은 사람들이 '나는 카톨릭 교인이다. 프로테스탄트다'하고 말하면서도 예수를 구주로 모시고, 성령이 내주 장악하는 체험을 하지 않아, 영의 사람이 되지 않았기 때문에 십 년을 믿어도 변화되지 않고 성령의 열매가 없습니다. 그래서 '예수 믿는 저 사람을 봐라 예수 믿는 사람이 저런 사람이냐?' 하는 지탄을 받게 됩니다. 그러나 영의 사람이 되어 영적인 사고를 하며 성령이 속에 거하시는 사람이 되면 성령께서 우리의 생활 속에 열매를 맺을 수 있도록 역사 하여 주시는 것입니다. 이러므로 영의 사람은 영적인 사고를 하며 성령의 열매를 맺게 되는 것입니다.

그리고 영적인 사고를 하는 영의 사람은 하나님 앞에 의롭다 함을 입은 사람입니다. 예수님께서 우리의 일체의 죄악을 짊어지셨기 때문에 죄에서 용서를 받고 이제는 죄를 한 번도 안 지은 사람처럼 하나님 앞에 부끄럼 없이 설 수 있는 자격자로서 의롭다 함을 입은 사람이 됩니다. 영적인 사고를 하며 영의 사람은 그리스도와 함께 그 영광과 고난에 참여하는 사람이 되는 것입니다. 영의 사람이기 때문에 예수께서 십자가에서 우리의 죄를 도말 하셔서 중생의 열매를 얻고 성령 충만의 열매를 맛봄니다. 치료의 열매를 맛보고, 저주에서 해방되는 축복의 열매를 맛보며, 영원한 천국의 영광의 열매를 맛볼 수 있는 것입니다. 영적인 사고를 하는 영의 사람은 영생천국의 상속자인 것입니다. 하나님께서 우리를 일으켜 세우신 것은 그리스도와 함께 신령한 세계와 온 물질적인 우주를 상속받게 하시기 위해서입니다. 그래서 오늘날 이 세상 사람들은 영적인 사고를 하는 영에 속한 사람이거나 육에 속한 사람인 것입니다. 영에 속한 사람, 육에 속한 사람, 그 종류 이외의 존재란 이 세상에 존재하지 않습니다. 교회가 존재하는 것은 육에 속한 사람에게 거듭나서 영의 사람이 되라고 외치기 위한 것입니다. 영적인 사고를 하여 영안을 열고 영에 속한 사람으로 변화되는 기간을 단축하시기를 바랍니다.

2. 하나님의 말씀과 성령으로 해답을 구한다.

영적인 사고를 하는 사람은 하나님의 말씀과 성령으로 기도하여 문제의 해답을 구합니다. 하나님의 말씀 안에는 모든 문제를 풀 수 있는 원리가 숨어있습니다. 그래서 영적으로 사고하는 신령한 사람은 문제가 다가올 때, 그 문제에 대한 해답을 하나님의 말씀을 따라 구하지 인간의 지혜나 지식이나 총명을 따라 구하지 않습니다. 왜냐하면 영적인 사고를 하는 사람은 떡으로

만 살지 않습니다. 하나님의 입으로 나온 말씀으로 말미암아 삽니다. 영적인 사고를 하는 사람은 이제 믿음으로 말미암아 살고 인간의 이성으로 살지 않습니다. 그렇기 때문에 문제의 해답을 하나님 말씀에서 찾아야 됩니다.

사람의 문제는 영에서부터 발생합니다. 문제를 해결하기 위해서는 영적인 사고를 해야 합니다. 영적인 사고를 하지 않으면 인간에게 발생하는 문제를 해결할 수가 없습니다. 질병과 문제를 해결할 때 영적인 사고로 문제의 원인을 찾아야 합니다.

예를 든다면 불안장애나 공황장애를 치유하기 위해서 이렇게 해야 합니다. 육적인 방법은 정신과의 약을 먹는 방법밖에 도리가 없습니다. 잘 아시다시피 정신과 약은 치유하는 약이 아니고 도파민과 세로토닌을 조절하는 약입니다. 그러므로 평생 약을 먹어야 합니다. 마치 혈압약이나 당뇨약과 같은 것입니다. 그러므로 영적으로 사고하여 치유 방법을 찾아야 합니다. 불안장애나 공황장애는 상처에 의하여 발생합니다. 상처를 치유해야 근본적인 치유가 되는 것입니다. 상처를 치유하려면 성령으로 세례를 받아야 합니다. 성령으로 내적인 상처를 치유하면서 두려움의 상처 뒤에 역사하는 귀신을 축사해야 합니다. 이렇게 지속적으로 치유를 하면 정상적인 생활을 할 수 있는 사람이 되는 것입니다.

그리고 가정의 재정에 문제가 있을 경우입니다. 육적인 방법으로 보면 원인을 찾을 수가 없습니다. 영에서 문제가 발생했기 때문입니다. 영적인 눈으로 보면 가난의 영이 역사할 수도 있습니다. 게으름의 영이 역사할 수도 있습니다. 거지의 영이 역사할 수도 있습니다. 이런 영적인 문제를 해결하기 위하여 말씀과 성령으로 정확한 진단을 하여 원인을 찾아 해결해야 합니다. 이 영적인 문제를 해결하지 않으면 절대로 가난의 문제가 해결되지 않는 것입니다.

부부간의 문제도 마찬가지입니다. 원인 없는 문제는 없습니다. 원인은 성령의 임재 가운데 찾아야 합니다. 영적인 원인이 있기 때문입니다. 원인은 상처로 인한 것일 수도 있습니다. 가문에 흐르는 부부 불화의 영의 영향일 수도 있습니다. 부부 이간의 영이 역사할 수도 있습니다. 이런 여러 영적인 원인을 찾아 해결하지 않는 한 부부간의 문제는 해결이 되지 않습니다. 이런 부부문제의 원인을 영적으로 찾지 않고 육적으로 해결하려고 하니 문제가 해결이 되지 않는 것입니다. 결국 악한 영의 계획대로 부부가 이혼하고 마는 것입니다. 인간의 모든 문제를 해결하려면 영적인 사고를 해야 가능한 것입니다.

이래서 세상 사람들이 자신들에게 임한 문제를 자신들의 능력으로 해결하려고 발버둥을 치다가 결국 무당을 찾아가는 것입니다. 자신의 문제를 해결하는 데는 한계가 있다는 것을 아는 것입니다. 반드시 신적인 도움을 받아야 해결이 될 수 있다는 것을 알고 무당을 찾아가는 것입니다. 이는 세상 모든 민족들이 공통으로 사용하는 방법인 것입니다. 사람은 육적이면서 영적인 존재이기 때문입니다.

예수를 믿는 우리는 예수를 믿고 성령으로 거듭난 사람들입니다. 하늘에 시민권이 있는 사람들입니다. 우리 영적인 사고를 습관화하여 영안을 열어갑시다. 인간에게 찾아오는 문제를 해결함에 있어서 영적인 사고를 합시다. 영안을 열고 원인을 찾아 해결하는 습관이 되시기를 바랍니다.

성도가 영적으로 사고를 하며 하나님의 말씀으로 문제의 해답을 구하여 사는 삶이 바로 깊은 곳에 그물을 던지는 삶입니다. 영적으로 사고하며 성령의 역사로 기적을 체험하며 형통의 축복을 받는 삶인 것입니다.

베드로는 자신이 인간의 힘이나 능력이나 수단과 방법으로 삶의 문제를 해결하려고 하다가 빈 배만 가지고 돌아왔지만, 그의 문제가 해결된 것은 예수 그리스도의 말씀 한마디로 해결 된 것입니다. 예수께서 깊은 곳에 가서 그물을 던져 고기를 잡으라는 그 한마디가 문제를 해결하고 마는 것입니다. 영적인 사고를 하는 사람들은 문제가 있으면 하나님 앞에 나와서 말씀을 찾고 성령하나님의 인도를 기다려야 되는 것입니다. 말씀으로써 우리 문제의 해답을 찾을 때, 오늘날도 하나님께서는 성경말씀을 통해서, 설교를 통해서, 성령으로 기도할 때 성령의 음성을 통해서 문제를 해결할 수 있는 레마의 말씀을 주시는 것입니다.

3. 생활을 영적으로 사는 사람.

참으로 신령한 생활을 하고 사는 사람은 영적인 사고를 하며 생활하는 습관이 된 사람인 것입니다. 영적인 사고로 생활하며 영으로 사는 사람은 중생한 사람인 것입니다. 종교를 믿는 사람이 아닙니다. 생명의 종교인 기독교(예수님)를 믿는 사람인 것입니다. 영적인 사고로 생활하며 영으로 사는 사람은 예수 그리스도를 만난 사람인 것입니다. 갈보리 십자가에서 날 위하여 양손과 양발에 대못이 박히시고, 머리에 가시관을 쓰시고, 피를 흘리시고, 옆구리에 창을 받아 물과 피를 다 쏟으시고, 나의 과거의 죄, 현재의 죄, 미래의 죄를 청산해 버리신 속죄 제물인 예수 그리스도를 만나서, 내 죄를 고백하고, 내가 죄 사함을 받고, 하나님의 성령을 주인으로 모시어 들여서, 성령의 인도를 받으며, 영적인 사고로 생활하는 사람은 신령한 사람인 것입니다.

로마서 8잘 9절에 "만일 너희 속에 하나님의 영이 거하시면 너희가 육신에 있지 아니하고 영에 있나니 누구든지 그리스도의 영이 없으면 그리스도의 사람이 아니라"고 말씀하고 있는 것입니다. 오늘 예수를 나의 주인 구주로 믿으셨으면 '아멘' 하십시다. 그렇다면 영적인 사고로 생활하며 성령의 인도를 받아야 합니다. 그래야 하나님이 원하시는 대로 영안이 열리는 것입니다. 이 사람은 영적인 사고로 생활하며 말씀과 성령으로 사는 사람인 것입니다. 육신의 정욕을 따라 살지 아니하고, 인간의 혼의 교만과 인간의 지성으로 살지 아니하고, 말씀과 성령으로 사는 사람인 것입니다. TV를 보거나 컴퓨터를 하더라도 영적인 사고를 하며 사는 신령한 사람인 것입니다. 세상 모든 생활을 할 때 영적으로 사고하는 사람이 신령한 사람입니다. 하나님은 이런 영적인 사람을 들어서 사용하십니다. 하나님은 지금도 이런 사람을 찾고 있습니다. 이렇게 영적인 사고로 생활하며 변화된 사람이 되게 하기 위하여 성령으로 인도하며 훈련하시는 것입니다.

성경은 말하기를 사람이 떡으로만 살 것이 아니요, 하나님의 입으로 나오는 모든 말씀으로 살 것이라고 했는데, 이 말씀은 바로 하나님의 지식이요, 하나님의 지혜요, 하나님의 판단인 것입니다. 우리가 영적인 사고로 생활하며 영으로 사는 사람은 주야로 이 성경 말씀을 자기의 삶의 양식으로 삼아야 되는 것입니다. 우리가 육신의 떡을 먹고사는 것처럼, 우리의 이 신령한 영은 하나님의 영의 말씀을 먹고삽니다. 영적인 사고로 생활할 때 영이 깨어나기 때문에 영안이 열리는 것입니다. 이렇기 때문에 말씀을 등한히 하면서, 신령한 생활을 할 수 있다는 것은 절대로 거짓말인 것입니다. 말씀은 매일 먹어야 되고, 매주일 먹어야 되고, 묵상해야 되는 것입니다. 그리고 영적인 사고를 하며 생활을 해야 합니다. 그래야 영이 깨어나고 사고가 영적으로 변하니 영안이 밝아지는 것입니다. 영안은 영적으로 사고를 해야 열리는 것입니다. 영적으로 사고를 하며 생활을 하고 말씀을 삶에 적용하며 체험을 할 때 영안이 열리는 것입니다. 영안은 능력 있는 사람에게 눈 안수 한번 받았다고 열리는 것이 아닙니다.

예수를 믿고 말씀과 성령으로 거듭난 사람은 하루 빨리 육적인 사고를 탈피해야 합니다. 영적인 사고로 바꾸어야 합니다 그러기 위해서 생활을 하면서도 영적으로 사고를 해야 합니다.

그래서 생활 속에서 하나님의 역사를 보고, 하나님의 지혜를 얻고, 하나님의 지식을 얻고, 하나님의 판단력을 얻고, 하나님의 능력을 얻어서, 그래서 하나님처럼 생각하고, 하나님처럼 말하고, 하나님처럼 판단하는 이러한 승리적인 삶을 살수가 있는 것입니다. 신령한 사람은 영적인 사고로 생활하며 성령의 인도를 받는 사람인 것입니다. 로마서 8잘 14절에 "무릇 하나님의 영으로 인도함을 받는 사람은 곧 하나님의 아들이라"고 말한 것입니다. 그러므로 신령한 사람은 일상생활에서도 하나님의 성령을 인정하고, 환영하고 모시어 들이고 의지하고, 하나님 성령께서 항상 우리와 같이 계신 것을 믿는 사람인 것입니다.

예수께서 내가 너희를 고아와 같이 내버려두지 아니하고, 너희에게 다시 오리라고 하시고, 내가 아버지께 구하겠으니, 그가 또 다른 보혜사를 너희에게 주사 영원토록 너희와 함께 있게 하시리라고 말한 것입니다. 보혜사라는 것은 부름을 받아 내 곁에 와서 나를 도와주기 위해서 기다리고 계신 분을 말하고 있는 것입니다. 보혜사 성령께서 계시므로 신령한 사람인 우리는 언제나 영적인 사고를 하며 범사에 엎드려 기도했습니다. 성령이 내게 무엇을 말씀하시는가? 그 귀를 기울일 줄 아는 사람이 되어야 하는 것입니다. 성령의 음성을 듣는 사람은 마귀의 올무에 걸려 들어가지 않습니다. 오늘날 그렇기 때문에 요한계시록에 보면 언제나 "귀 있는 자는 성령이 교회들에게 하시는 말씀을 들을지어다"라고 말한 것입니다.

성령이 없는 개인, 성령이 없는 교회는 물 없는 우물과 불 없는 화로와 같이 형식은 있으되 생명이 없는 것입니다. 성령이 없는 사람은 영적인 사고를 할 수가 없는 것입니다. 그리고 신령한 사람은 직관과 양심으로 사는 사람인 것입니다. 하나님의 성령은 우리의 영의 직관을 통해 말씀하시고, 우리의 양심을 통해서 역사하는 것입니다. 성령께서는 우리의 머리 지성을 통해서 역사하지 않습니다. 성령은 우리에게 계시로써 나타나기 때문에 우리에게 직관을 통해서 오시고, 그리고 우리의 양심을 통해서 오시는 것입니다. 아무리 하나님의 계시가 온다고 하더라도 그 계시에 윤리와 도덕성이 결여되면 이것은 하나님의 계시가 아닌 것입니다.

하나님은 언제나 우리에게 계시하시되, 성령을 통하여 우리의 마음 안에 있는 영에 계시하십니다. 하나님은 인간의 머리나 육성에 계시하시지 않습니다. 그래서 육은 하나님의 나라에서 무익하다는 것입니다. 그리고 하나님은 인간의 윤리와 도덕성에 벗어난 계시는 하시지 않습니다. 그래서 하나님께서 계시가 계시 일 때 거짓말을 하라고 계시하신다면, 이것은 하나님의 계시가 아니라, 마귀의 계시인 것입니다. 하나님께서 계시가 왔는데 도둑질하라고 한다면, 이것은 윤리와 도덕성이 결여된 계시인 것이므로 하나님의 계시가 아닌 것입니다. 우리 하나님께서 우리에게 계시해 줄 때는 그 계시는 언제나 윤리와 도덕성이 겸한 계시를 주시는 것입니다.

이러므로 우리는 인생을 살면서 깊은 기도를 하고, 일상생활에서도 영적인 사고를 하며 성령 충만한 신앙생활을 하려고 의지적인 노력을 해야 합니다. 생활에서도 영적인 사고를 하며 성령과 같이 동행하면 우리의 직관이 자꾸 예민하여 성령의 계시를 잘 받을 수 있게 되어가는 것입니다.

자연스럽게 영안이 열려서 세상에서 살아가면서 하나님의 역사와 마귀역사와 사람의 역사를 눈으로 보면서 성령을 따라가는 신령한 성도가 됩니다.

우리의 영안이 자꾸 열리니 자연스럽게 영도 예민하게 깨어납니다. 그래서 인간의 지성으로 이해하기 전에 우리의 마음속에 있는 영이 벌써 하나님의 계시를 직관적으로 깨달아 알고 행하게 하는 것입니다. 그래서 우리의 마음 안에 있는 영이 하나님의 계시를 직관적으로 깨달아 이것은 좋다. 이것은 나쁘다. 이것은 된다. 이것은 안 된다. 분명하게 가르쳐 주시는 것입니다.

이것은 우리가 영적으로 사고를 하니 인간의 시간과 공간을 초월해서 하나님의 성령께서 우리에게 직관을 통해서 역사하십니다. 성령께서 지시하는 직관이 양심에 거리끼지 아니하고 양심에 일치가 되면 우리 주님께서 직접으로 우리를 인도하는 것이 되는 것입니다. 그래서 생활에서도 영적으로 사고하는 것이 중요한 것입니다. 우리가 매사를 영적으로 사고하니 성령께서 율법이요, 선지자로 역사하는 것입니다.

그리고 영적인 사고를 하며 영으로 사는 사람은 하나님 중심으로 사는 사람인 것입니다. 무엇을 하더라도 하나님 중심으로 생각하는 것입니다. 내 개인도, 내 가정도, 내 처자에 속한 일이라도, 내 가정, 처자를 앞세울 것이냐, 하나님을 앞세울 것이냐를 결정할 때, 하나님을 앞세워야 되는 것입니다. 내 사회생활에 있어서 주님의 몸된 교회를 앞세울 것이냐, 나의 이익을 앞세울 것이냐, 언제나 주의 몸된 교회를 앞세우는 것입니다. 이 세상과 세상에 있는 모든 것은 다 일시적인 것입니다. 모든 일생은 풀과 같고, 그 영화는 풀의 꽃과 같다. 풀은 시들고 꽃은 떨어지는 것입니다.

세상의 부귀영화가 아무리 좋다 하더라도 얼마 있지 아니하면 다 사라져 버리고 마는 것입니다. 옛날 말에도 부자가 3대가는 법이 없다고 말한 것입니다. 우리가 영원히 살 곳은 하나님 품인 것입니다. 그러므로 우리의 영원한 관심사가 하나님 중심이 되어야 되는 것입니다. 영적인 사고로 바뀌어야 합니다. 우리의 삶의 본업이 하나님을 섬기는데 있고, 이 세상의 모든 삶은 우리의 삶의 부업이 되어야만 되는 것입니다. 이래서 신령한 사람은 영적인 사고를 하며 하나님 중심으로 사는 사람이 신령한 사람이 되는 것입니다. 그 다음 신령한 사람은 영적인 사고를 하며 영으로서 몸의 행실을 죽이고 사는 사람이 신령한 사람이요, 영의 생각으로 혼을 굴복시키며 사는 사람인 것입니다. 우리는 어찌할 수 없이 혼이 영을 도우려 육을 옷 입고 살고 있는 것입니다.

혼은 인간의 지성인 것입니다. 그러므로 인간의 지성은 그가 아무리 교육을 많이 받고, 지혜가 있다고 할지라도, 영의 명령에 순종하는 시녀이지, 혼이 일어나서 내리 휘젓고, 다스리면 그 사람은 완전히 망하고 마는 것입니다. 그래서 생활에서도 영적인 사고를 해야 하는 이유가 여기에 있습니다. 이러므로 영은 혼을 정복할 줄 알아야 되는 것입니다. 그리고 혼은 영에 정복당해야 하는 것입니다. 그래야 영안이 열린 영에 속한 성도가 되는 것입니다. 그래서 인간의 모든 지혜와 지식과 교육이 많다고 할지라도, 그것을 중심으로 살지 말고, 하나님께 굴복해서 하나님을 섬기고 삶을 살아야 합니다. 하나님에게 정복당한 혼으로서 우리가 다스릴 줄 알아야 됩니다. 그 다음 우리가 살고 있는 육신은, 하나님의 영에게 정복당하여 살아가는 육신이 되어야 합니다. 그러지 못하고 육신의 정욕, 부패한 육신을 따라서 살아간다면 종국에는 패망하게 되는 것입니다.

이러므로 육신이 완전히 영으로 그 몸의 행실을 죽이고 살아야 되는 것입니다. 이것이 우리의 신앙생활에 끊임없는 투쟁인 것입니다. 그러나 오늘 내가 확실히 말하고 싶은 것은, 우리의 주인은 육신도 아니요, 혼도 아니요, 하나님의 형상과 모양대로 지을을 받은 영인 것을 알게 되기를 주의 이름으로 축원합니다. 우리의 영이 영원히 우리의 주인입니다. 영은 혼을 굴복시키고 육의 행실을 죽이고 주인 노릇을 해야 되는 것입니다.

따라 해보세요. "나의 주인은 영이다. 혼을 굴복시키고 육신의 행실을 죽이고 영으로 산다." 성령으로 충만한 영이 주인노릇 하고, 영적인 사고를 하며 성령으로 중심이 잡히면, 그 다음에는 혼은 영에 굴복을 하고, 육은 그 행실을 죽이고, 하나님께 복종하게 되는 것입니다. 그러면 하나님의 복을 받으면서 누리면서 사는 사람이 되는 것입니다. 영으로 사는 삶이란 생명과 평안이 넘치는 삶이요, 하나님께 끊임없이 영광 돌리는 생활이 될 수가 있는 것입니다. 영으로 사는 사람만이 진실로 하나님께 영광을 돌립니다. 이런 사람만이 우리의 가정이나 사회나 국가에 참으로 밝고 맑고 환한 소금과 빛의 역할을 할 수가 있게 되는 것입니다.

오늘날 그렇기 때문에 우리의 신앙생활에는 끊임없이 우리의 영이 일어나서 혼을 굴복시키고, 우리의 육체를 정복하는 투쟁 속에 놓여 있는 것입니다. 오늘날 사람들은 자신의 주인이 영인 것을 알지 못하면 투쟁에서 실패하고 마는 것입니다. 자기가 육체인줄 만 알면 나는 이제 이길 수가 없다고 생각하는 것입니다. 자기가 혼인 줄 만 알고 있으면 나는 이제 도저히 인간의 지성으로 알 수 없다고 말하는 것입니다.

그러나 우리의 주인이 영인 것을 알게 되면 단호하게 일어나서 혼을 정복시키고 육을 굴복시키고, 하나님의 지혜를 받아서 위대한 신앙생활과 세상생활을 할 수가 있는 것입니다. 사랑하는 여러분 영이 주인 되게 하여 세상을 살아가시기를 바랍니다. 영적으로 사고하며 세상을 살아가시기를 바랍니다. 영적인 사고를 하며 말씀을 삶에 적용하여 체험하며 영안을 열어 가시기를 바랍니다. 그리하여 아브라함의 복을 받아 누리면서 사시기를 축원합니다.

8장 생소한 체험을 통과하면 영안이 열린다.

(고전 2:10)"오직 하나님이 성령으로 이것을 우리에게 보이셨으니 성령은 모든 것 곧 하나님의 깊은 것까지도 통달하시느니라"

영안을 밝게 열기 위해서는 성령으로 세례를 받아야 합니다. 그런데 성령으로 세례를 받게 되면 이해하지 못할 두려움이 자신을 주장하게 되는 경우가 많습니다. 우리가 신앙생활을 하면서 가장 극복하기 어려운 부분이 영적 두려움일 것입니다. 우리는 알지 못하는 세계에 대해서 막연한 두려움을 지니고 있습니다. 특히 영적 세계는 일반적으로 잘 알려져 있지 않기 때문에 모든 것이 생소하고 낯설기만 합니다. 특별하게 성령체험은 더욱 생소하고 두렵고 불안하게 합니다. 그러므로 자연적으로 막연한 두려움을 가지고 있는 것입니다. 많은 사람들이 이런 막연한 두려움 때문에 성령으로 세례를 받아 영적 변화를 얻기를 달갑지 않게 생각합니다. 변화란 성장을 의미하며 성장이란 새로운 세계에 들어가는 것을 말합니다. 변화하기 위해서는 먼저 두려움을 이기는 법을 배워야 합니다.

영적인 일은 많은 오해를 불러올 수 있습니다. 영적인 일은 생소하기 때문입니다. 왜냐하면 다수가 영적이지 못하기 때문입니다. 우리는 영적이란 말을 자주 종교적이라는 말과 혼동합니다. 세속적인 일이 아닌 종교적인 일을 하는 것을 영적인 일이라고 표현하지만, 사실 엄격하게 말하면 그 말은 틀립니다. 종교적인 일과 영적인 일은 근본적으로 다릅니다. 전혀 영적이지 않은 사람들도 종교적인 일을 할 수 있습니다. 거듭나지 않고 영적 감흥을 전혀 느끼지 못하는 사람이라 할지라도 종교적인 일은 얼마든지 할 수 있습니다. 그러나 영적인 일은 성령을 받지 않고는 할 수 없는 일이며, 성령의 움직임을 파악하지 못하고는 전혀 할 수 없는 일입니다.

영적인 일은 영적이지 못한 다수의 신앙인들로 인해서 오해를 받게 됩니다. 예를 든다면 교회는 평안해야 한다는 것입니다. 그래서 예배를 드리며 말씀을 들을 때 영적인 두려움이 찾아오면 자신에게 문제가 있다고 인정하는 것이 아니고, 교회가 문제가 있다고 단정해 버리는 것입니다. 성령의 역사가 일어나면 영적인 두려움이 자신을 주장할 수가 있습니다. 이는 자신의 육체에 역사하는 세력이 두렵게 하는 것인데 이러한 현상이 생소하고 한 번도 들어보지도 체험하지도 못했기 때문에 받아들이지 않는 것입니다. 그래서 마음을 닫거나 장소를 이탈하거나 다시 찾지 않는 다는 것입니다. 그래서 점점 영적 감각이 둔한 사람이 되어가는 것입니다.

영적 감각이 둔한 사람들은 자신들의 입장을 고수하기 위해서 영적인 사람들을 무시하거나 비난합니다. 이런 일로 인해서 영적인 일에 대해서 두려움을 가집니다. 영적 세계에는 하나님만 계시는 것이 아니라 무수한 악령이 존재합니다. 그러므로 이런 악령에 대해서 두려움을 가지고 있습니다. 악령에 대한 지식이 부족한 사람들은 막연한 두려움을 가지고 있습니다. 이들은 세속적인 지식으로 인해서 마귀에 대해 거부감과 두려움을 지니게 됩니다. 그래서 영안이 열리지 않게 됩니다. 예수를 믿으나 성령의 역사를 이해하지 못하는 육신적인 신앙인이 되는 것입니다.

두려움은 무지에서 비롯됩니다. 성장과 변화에 대한 올바른 지식이 없기 때문에 자신에게 이상한 변화가 나타나면 두려워합니다. 혹시 잘못되는 것이 아닌가 하고 의심합니다. 다른 사람이 자신들과 다른 행동을 하게 되면 색안경을 쓰고 봅니다. 영적 지식이 부족하기 때문에 자신에게나 주변에서 나타나는 변화를 제대로 이해하지 못하고 두려워합니다. 예수님이 어두운 바다를 걸어서 제자들이 타고 있는 배로 다가왔을 때 제자들은 두려워하면서 떨었습니다. 상식을 초월하는 현상을 목격한 제자들이 겪는 당연한 두려움이었습니다. 우리 역시 상식을 넘어서는 변화가 자신과 주변에서 일어나면 두려워하게 됩니다. 영적인 변화에 대한 지식이 부족하면 우리는 즉시 두려워하게 되고 그런 변화를 받아들이지 못하고 거부하게 됩니다.

영적인 변화는 예고하고 찾아오는 것이 아닙니다. 성령님은 비인격적으로 역사하시기 때문입니다. 그래서 우리가 생각하지 못한 이상한 변화는 언제라도 우리 가운데 나타날 수 있습니다. 그러므로 우리가 경험하지 못한 것에 대한 지식들을 풍성하게 갖추는 것이 두려움을 이기는 비결입니다. 많은 영적 지식들은 자신의 삶 속에서 다가오는 영적 변화를 자신 있게 맞이할 수 있게 해 줍니다.

두려움은 우리가 겪는 영적 변화의 결과를 예측할 수 없을 경우에 생깁니다. 주님에게 모든 것을 맡기면서 살아야 한다는 사실을 알지만 그러나 정작 모든 것을 맡겼을 때 과연 주님이 모든 것을 지켜주실지 확신이 들어가지 않습니다. 예를 들어 병에 걸렸을 때 주님이 치유하여 주실 것을 온전히 믿고 전적으로 맡기는 문제에서 우리는 두려움이 생깁니다. 하나님은 치유하시는 분이지만 자신의 병을 치유해 주실지에 대해서는 두려움이 앞섭니다. 이런 형태의 두려움으로 인해서 우리는 영적 모험을 하기 보다는 안전한 방법을 선택하는 쪽으로 기울어집니다. 그래서 우리는 항상 적당한 수준으로 타협하면서 신앙에도 손상이 가지 않고 우리의 삶도 위태롭지 않은 그런 절충을 하게 됩니다. 이 모든 일이 두려움 때문에 생기는 현상입니다.

두려움은 다수의 선택을 항상 올바른 일로 만듭니다. 우리는 많은 사람이 가는 길이 안전하다고 여깁니다. 다수결의 원칙은 진리처럼 여깁니다. 다수의 선택은 항상 안전하다는 그릇된 상식을 가지고 삽니다. 이것은 우리의 두려움이 만들어낸 잘못된 결론입니다. 성경은 소수의 진리를 자주 언급합니다. 그리고 그 소수의 진리 편에 설 용기를 얻기를 권합니다. 영적인 일은 소수의 편에 서는 일입니다. 그러므로 모험이 따릅니다. 베드로가 물 위에 발걸음을 옮겨놓는 일은 전적으로 모험입니다. 상식을 초월하는 일을 오로지 모험으로 행동했습니다. 영적인 일에는 이런 모험이 절대로 필요하기 때문에 두려움이 없어야 합니다.

하나님의 능력을 덧입는 일은 두려움을 극복했을 때 가능해집니다. 모든 사람들이 불가능하다는 일을 믿음으로 도전하여 성취시키는 일이 능력을 행하는 일입니다. 성공에 대한 아무런 보장이 없습니다. 그렇기 때문에 용기가 필요한 것입니다. 결과를 예측할 수 없는 일을 하는 것은 어리석은 행동임에는 분명합니다. 그러나 이런 일을 할 수 있는 것은 믿음이 있기 때문입니다. 믿음은 두려움을 극복하는 힘이지만 그 믿음을 얻기까지 넘어야 할 산이 많습니다. 두려움을 극복하여 믿음의 길로 나가는 데에는 우리의 노력으로는 사실 불가능합니다. 우리는 천성적으로 두려워하는 사람입니다. 그러므로 두려움을 이기기 위해서는 오로지 하나님의 은혜가 필요합니다. 하나님의 은혜는 그냥 얻어지는 것이 아니라 극심한 시험을 통해서 얻어지는 것입니다.

우리가 두려워서 할 수 없는 일을 할 수밖에 없는 입장에까지 몰아가시는 하나님의 은혜가 없이는 우리는 두려움을 이길 수 없습니다. 가고 싶지 않은 길을 갈 수밖에 없는 상황으로 몰아가시는 하나님의 손길이 있어야 하는 것입니다. 하나님이 두려움을 없애기 위해서 우리를 극한의 상황으로 몰아갈 때 우리는 그 상황을 고난이라고 표현합니다. 극한의 고난과 시험 앞에서 비로소 우리는 두려움을 떨치고 문제와 정면으로 마주하게 되고 이 과정에서 믿음이 만들어지는 것입니다. 이런 일이 한 번으로 끝나는 것이 아니라 여러 차례 경험함으로써 제대로 믿음이 생기게 되고 두려움이 사라지게 되는 것입니다. 두려움이 사라짐과 동시에 영안이 열려가는 것입니다.

우리가 영적 변화를 경험하고 영안을 열고 성장하기 위해서 반드시 고난이라는 굴레를 통과하게 되는 까닭이 이런 우리의 두려움을 이겨내야 하기 때문인 것입니다. 두려움을 통과하지 않고서는 절대로 영적 성장이 이루어질 수 없습니다. 영적 변화는 사람들에게서 오해도 받을 수 있고, 자신 스스로도 두려워하게 됩니다. 두려움을 이기지 않고서는 성장할 수 없기 때문에 하나님은 우리를 강제로 막다른 길로 이끌어 가지 않으면 안 되게 하시는 것입니다. 그러므로 우리 스스로 영적 변화에 대해서 담대할 필요가 있습니다. 이미 경험한 지도자들의 경험을 자신의 것으로 해서 담대함을 만들어내야 합니다. 영적 지식은 담대함을 얻게 하는데 많은 도움이 됩니다. 담대함을 얻으면 우리는 막다른 지경으로 몰리는 그런 고난은 당하지 않아도 되는 것입니다.

1. 영적 민감성과 영안 열림

영적 민감성(spiritual sensibility)은 영안을 열고 영적 성장을 이루는데 매우 중요한 요소입니다. 영적으로 민감하다는 것은 영적인 일에 관심이 남다르게 많다는 것을 의미합니다. 관심이 많아야 발전이 있는 법입니다. 세상의 일에도 관심과 흥미를 가지고 있어야 성공할 수 있는 것이지요. 관심과 흥미가 있으면 그 일에 깊이 관여하게 되고 그에 따라서 여러 형태의 도움을 받을 수 있게 됩니다. 무슨 일이든 전문가가 되기 위해서는 먼저 관심과 흥미로부터 시작하는 것처럼 영적 성장 역시 관심과 흥미로부터 시작하는 것입니다.

관심이 있게 되면 그 일에 모든 것을 걸게 됩니다. 관심과 흥미가 있게 되면 오로지 그 일만 생각하게 됩니다. 관심과 흥미가 그 일에 깊이 빠지게 만들고 그렇게 해서 전문가가 되는 것입니다. 이처럼 영적인 일에도 마찬가지로 관심과 흥미가 있어야 영적 발전이 이루어지는 것입니다. 그런데 이렇게 민감해지면 우리 마음속에 스스로를 통제하려고 하는 생각이 일어나게 됩니다. 이런 생각이 드는 것은 절제하고 균형을 유지하기 위한 것이라고 봅니다. 너무 지나친 것 역시 바람직하지 못하기 때문입니다. 관심과 흥미를 가지는 것은 좋지만 너무 지나치면 해로울 수 있기 때문입니다. 우리는 이런 교육을 항상 받고 자랐습니다. 모든 일을 절제하고 적당히 해야지 너무 깊이 빠지는 것은 위험하다는 식의 교육을 받고 있기 때문에 한 가지 일에 너무 깊숙이 빠져 드는 것은 바람직하지 못하다고 생각하는 것입니다.

이런 교육을 받고 자랐기 때문에 일반적인 사람들은 어느 정도의 경계선을 긋고 그 선을 넘어가지 않으려고 합니다. 그런데 이런 일반적인 생각은 평범한 사람들에게 해당하는 말입니다. 일반인들은 자신이 하는 일이 따로 있습니다. 그래서 어떤 일에 빠지게 되면 자신이 하는 일을 소홀히 하게 됩니다. 그래서 적당한 수준에서 절제를 하는 것이지요. 그러나 전문가가 되고자 하는 사람은 이런 편견에서 벗어나야 합니다. 영안이 열려 하나님에게 쓰임을 받으려면 영적인 일에 깊숙하게 빠져 들어가야 합니다.

영적인 전문가가 되기 위해서는 평범한 수준을 넘어서야 합니다. 그 일에 완전히 빠져들지 않으면 절대로 전문가가 될 수 없습니다. 영적인 일에 전문가가 되려면 오로지 영적인 일에만 관심을 가지고 자나 깨나 그 일에만 골몰해야 합니다. 자나 깨나 오로지 영적인 일에만 정신을 집중하고 그 변화에 민감해야 합니다. 사람들이 무어라 해도 신경 쓸 필요가 없습니다. 사람들의 눈치를 보고 그들의 말에 신경을 쓰는 것은 팔러 가는 당나귀처럼 됩니다. 일반인들은 아마추어입니다. 아마추어는 프로의 일을 모릅니다. 성공하는 사람은 특별하기 때문에 성공하는 것입니다. 남들과 같다면 어떻게 성공할 수 있겠습니까?

비난도 받고 오해도 받습니다. 이것은 성공으로 나아가는 과정에서 반드시 듣게 되는 말입니다. 이것이 신경이 쓰여 적당히 타협하면 절대로 성공하지 못합니다. 성공하고 나면 모든 것이 인정 받게 됩니다. 성공하지 못하면 모든 것이 어리석은 일이 되고 맙니다. 성공은 극단적인 모험을 바탕에 깔고 있습니다. 모험 없는 성공은 없습니다.

성공하기까지 무수한 비난과 오해를 받게 됩니다. 그러므로 이런 것을 극복해야 합니다. 전문 사역자가 되기 위해서는 영적인 일에 남다른 열정과 깊은 관심을 가져야 합니다. 영적으로 매우 민감하지 않고는 영적으로 성공할 수 없습니다. 자신의 주변에서 일어나는 일을 예사롭게 보면 안 됩니다. 모든 일이 영적인 것과 연관되어 있습니다. 세상 사람들은 영적으로 둔감해

서 그런 변화에 대해서 그 의미를 알지 못합니다. 그러나 영적
으로 민감해지면 그 의미를 정확하게 파악할 수 있게 됩니다.

정확하게 의미를 알아야 그에 맞게 대응할 수 있는 것입니다.
어설픈 아마추어들이 많기 때문에 일이 복잡해지고 꼬입니다.
세상의 일 역시 마찬가지입니다. 전문가가 없기 때문에 많은 시
행착오를 겪고 그에 따라서 손실과 고통을 당하게 됩니다.

영적인 일에 전문가가 되어야 합니다. 솔직히 말하면 이제까
지는 전문가가 극히 드물었습니다. 아마추어 수준으로 대응하
였기 때문에 문제가 수없이 많았습니다. 그럼에도 불구하고 그
런 문제를 문제로 제기하지 못했습니다.

세상일 역시 그랬습니다. 불이익을 받고 있으면서도 어디에
하소연도 못하고 속으로 삭이고 말았습니다. 그러나 이제 세상
은 바뀌고 있습니다. 여러 가지로 불이익에 대한 제의를 하게
되었습니다. 이제까지는 당하고만 살았는데 이제는 합법적인
절차를 통해서 항의하는 시대가 되었습니다. 아직도 여러 부분
에서 미흡하지만 과거에 비해서 상당히 변화되었습니다. 파업
이나 소송 등을 통해서 피해를 구제 받으려는 움직임이 활발합
니다.

영적인 분야에서도 이제까지는 그저 참고 지내는 시절이었
지만 이제는 상황이 달라지고 있고 달라져야 합니다. 어설픈 지

식과 경험으로는 되지 않는 시대가 되고 있는 것입니다. 손해를 보고 가만히 참아야 하는 세대는 지나가고 있습니다. 이제는 잘못된 가르침으로 인해서 생긴 손해를 그냥 넘기지 않는 세대가 오고 있는 것입니다. 영적인 일에도 책임을 지는 분위기가 만들어지고 있습니다.

아마추어 식으로 무조건 믿으라는 말은 이제 설득력이 없습니다. 철저한 검증과 전문가적인 식견으로 무장된 전문 사역자 시대가 열리고 있는 것입니다. 과거에는 그저 은사를 받아 주먹구구식으로 환자에게 안수하고 나으면 다행이고 낫지 않으면 믿음이 없어서 그랬다는 식으로 환자에게 책임을 미루는 것은 더 이상 설 자리가 없을 것입니다. 정확한 진단과 그에 따른 조치를 통해서 문제를 해결하는 능력이어야만 존재할 수 있게 됩니다.

철저한 전문가 의식을 가지고 전문적인 지식을 갖춘 능력 사역자가 등장해야 합니다. 이제까지는 지식을 갖추지 못했기 때문에 목회자들에게 따돌림을 당하고 무시를 당했습니다. 전문지식이 없었기 때문에 전문 지식으로 무장된 목회자들에 비해 열악한 처지에 있었습니다. 그러나 이제는 그렇지 않습니다. 전문지식을 갖추고 그 분야에서는 목회자를 월등히 능가함으로써 함부로 무시당할 수 없습니다. 오히려 당당하게 주어진 의무와 책임을 다하게 됩니다.

영적 지식과 능력은 주님으로부터 온 귀한 것입니다. 주의 선택된 일꾼으로 세움을 받았기 때문에 이 일을 귀하게 생각하고 사람들에게서 귀한 대접을 받아야 합니다. 그러기 위해서 영적으로 민감해야 하며 철저한 훈련과 지식으로 무장해서 주님이 주신 귀한 은사가 사람들로부터 무시되는 일이 없어야 합니다.

운동선수가 철저히 훈련하고 기술을 익히는 피나는 노력으로 성공할 때 그 운동이 사람들로부터 인정을 받고 사랑을 받습니다. 몇 사람의 투철한 선수로 인해서 그 운동이 사람들에게 인기를 끌고 귀하게 대접 받게 됩니다.

지금까지 능력 사역자는 교회의 중심에서 벗어나 있었습니다. 그러나 능력 사역이 교회의 중심이 되어야 하는 것은 아주 분명한 일입니다. 예수님이 우리에게 오셔서 하신 일이 그 일이었으며 주의 제자들에게 이 능력을 주어 세상 끝까지 복음을 전하라고 했습니다. 교회는 능력을 떠나서는 존재할 수 없는 것입니다. 그럼에도 불구하고 능력이 교회에서 왜 푸대접을 받고 있습니까? 전문성이 없었기 때문입니다.

그 이유는 은사를 받은 사람들이 철저한 훈련과 교육을 받지 못해서 전문가의 수준에 이르지 못하였기 때문입니다. 어설픈 아마추어적인 지식과 능력으로 사역을 해 왔던 구멍가게 시대는 사라지고 있습니다. 다양한 능력과 고도의 전문적인 지식으로 무장한 전문가 사역자의 시대가 열리고 있는 것입니다.

싸구려만 있을 때는 그 물건이 형편없었다는 것을 모릅니다. 그러나 품질이 우수하고 디자인이 세련된 물건이 시장에 등장하면 싸구려는 더 이상 시장에 존재하지 못하게 되듯이 철저한 영적 지식과 능력으로 무장한 전문사역자가 등장하면 어설픈 사역자는 사라지게 됩니다. 세상은 고도의 전문지식과 무한한 경쟁의 시대에 들어섰습니다. 국경 없는 무한 경쟁의 시대에 교회 역시 그렇게 될 것입니다.

이런 무한 경쟁의 새 시대를 맞이하는 젊은 세대에게 영적 민감성은 훌륭한 지도자로 세워질 수 있는 귀한 자질입니다. 영적으로 항상 민감해서 자신에게 일어나는 변화를 놓치지 않고 그 의미를 철저하게 분석하여 능력 있는 사역자로 세워지기를 바랍니다.

2. 영의 흐름을 느끼는 것도 영안이다.

성경은 성령님을 바람에 비유하여 설명하고 있습니다. 그리고 성령으로 태어난 사람 즉 영의 사람도 이와 같다고 합니다. 영을 바람에 비유한 것은 영의 속성이 우리가 육신적으로 느끼는 바람 즉 기체의 흐름과 비슷한 특성을 지니고 있기 때문입니다. 바람은 기체가 온도 차이에 의해서 이동하는 흐름이라는 사실이 밝혀졌습니다. 어떤 특정한 두 지역의 온도의 차이가 심할수록 대기는 급하게 이동을 하게 됩니다. 이런 경우 강한 바람이 부는 것입니다. 이와 같이 영의 흐름도 두 영의 사이에 있는 영적 차이에서 생겨나게 됩니다.

영의 흐름이란 자신의 몸 안에서 영이 이동하거나 유입해 들어오는 것을 말합니다. 우선 그리스도인에게는 성령님이 흐릅니다. 우리 안에는 성령님이 항상 떠나지 않고 계십니다. 그럼에도 불구하고 성령님이 우리 안에 충만하기 위해서는 외부로부터 임해야 합니다. 이것은 우리의 상식으로는 도부지 이해할 수 없는 하나님의 신비입니다. 우리는 하나님을 형상으로 이해하기 때문에 우리 안에 이미 계신 성령님을 왜 다시 받아들여야 하는지를 이해할 수 없는 것입니다.

성령님이 우리 안에 계심에도 불구하고 우리는 날마다 충만함을 구해야 합니다. 성령님은 인격임에도 불구하고 또한 영이며, 바람이며, 기(energy)입니다. 이 성령님이 우리에게 스며드는 느낌을 발견할 수 있어야 합니다. 성령님의 흐름을 포함해서 모든 영의 흐름을 느끼고 구분할 수 있어야 합니다. 영의 흐름을 인식하기 위해서 먼저 우리는 영이 흐른다는 사실을 받아들여야 합니다. 이런 사실을 모르면 우리 몸에 영이 흘러들고 있는데도 불구하고 도무지 알아차리지 못하는 죽은 사람이 되는 것입니다. 성경은 사도들이 사역할 때 성령이 어떤 특정한 사람에게 임하는 모습을 본 기록이 있습니다. 이것은 성령이 임하는 외적 증거를 보고 파악하는 것은 물론이고 영적인 지각을 통해서 느끼고 보는 것입니다. 즉 영적 흐름을 파악하는 것입니다.

성령님은 그렇다 해도 악령이 드나드는데도 불구하고 전혀 눈치조차 못 채고 있다면 이것이 얼마나 한심스러운 일이겠습니까? 그런데 이것이 사실입니다. 악령이 마음 놓고 제 집 드나들듯이 하는데도 전혀 알지도 못하고 알려고도 하지 않습니다. 수많은 그리스도인이 이와 같이 명목상의 그리스도인으로 머물러 있는 모습이 안타깝습니다. 영이 흐른다는 말조차 생소한 사람들이 얼마나 많은지 모릅니다. 이런 사람들에게 하나님은 어떻게 일을 하시겠습니까?

영의 흐름은 살아있는 증거입니다. 살아있는 모든 것은 움직입니다. 영이 살아나면 운동하기 시작합니다. 눈에 보이지는 않지만 몸으로는 느낄 수 있는 것이 에너지의 흐름입니다. 눈에 보이지 않는 흐름을 특수한 장치를 하고 보면 볼 수 있습니다. 바람 속에 연기를 불어넣으면 그 흐름이 확연하게 눈에 보이듯이 우리의 영의 흐름에도 이와 같이 매체를 넣으면 눈에 확연하게 드러나는 것입니다. 이 매체는 여러 가지가 있는데 그 가운데 가장 보편적인 것이 능력 있는 사람(특히 영분별의 은사를 받은 사람)의 안수를 받으면 그 느낌을 확연하게 알 수 있게 됩니다.

질병으로 고생하는 사람에게 저는 한 손은 환부에 얹고 한 손은 머리에 얹고 기도합니다. 그렇게 하는 까닭은 환자의 질병의 치유는 물론이거니와 환자가 이 기회로 말미암아 영의 흐름을 느끼게 하기 위해서 입니다. 이렇게 기도하면 환자들은 기도가 끝난 다음 자신의 몸속으로 스며드는 강한 에너지의 흐름을 느꼈다고 말합니다. 이런 현상을 처음 경험하는 그들에게는 매우 신기한 것이기 때문에 제가 여쭈어보지 않아도 스스로 먼저 고백하거나 물어봅니다.

사람마다 다소 다르지만 대체로 뜨거운 바람(열기), 서늘한 바람(청량감), 잡아 흔드는 것 같은 진동, 몸을 띄우는 것 같은 부양감, 포근하게 감싸는 것 같은 힘(포옹감), 전기 충격과 같은 전율, 머리를 어루만지는 것과 같은 느낌, 별빛이 쏟아지는 것과 같은 눈부심 등을 느낍니다. 이런 기운이 안수하는 저의 손을 타고 들어와 온 몸에 골고루 퍼진다는 말을 합니다. 드물기는 하지만 주님 같은 희고 거룩한 분이 자신을 감싸거나 안거나 바라보고 계시는 것을 환상으로 보는 경우도 있습니다.

영의 흐름을 인식하는 것이 왜 중요한가요? 그 까닭은 굳이 말할 필요조차 없는 것인데 우리의 영을 지키고 보호하기 위해서이며, 나아가 성령의 충만함을 늘 유지하게 하기 위해서 입니다. 성령님이 우리 몸에서 움직이는 것을 느끼지 못하면 성령님에게 즉각적으로 반응하기 어렵습니다. 영적 사역을 하는 사역자는 물론이거니와 모든 성도들은 성령님의 흐름에 민감해야 합니다. 성령님의 흐름에 민감한 성도가 영안이 열린 성도입니다. 성령님은 수줍음을 많이 타시는 분입니다. 이렇게 표현하는 것은 우리의 생각과 행동에 따라서 성령님은 쉽게 위축되고 제한 받으신다는 말입니다. 우리의 행동으로 인해서 성령님이 쉽게 위축되기도 하고 활성하기도 합니다.

 하나님을 기쁘시게 하면 성령님은 기뻐하시며 우리 몸속에서 활발하게 역사하시지만 우리가 하나님의 말씀대로 살지 못하면 성령님은 근심하시고 따라서 행동이 위축되는 것입니다. 이런 흐름을 제대로 느끼고 파악할 수 있어야 합니다.

 성령님 이외에 우리는 타인으로부터 많은 영의 영향을 받습니다. 영의 흐름은 강한 곳으로부터 약한 곳으로 흐르는 것이 원칙입니다. 물은 높은 곳에서 낮은 곳으로, 바람은 차가운 곳에서부터 더운 곳으로 흐릅니다. 이와 같이 영도 그렇게 흐릅니다. 강한 쪽에서 약한 쪽으로 흘러듭니다. 영적인 힘이 약한 사람 즉 믿음이 약하거나, 기도를 게을리 하거나, 신앙의 연륜이

짧거나, 말씀의 깊이가 없거나 하는 사람은 상대적으로 그런 부분에 강한 사람을 만나면 그 사람으로부터 영적 에너지가 자신에게로 흘러 들어옵니다. 이 과정에서 영적인 영향을 받게 됩니다. 영의 흐름은 긍정적인 것뿐만 아니라, 부정적인 것도 함께 흘러 들어옵니다. 물론 부정적인 것은 걸러내야지요. 그러려면 영의 흐름을 파악할 수 있어야 하는 것입니다.

영의 흐름을 파악하는 일은 마치 거쉬탈트(gestalt)를 응용한 숨은 그림 찾기와 같다고 할 것입니다. 눈 속에 드러난 예수님 형상의 사진 말입니다. 이 흑백 사진을 처음 보는 사람은 그 속에서 예수님의 형상을 찾기 힘들지요. 분명히 형상이 있는데도 불구하고 아무리 보아도 찾지 못합니다. 그런데 한 번 찾으면 그 다음부터는 예수님 형상이 한 눈에 들어옵니다. 이와 같습니다. 영의 흐름을 느끼지 못하는 사람은 계속 못 느끼지만 한 번 느껴본 사람은 쉽게 느낄 수 있습니다. 그러므로 처음 느낌을 경험하는 것이 중요합니다. 그러므로 능력 있는 사람을 통해서 영의 흐름을 경험하는 것이 좋습니다. 영의 흐름을 감지해야 영적으로 민감한 성도가 되는 것입니다.

사람들이 예수님에게 몰려와 서로 밀치는 속에서도 예수님은 자신에게서 능력이 나가는 것을 느꼈습니다. 이것은 어떤 여인이 의도적으로 예수님의 옷자락을 만졌기 때문입니다. 어떤 한

쪽에서 의도적으로 접근하면 자신 안에 있는 영이 흘러들거나 나가는 것을 느낍니다. 안수 기도를 할 때 자신으로부터 영적 에너지가 흘러나가는 것을 느낄 수 있지요. 반대로 흘러 들어오는 것도 느낍니다. 때로는 다른 사람을 위해서 기도할 때 많은 영적 에너지가 그 사람에게로 흘러가는 것을 느낍니다.

이것을 영적 에너지를 나누어주는 것(impartation)이라고 하는데 영적 능력이 강한 사람이 약한 사람에게 자신의 능력을 나누어주는 것을 말합니다. 이렇게 함으로써 자신도 능력을 얻게 됩니다. 능력을 나누어준 사람은 다시 그 능력이 증대됩니다. 마치 헌혈하는 것과 같은 이치입니다. 나누어주고 난 뒤에 주님으로부터 다시 충분한 능력을 공급 받아 채웁니다. 안수기도를 하고 돌아온 뒤에 기도를 하면 다시 능력이 채워지는 흐름을 느끼게 되고 그럴 때는 기분이 매우 상쾌해 집니다. 성령으로부터 에너지가 자신의 몸속으로 쭈욱 스며드는 그 기분은 느껴보지 않은 사람은 알 수 없는 상쾌함입니다. 마치 환자가 링거를 꽂고 누워있으면 정신이 맑아지고 힘이 솟아 기분이 좋아지는 것과 흡사합니다.

몸에 스며드는 것 이외에 자신의 주변에 흐르는 영의 흐름을 느낄 수 있습니다. 이 경우는 축사를 위해서 어떤 지역에 들어가는 경우 영의 흐름이 마치 물 흐르듯이 움직이는 느낌을 받습니다. 강하게 몰아치기도 하는 것이 마치 파도가 밀려오는 것과 같습니다. 악한 영의 흐름은 음산하고 불쾌하며 어둡습니다. 이와 반대로 성령의 흐름은 밝고 신선하며 따뜻합니다. 가정을 방문하면 먼저 느껴지는 것이 이런 흐름입니다.

기도도 많이 하고 경건한 삶을 사는 사람의 집으로 들어가면 향기가 나고, 밝은 기분이 들며, 정신이 맑아지고 기분이 좋아집니다. 그런데 문제가 있는 가정에 들어가면 기분이 가라앉고 어둡고 음산합니다.

이런 느낌의 강도에 따라서 영적 진단을 할 수 있는 것입니다. 영적 흐름은 대기의 흐름과 같아서 경건한 사람이나 능력 있는 사람이 가면 반드시 변화를 나타내게 마련입니다. 온도가 일정한 방 안에서는 대기의 흐름이 전혀 없습니다. 그런데 방 한가운데 얼음덩이를 가져다 놓거나 난로를 피우면 대기는 움직이기 시작합니다. 그리고 활발한 흐름이 생기기 시작합니다. 이와 같이 아무렇지도 않은 곳이라 할지라도 경건한 사람이나 능력 있는 사역자가 관여하면 변화가 즉시 나타납니다. 이것은 힘의 균형이 깨어지기 때문에 필연적으로 그런 현상이 나타나는 것입니다.

아직 이런 영의 흐름을 느끼지 못한다면 분발하여 영의 흐름을 느낄 수 있도록 노력하십시오. 그런 기능은 자각으로부터 시작합니다. 이런 영의 흐름이 있는 줄도 알지 못하면 눈먼 장님과 같아서 전혀 느끼지 못하지요. 이제 알았기 때문에 느끼는 과정으로 들어갑시다.

눈을 감고 기도할 때 자신의 몸속에 어떤 기운이 흐를 것이라는 믿음을 가지고 시작하십시오. 영적 감각이 예민한 사람은 쉽게 느끼지만 감각이 다소 둔한 사람은 시간이 걸릴 것입니다. 평소와 같이 기도하십시오. 스타일을 바꾸면 생소해져서 희미한 흐름을 놓칠 수 있습니다. 기도하면서 몸에 나타나는 어떤 변화가 있다면 그 때부터 정신을 집중하고 그 흐름에 집중하여 살피십시오. 영의 흐름은 자신의 몸에 있는 영(성령이든 자신의 영이든 심지어는 악령이든지)이 운동하는 에너지이므로 반드시 움직임이 나타납니다. 다만 이것을 자신이 눈치를 챌 수 있는 요령을 발견하는 것입니다.

그러므로 누구나 영적 흐름을 경험할 수 있는 것입니다. 강하고 약한 차이가 있을 뿐이고 이런 흐름을 예민하게 잡아내는 능력은 처음 그 느낌을 경험하는 것이 중요한 것입니다. 첫 경험이 힘들고 어려울 뿐 그 이후는 아주 쉽게 파악할 수 있는 그런 능력입니다.

9장 영안을 밝게 여는 적극적인 비결

(왕하 6:14-17)"왕이 이에 말과 병거와 많은 군사를 보내매 그들이 밤에 가서 그 성읍을 에워쌌더라. 하나님의 사람의 사환이 일찍이 일어나서 나가보니 군사와 말과 병거가 성읍을 에워쌌는지라 그의 사환이 엘리사에게 말하되 아아, 내 주여 우리가 어찌하리이까 하니, 대답하되 두려워하지 말라 우리와 함께 한 자가 그들과 함께 한 자보다 많으니라 하고, 기도하여 이르되 여호와여 원하건대 그의 눈을 열어서 보게 하옵소서 하니 여호와께서 그 사환의 눈을 여시매 저가 보니 불말과 불병거가 산에 가득하여 엘리사를 둘렀더라."

눈이라고해서 다 눈은 아닙니다. 보는 눈도 있고 보지 못하는 눈도 있으며, 정확히 볼 수 없는 약한 눈도 있습니다. 크게 두 종류로 보면, 육신적인 눈이 있고, 영의 눈이 있습니다. 세상 사람들은 육신의 눈을 가지고 살아갑니다. 육신의 눈으로만 모든 세계를 보고, 판단하고 삽니다. 그러나 예수 믿는 성도는 육신의 눈으로 사는 자가 아니라 영의 눈을 가지고 살아가는 자입니다.

그러나 모든 성도가 영의 눈을 가지고 있지만 다 열어서 보는 것은 아닙니다. 영의 눈이 있지만 영안이 흐린 사람도 있고, 영안이 맑고 선명한 사람도 있으며, 아예 영안이 아무것도 안보이고 새까만 사람도 있습니다. 아무리 신앙생활을 한다고 해도 영안이 열리지 않으면 육신의 눈으로만 세상을 보고 판단할 수밖에 없습니다. 한마디로 육신에 속한 사람일 수밖에 없다는 말입니다.

사도바울은 고린도전서에서 세 종류의 사람을 거론합니다. 육에 속한 사람(고전2:14)과 육신에 속한 사람(고전3:1), 그리고 영에 속한 사람(고전2:15)입니다. 이 가운데 육에 속한 사람은 아예 성령의 일을 모르는 사람입니다. 한마디로 이방인입니다. 그러나 육신에 속한 사람은 그리스도 안에 있으되 어린아이같이 연약한 믿음의 소유자입니다. 마치 믿음이 약하여 흔들리기 쉬운 중간자와 같습니다. 그러나 신령에 속한 사람은 오직 하늘에 속한 사람이요, 성령에 속한 사람입니다.

오늘 본문에서는 이 세 가지의 눈이 다 나옵니다. 본문에 나오는 세 가지의 눈을 관찰해 보십시다. 먼저 엘리사 사환은 영안을 가졌지만 열어지지 않은 눈을 가진 자입니다. 그러나 엘리사는 영안이 활짝 열린 사람입니다. 그런데 아람나라 군대는 오직 육신의 눈만 가진 사람들입니다.

아람나라는 이스라엘의 주변국으로서 항상 이스라엘을 괴롭히던 나라였습니다. 아람나라는 오늘날 시리아를 말합니다. 역사적으로 아람나라는 이스라엘의 철천지원수 같은 노릇을 해왔습니다. 기회만 되면 이스라엘을 괴롭히던 나라입니다. 호시탐탐 기회를 노리던 아람 왕에게 정말 알 수 없는 고민거리가 하나 생겼습니다. 자기가 궁중에서 신복들과 함께 의논하여 이스라엘을 공격하려고 하면 이스라엘군대가 귀신같이 알고 방비를 하는 것입니다.

정말 기가 막힐 노릇이었습니다. 그래서 아람왕의 고민이 이만저만이 아니었습니다. 왕의 마음이 번뇌했던 것입니다. 하루는 아람 왕이 신복들을 불러놓고 말합니다. 아무래도 우리 중에 스파이가 있어 우리끼리 했던 이야기를 저쪽 이스라엘 사람들에게 흘린다는 것입니다. 우리 중에 누군가가 이스라엘 왕과 내통하고 있다는 것입니다.

그때 신복 중에 한 사람이 이런 이야기를 합니다. "왕이시여, 그게 아닙니다. 오직 이스라엘에 신통방통한 선지자가 한 사람 있습니다. 이름은 엘리사라고 합니다. 그런데 그 선지자는 왕이 침실에서 하는 이야기까지 다 알고 자기 이스라엘 왕에게 다 고합니다."

아람왕은 당장 가서 엘리사가 어디 있나 알아보고 체포하라고 명령합니다. 그때 누군가 말합니다. 엘리사가 지금 도단성에 있다고 말입니다. 아람왕은 말과 병거와 많은 군사들을 도단성으로 즉시 파견했습니다. 그리고 저녁에 도단 성을 에워 쌌습니다. 마치 독안에 든 쥐와 같이 엘리사를 체포할 일만 남았습니다.

그런데 엘리사의 사환이 아침 일찍이 일어나서 나가보니 아람나라의 군사들과 말과 병거가 도단성을 에워싸고 있는 것입니다. 겁에 질린 사환은 엘리사에게 급하게 뛰어 들어가서 보고합니다. "내 주여, 큰일났습니다. 이제 우리는 죽게 되었습니다. 우리는 지금 독안에 든 쥐와 같습니다. 지금 아람왕의 군사와 말과 병거가 우리를 첩첩이 에워싸고 있습니다."

하지만 보고를 받은 엘리사는 너무나 침착하게 자기 사환에게 두려워하지 말라고 합니다. 이미 모든 것을 다 알고 있던 엘리사로서는 겁낼 것이 하나도 없었습니다. 오히려 우리와 함께한 자가 저와 함께 한 자들보다 많다는 이상한 말을 합니다. 영안이 열리지 않으면 절대 이해할 수 없는 말입니다.

그리고 엘리사는 기도합니다. 자기 사환의 눈을 열어서 하나님의 군대와 군사를 보여 달라는 것입니다. 그랬더니 사환의 눈이 즉시로 열립니다. 그리고 산으로 가득한 하나님의 군대의 불말과 불 병거를 보게 됩니다. 그런데 그 불 말과 불 병거가 엘리사를 둘러싸고 있는 것입니다. 하나님이 사환의 영안을 열어주신 것입니다. 그리고 아람 사람들이 엘리사에게 다가오자 엘리사가 또 다시 기도합니다. 아람 사람들의 눈을 어둡게 만들어 달라는 것입니다. 하나님은 기도 즉시 아람 군대의 눈을 일시적으로 장님으로 만들어 버리십니다.

하나님은 자기 종 엘리사의 기도를 들으시사 눈을 열게도 하시고, 닫게도 하십니다. 왜냐면 하나님과 엘리사는 지속적으로 영안을 열어 보는 관계였기 때문입니다. 때문에 영안은 하나님과의 지속적인 관계를 통해서만 열립니다. 영안이 열리면 현실 세계 그 이상을 보게 됩니다. 영안은 하나님의 사람이 가진 눈입니다. 영안은 기도로 여는 눈입니다. 영안이 열리면 현실을 초월한 세계를 보게 됩니다.

시편119편18절에서 기자는 "자기 눈을 열어 주의 법의 기이한 것을 보게 하소서."라고 기도했습니다. 시편121편 기자는 "내가 산을 향하여 눈을 들리라. 나의 도움이 어디서 올꼬? 나의 도움이 천지를 지으신 여호와에게서로다."고 외쳤습니다. 그렇습니다. 우리의 영안을 열어 주실 분은 오직 여호와 하나님밖에는 없다는 말씀입니다. 오직 우리 하나님만 우리의 영안을 열어 보게 하십니다.

1. 영안은 기도를 통해서 열린다.

영안은 아무에게나 열리지 않습니다. 교회를 다니는 모든 사람들에게 무조건 영안이 열리는 것은 아닙니다. 아니 교회직분을 가진 모든 자에게 영안이 열리는 것도 아닙니다. 때문에 시간이 지나면 언젠가 영안이 열리리라는 막연한 기대감을 갖지 마십시오. 영안은 성령으로 하는 기도를 통해서 하나님과의 관계가 개선되어야 열립니다. 영적인 사람에게 영안이 열립니다. 성령으로 기도하는 자에게 영안이 열립니다. 기도하지 않으면 영안은 절대 열리지 않습니다. 우리는 여기서 분명한 두 가지 사실을 잊지 말아야 합니다. 한 가지는 기도하는 모든 자에게 영안이 열리는 것이 아니라는 사실이요, 또 한 가지는 기도 없이 영안이 열리지 않는다는 사실입니다.

본문에 나오는 엘리사의 사환도 당대에 가장 출중한 하나님의 종 엘리사를 수종드는 자였지만 영안이 열리지 않았습니다. 그런 그에게 영안을 열어 주신 분은 하나님이십니다. 영안은 아무리 신령한 사람이라도 사람이 열어주는 것이 아닙니다. 영안은 오직 하나님만 열어 주십니다. 그런데 하나님이 여시지만, 우리의 기도를 통해서 열어주십니다. 성령의 인도를 받는 기도는 우리의 영안을 여는 열쇠입니다.

엘리사는 하나님께 기도했습니다. 자기 사환의 눈을 열어 하나님의 군대를 보여 달라는 기도였습니다. 그러자 사환의 영안이 활짝 열렸습니다. 그때까지 영안이 열리지 않았기에 눈앞에 펼쳐진 현실만 바라보고 두려워서 낙담했지만, 이제 영안이 열리자 감히 상상할 수 없는 세계가 그 앞에 펼쳐졌습니다.

하나님의 군대 불 말과 불 병거가 온 산에 가득하여 엘리사를 두르고 있는 것입니다. 사환은 두 번 놀랐습니다. 한번은 육신의 눈만 가지고 놀랐고, 또 한 번은 영안이 열려서 놀란 것입니다. 그런데 놀라는 느낌이 전혀 다릅니다. 육신의 눈만 가질 때는 세상적인 두려움과 공포심으로 놀랐고, 영안이 열리자 하나님의 권세와 능력으로 인하여 놀란 것입니다. 사실 영의 눈이 열리지 않으면 세상은 두려울 수밖에 없습니다.

때문에 영안은 성령으로 기도하는 자에게 열리는 것입니다. 오직 기도하는 자에게 영안이 열립니다. 기도하는 자는 하늘의 신령한 세계를 바라보기 때문입니다. 다만 여기서 중요한 것은 당신의 기도가 어떤 기도인가의 문제입니다. 이른바 기도의 진정성입니다.

영안이 열리는 성령의 기도는 최고의 영성을 가진 기도입니다. 영성의 기도는 하나님을 감동시키는 기도이며, 하나님의 보좌를 움직이는 기도입니다. 기도의 깊이와 높이와 길이와 넓이가 충만한 기도입니다. 영안이 열리는 성령의 기도는 적당한 기도가 아닙니다. 전문적인 기도꾼의 기도입니다.

2. 영안이 열리면 신령한 세계를 보게 된다.

영안이 열리지 않으면 믿음의 세계를 인정할지라도 현실세계만 보게 됩니다. 영안이 열리지 않기 때문에 자꾸 현실세계만 바라보고 두려워하고 좌절하며 낙담합니다. 바란광야 가데스 바네아에서 이스라엘은 가나안에 12명의 정탐꾼을 보냈습니다. 그런데 그들이 40일동안 두루두루 탐지하고 돌아와서 자기 백성들앞에서 보고를 하였습니다. 그들의 보고를 기억하십니까?

열명의 정탐꾼들은 영안이 열리지 않았기에 육신의 눈으로만 보고 판단했습니다. 사실 그들이 보고한 것이 거짓은 아닙니다. 다만 그들은 육신의 눈으로만 바라보고 판단한 것입니다. 어찌보면 가나안땅에 거하는 원주민들에 대하여 바르게 보고 판단했는지도 모릅니다. 가나안 원주민들은 아낙자손들로서 덩치가 이만저만이 아니었습니다. 자기들과는 비교도 안될 정도의 거구들이었습니다. 그들과 비교해보니 자기들은 정말 메뚜기같이 연약하고 볼품없고 초라해 보였던 것도 사실입니다.

사람은 누구나 생각의 자유를 가지고 있습니다. 얼마나 기가 막혔으면 그런 보고를 하겠습니까? 사실 그들의 보고가 약간의 과장은 섞였을지 몰라도 거짓은 아니었습니다. 자기들의 눈으로 볼 때 그런 생각이 들었던 것이 사실이었기 때문입니다. 우리는 무조건 그들의 부정적인 보고에 대하여 책망할 것이 아니라 어느 누구라도 영안이 열리지 않으면 그런 생각을 할 수밖에 없다는 사실을 알아야 합니다. 하지만 영안이 열렸던 두명의 정탐꾼 여호수아와 갈렙을 기억하십시오. 그들은 영안을 열고 가나안땅을 정탐했습니다. 영안으로 그 땅을 두루두루 탐지했던 것입니다. 영안은 하나님의 시각입니다.

누구든지 영안이 열리지 않으면 세상적인 눈으로 판단하고 결정하게 됩니다. 육신으로 보는 눈은 거짓된 것을 보게 됩니다. 육의 눈은 신령한 세계를 절대 볼 수 없기 때문입니다. 그래서 육신의 눈은 사람을 속이고 범죄케 합니다. 어떤 시각장애인 목사님은 만일에 자기가 다시 태어날지라도 눈을 뜨고 싶은 생각이 전혀 없다고 고백합니다. 육신의 눈은 사람을 범죄케 만들지만 영안은 우리로 하여금 신령한 세계를 보게 하기 때문입니다.

엘리사는 영안을 열어 하나님의 신령한 세계를 보았지만 엘리사의 사환은 영안이 열리지 않았기에 현실세계만 보고 두려워했던 것입니다. 오늘날 수많은 성도들이 영안이 열리지 않은 채로 살아갑니다. 전혀 어둠을 느끼지 못한 채로 말입니다. 영적 어둠이 자기 가정과 주변을 괴롭히는데 전혀 어둠을 느끼지 못합니다. 정말 영적인 어둠의 세력이 자기 가족과 식구들을 괴롭히고 있는데도 전혀 알아차리지 못합니다. 정말 답답한 일은 자기 자신이 어둠속에서 살면서도 어떠한 불편함도 느끼지 못하고 산다는 것입니다. 어둠의 실체도 전혀 느끼지 못하고 어둠의 존재감마저 느끼지 못한 채 살아간다는 것입니다.

어떤 집사님의 남편이 무당과 바람이 나서 동거를 하는데 무당이 부인과 이혼하고 자신과 결혼만하면 집도 사주고 차도 사주고 모든 것을 다 해주겠다고 한답니다. 그런데 이 남편이 무당에게서 빠져나오지 못하는 이유가 정말 어처구니없습니다. 만약 그 사람이 본부인에게로 돌아가면 저주를 받을 것이라는 무당의 말 때문이라는 것입니다. 더러운 무당이 남편에게 겁을 주고 가정을 파괴하는 것입니다. 영안이 없으면 어찌 이런 일을 분별할 수 있겠습니까? 절대 영안이 열리지 않으면 악한 영의 궤계를 보지 못하는 것입니다.

아람 군대도 마찬가지입니다. 눈은 있지만 갈 곳도 찾지 못하고 엉뚱한 데로 가는 쓸모없는 눈입니다. 그들은 눈 뜬 장님처럼 엘리사가 끄는 대로 이리저리 끌려 다닙니다. 결국 그들은 사마리아 가운데로 잡혀가고 맙니다. 이스라엘 왕이 있는 사마리아까지 끌려갔습니다. 죽음 일보직전까지 간 것입니다. 눈은 뜨고 있었지만 할 수 있는 일은 아무것도 없었습니다.

때문에 성도들이 특별히 힘쓸 것은 바로 영안이 열려 영적 통찰력을 갖고 사는 것입니다. 그래야 삶의 모든 부분에서 행하시는 하나님의 섭리를 보게 됩니다. 그분의 역사를 경험하게 됩니다. 미국의 우주인인 에드윈 올드린이 헝가리의 한 대학에서 다음과 같은 연설을 했습니다. "나는 달에 첫 발을 디디고 나도 모르게 '할렐루야'를 외쳤습니다." 그리고 "하나님이 정말 가까이 느껴지는 것을 느꼈다."고 말했습니다.

그러자 한 학생이 질문하기를 "소련의 우주인 가가린은 우주에 가서도 하나님을 볼 수 없었다고 하는데 어떻게 당신은 하나님을 볼 수 있었습니까?"라고 질문했습니다. 그러자 올드린은 "오직 마음이 청결한 자만이 하나님을 볼 수 있습니다. 하나님은 영의 눈으로만 볼 수 있기 때문입니다"라고 말했다고 합니다. 그렇습니다. 영안이 열려야 하나님의 신령한 세계를 볼 수 있습니다.

성경에는 영안이 열려 신령한 세계를 경험한 인물들이 허다합니다. 야곱은 자기 형 에서를 피해 하란으로 도망하던 중 벧엘에서 하늘과 땅을 연결하는 은혜의 사닥다리를 오르락내리락하는 천군천사를 보게 됩니다. 모세는 떨기나무 불꽃 가운데서 여호와의 사자를 만나 이스라엘민족을 출애굽 시키는 영도자로 부름을 받게 됩니다. 고난중에 욥은 세상적인 육신의 눈을 닫고 영안을 열고 고난을 통과합니다. 사도 바울은 삼층천의 비밀한 세계를 경험합니다. 모든 주의 종들은 영안이 열려 신령한 세계를 경험한 것입니다. 이들의 공통점은 모두가 기도하는 사람들이었습니다.

3. 신령한 세계를 보게 되면 세상을 사는 방법이 달라진다.

우리에게 영안이 열리면 삶의 방법이 달라집니다. 세상이 아무리 힘들어도 영안이 열리면 세상이 두렵지 않습니다. 영안이 열리면 범사에 자신감이 생깁니다. 믿음의 담력과 삶의 여유가 생깁니다. 능력자의 여유입니다. 누가 뭐라해도 두려울 것이 없습니다. 육신의 눈을 가진자는 항상 땅만 쳐다보고 삽니다. 땅을 쳐다보면 실망할 것 밖에는 없습니다. 모르지요. 동전 하나는 줍겠지요.

미국의 어떤 소년이 길에서 5달러짜리 지폐 한 장을 주웠습니다. 그는 그것을 줍고 나서 얼마나 기분이 좋았는지 혹시 또 이런 일이 있을까하여 길을 나서면 무조건 땅만 쳐다보고 다녔답니다. 매일 그러다 보니 그것이 습관이 되었습니다. 그가 일생을 통해 땅에서 주은 것을 정리해보니 단추가 29,519개, 머리핀이 54,172개, 동전 수천 개와 몇장의 지폐를 주웠답니다. 물론 그 외에 수많은 자질구레한 것들을 주웠습니다.

많은 것을 주웠으니 기분 좋은 인생을 살게 되었을까요? 아닙니다. 그는 그런 것들을 줍느라고 세상에서 꼭 보아야 하고, 누려야 할 것들을 모두 잃어버린 것입니다. 푸른 하늘과 반짝이는 별들, 아름다운 꽃들과 다양한 종류의 나무들, 정말 소중한 것들을 볼 수 없었습니다. 그는 결국 그의 인생을 넝마주의 인생으로 끝내버렸습니다. 사람은 무엇을 쳐다보고 사느냐에 따라 그 인생이 결정됩니다. 땅만 보고 사는 사람은 땅의 것으로 삽니다. 그러나 하늘을 쳐다보고 사는 사람은 하나님이 주시는 것으로 살게 됩니다. 하늘의 하나님을 바라보고 사는 사람은 보다 차원 높은 인생의 길을 걷게 될 것입니다. 신앙이란 결국 땅만 보던 삶에서 하늘을 보며 사는 삶으로 방향이 바뀌는 것을 의미합니다.

때문에 영안이 열린자는 항상 위를 쳐다보고 삽니다. 동서남북 사방이 막혀도 전혀 겁내지 않습니다. 두려워하지 않습니다. 영안이 열린 사람은 동서남북이 막히면 위를 쳐다봅니다. 위를 쳐다본다는 것은 하늘의 도움을 바라본다는 말입니다. 즉, 하나님의 도우심을 기대한다는 말입니다. 세상의 땅을 쳐다보며 낙심하지 말고, 나의 영원한 기업이 되시고, 도움이 되시는 하나님의 도움을 바라보시기 바랍니다. 그러므로 영안이 열린 사람은 세상을 사는 방법이 전혀 다릅니다. 한결 여유가 있고, 승자의 미소가 있으며, 넉넉함이 있습니다.

결국 아람군대는 무기한번 사용해 보지 못하고 이스라엘군대의 포로가 되었습니다. 그것도 이스라엘의 수도 사마리아까지 끌려가서 죽임당하기 일보 직전에 처했습니다. 그때 이스라엘왕이 엘리사에게 아람군대를 그냥 모조리 쳐 죽일까요? 라며 묻습니다. 정말 눈에 가시같은 아람군인들을 쳐 죽여도 시원치 않았던 셈입니다. 얼마나 좋으면 두 번씩이나 "내가 치리이까" 라는 질문을 하겠습니까? 그것도 엘리사에게 "내 아버지여" 라는 극존칭을 써가면서 말입니다. 한마디로 이스라엘왕이 무척 흥분된 상태임을 직감할 수 있습니다. 원수들이 목전에 있기 때문입니다. 그것도 자기의 수고나 희생이 없이 말입니다.

하지만 엘리사의 대답을 들어보십시오. 22절입니다. 엘리사는 조금도 망설이지 않고 치지말라고 명령합니다. 비록 칼과 활로 사로잡았을지라도 치지 말라는 것입니다. 칼과 활로 잡았다는 것은 자기들의 수고와 헌신과 희생이 따랐음을 말합니다. 오히려 떡과 물을 그들앞에 두어 먹고 마시게 하라는 주문입니다. 한술 더 떠서 그냥 자기 주인에게로 돌려보내라는 것입니다. 정말 이해할 수 없는 명령입니다. 이것이 바로 영안이 열린 승리자의 여유입니다.

이스라엘왕과 엘리사의 의도는 전적으로 달랐던 것입니다. 이스라엘왕은 지금 아람군대를 자기 민족의 단순한 대적으로만 본 것입니다. 이유는 이스라엘왕이 영안이 열리지 않았기 때문입니다. 하지만 영안이 열린 엘리사의 생각은 전혀 달랐습니다. 엘리사는 이것을 단순히 민족적인 감정의 싸움으로 보지 않았습니다. 영적인 전쟁으로 본 것입니다. 세상나라를 상징하는 아람군대에게 살아계신 하나님의 영광을 보여주는 하나님의 섭리로 본 것입니다. 이스라엘땅에 살아계신 하나님의 선지자가 있다는 것을 똑똑히 보여주고자 함입니다. 때문에 당장 아람군대를 죽이기보다는 그들에게 하나님의 살아계심을 똑똑히 보여주고 복음에 대해 핑계하지 못하게 하는 목적이 더 우선했던 것입니다.

그래서 그들을 선대해 준 것입니다. 어찌보면 이긴자의 여유와 관대함이기도 합니다. 이긴자의 사랑입니다. 인간적으로 보면 원수를 살려주는 것은 전혀 이해가 안 됩니다. 왜냐면 그들이 다시 보복을 해 올수 있기 때문입니다. 그러나 엘리사는 자신감이 있었던 것입니다. 모든 것이 하나님의 손안에 달려있음을 똑똑히 보았고, 확실한 믿음이 있었기 때문입니다. 이것은 영안이 열린자만 누릴 수 있는 특권입니다. 이처럼 영안이 열리면 세상이나 삶에 대해 두려움이 사라집니다. 삶의 여유가 생깁니다. 모든 일에 자신감이 생깁니다. 영안이 열리면 하나님의 마음을 알기 때문입니다. 그리고 하나님의 권능을 믿기 때문입니다. 그분의 힘을 의지하기 때문입니다. 모든 것에 하나님의 전적인 도움을 힘입기 때문에 승자의 여유가 생긴 것입니다. 그래서 더 이상 삶이 옹졸하지 않습니다. 쫄쫄이처럼 행동하지 않습니다.

그러므로 성도는 반드시 영안이 열려야 합니다. 영안이 열리지 아니하면 세상 사람과 다를 바가 전혀 없습니다. 영안이 열려야 하늘의 신령한 세계를 보고 누리며 살 수 있습니다. 영안이 열려야 세상에서 하나님의 자녀로서 담대하게 살아갈 수 있습니다. 자신감을 갖고 당당하게 살 수 있습니다. 기도하십시다. 기도는 우리의 잠자는 영안을 열어주는 가장 분명한 통로입니다. 할렐루야!

10장 열린 영안을 진단하는 7단계

(고전2:10)"오직 하나님이 성령으로 이것을 우리에게 보이
셨으니 성령은 모든 것 곧 하나님의 깊은 것까지도 통달하시느
니라"

하나님은 예수를 믿는 우리가 영안을 열어 하나님과 교통하기
를 원하십니다. 성도는 영안이 열려야 합니다. 영안이 열어지면
내 안에 있는 또 다른 나를 보게 됩니다. 영안 열어지면 하나님의
말씀이 살아서 역사하시는 것을 체험하게 됩니다. 영안이 열어
지면 하나님의 말씀이 내 안에서 능력이 되어 나타납니다. 영안
이 열어지면 자기 자신의 영적상태를 알게 됩니다.

영안으로 인하여 허물을 보는 눈이 열리면 막혔던 원인 죄가
보이게 되고 정죄하지 않으며 회개하며 마음을 열게 되고 하나님
의 말씀과 상관이 있는 신앙을 회복하게 됩니다. 하나님과 관계
를 회복하게 됩니다. 성경은 남의 눈의 티는 발견하고 나의 눈의
들보는 보지 못한다고 하였습니다. 나의 허물을 보는 눈이 열리
면 자신을 진단하고 점검하여 말씀과 성령으로 치유해야 깨끗한
가운데 말씀이 역사하는 것을 알게 됩니다. 말씀이 생명으로 나
에게 나타나기를 시작합니다. 영안은 신앙생활에 필수입니다.

오늘 우리가 이 세상을 살아가면서 가장 귀한 것은 어떤 것인가? 인간의 정신세계를 지배하는 어떤 영계가 있는데 그곳은 하나님의 다스림 속에 있는 하나님의 영계가 있습니다. 다른 하나는 인간의 정신세계를 혼란하게 만들고 괴롭히는 마귀의 영역이 있습니다. 우리의 마음가짐이 하나님 마음과 연결되었을 때는 하늘의 신령한 것이 흘러 들어오고, 우리 마음가짐을 사탄이 좋아하는 쪽으로 맞춰 놓으면 사탄의 음성을 우리가 자꾸 듣게 되고 사탄에게 공격을 받을 수가 있게 됩니다.

영안이 열렸다고 하는 것은 하나님의 눈으로 모든 것을 보는 것인데 영안이 열린 사람이란 애굽에서 노예생활을 하고 있으면서도 젖과 꿀이 흐르는 가나안 땅을 바라보는 눈, 그것이 바로 영안입니다. 내 비록 곤고한 가운데 있어도 영광스러운 내일을 바라보고 산다는 것이 바로 영안일 수 있습니다. 그래서 영안과 신앙의 눈은 같은 것입니다. 영안이 열린 사람, 그는 무한하신 하나님의 능력과 지혜와 무한하신 하나님의 평강과 부요를 알게 됩니다. 그래서 하나님을 바로 아는 사람은 어떤 환경과 처지 가운데서도 실망하거나 낙심하지 않습니다. 그러면 하나님은 어떤 사람에게 영안을 열어서 다른 사람이 보지 못하는 세계를 보게 하고, 다른 사람이 듣지 못하는 음성을 들을 수 있게 하겠습니까? 하나님 앞에 나와서 예배를 드리는 자, 그리고 무릎을 꿇어 하나님의 도움을 구하고 기도하는 사람에게 하나님이 영안이 열리도록 하시는 줄 믿습니다. 하나님은 성도들의 영안을 열어 교통하시기를 원하십니다. 그동안 제가 체험한 사례와 성령치유 사역을 하면서 상담을 하면서 종합한 영안이 열리는 과정을 설명하면 이렇습니다.

여기서 우리가 바르게 알아야 할 것은 성령 세례를 체험한 다음부터 영안이 열려 갔다는 것입니다. 저의 경우 예수를 믿고 물세례를 받았습니다. 집사 직분을 받아 대표기도도 했습니다. 교회 건축위원장을 맡아서 성전 건축도 했습니다. 주일학교 교사도 했습니다. 군인 교회에서 신우회 부장을 하면서 눈이 1미터씩 쌓여도 한 주도 빠짐없이 병사들에게 한주에 빵을 300-400개씩 사다가 양손에 들고 가서 나누어 주었습니다. 주일날 일직을 하면 병사들을 동원하여 교회 청소를 말끔하게 했습니다. 새벽기도를 빠짐없이 다녔습니다. 성경을 일 년이면 4독 이상을 했습니다. 그때 나는 내가 제일로 믿음이 있는 줄로 알았습니다. 열심히 하면 믿음이 있는 줄로 알았기 때문입니다. 그러다가 뜻대로 승진이 되지 않아 군 생활을 접게 되었습니다. 인생의 막다른 골목에 들어선 것입니다. 인생의 막다른 골목에 들어서자, 물불을 가리지 않고 하나님에게 기도를 했습니다. 하나님의 응답을 받으려고 어느 성령집회에 참석하여 기도하다가 성령을 체험하고 1박 2일을 울었습니다. 눈물콧물을 말로 표현 못하게 흘렸습니다. 그때부터 영적인 눈이 열리기 시작을 한 것입니다. 성령을 체험하기 전에는 그렇게 열심히 해도 아무런 현상도 체험하지 못하다가 성령을 체험하니 여러 가지 신비한 현상을 체험하기 시작을 했다는 것입니다. 그러므로 저의 개인직인 견해로는 영안이 열리는 것은 성령의 세례를 체험한 후부터 열린다는 것입니다. 또, 제가 성령치유 사역을 하면서 여러 유형의 사람들을 상담해본 결과도 성령의 세례를 체험한 이후부터 여러 영적인 현상을 체험했다는 것입니다. 고로 성령을 체험한 후부터 성령이 영안을 열어가더라는 것입니다. 내가 성령으로 세례를 받고 영안이 열어져 간 체험과 여러 유형의 사람들을 상담한 결과를 종합하면 영안은 이렇게 열렸습니다.

1. 1단계 영적무지에서 처음 열리는 영안.

사람은 영적인 존재이면서 육적인 존재입니다. 평상시에는 영이 육에 눌려서 기능을 제대로 발휘하지 못합니다. 한마디로 갑갑한 인생입니다. 갑갑하니 문제가 생기면 자기보다 신령한 무당이나 절에 있는 스님을 찾아가서 답답함을 해결하려고 합니다. 그러나 답답한 문제가 해결이 되지 않습니다. 자신에게 와 있는 문제를 해결하려고 이 방법 저 방법 다 해보니 되는 것이 없습니다. 그러다가 복음을 전도 받고 교회에 나와 예수 믿고 성령으로 세례를 받으면서 처음으로 느끼는 영적인 체험을 하는 것입니다. 이것을 다른 말로 표현한다면 성령의 은혜를 받았다고 표현할 수 있는 것입니다. 인간이 본능적으로 세상을 살아가다가 말씀을 통하여 성령이 운행하시어 빛이 비치고 영적인 눈이 열리며 깨닫기 시작하는 것입니다. 하나님이라는 분이 계시다는 것을 알게 되면서 처음으로 영의 눈이 열리는 것입니다. 무지라는 흑암의 상태에서 빛이 비치기 때문에 가장 강력하게 느껴집니다. 회개의 눈물을 흘리는 첫 사랑의 단계를 말합니다. 무엇인지 잘 모르고 지금까지 체험하지 못한 환희를 체험하는 것입니다. 이것을 육적인 영안이라고 할 수가 있습니다.

(창1:1-2)"태초에 하나님이 천지를 창조하시니라 땅이 혼돈하고 공허하며 흑암이 깊음 위에 있고 하나님의 영은 수면 위에 운행하시니라"

많은 분들이 예수를 믿고 교회에 와서 처음 성령으로 세례를 받으면서 회개의 눈물을 흘립니다. 처음 하나님을 만나는 단계입니다. 저도 처음으로 하나님을 만나 회개의 눈물을 1박2일 동안 흘렸습니다. 정말 주체 못 할 정도로 회개의 눈물을 흘렸습니다. 순간 영이 깨어남으로 지금까지 체험하지 못한 신비한 것들이 보이게 됩니다. 이즈음에 내가 꿈속에서 보니 내 배가 자꾸 볼러오는 것입니다. 아 내가 임신을 했구나~ 아기를 어디로 낳지

하고 걱정을 하는데 갑자가 내 배가 갈라지면서 검은 치타가 죽어서 나오는 것입니다. 그것이 무엇이겠습니까? 혈기입니다. 성령을 체험하니 혈기가 죽어서 나오는 것입니다. 아직 그래도 세상에서의 행동하던 육성이 펄펄 살아있는 시기입니다. 아무것도 모르면서 아는 척을 잘 하는 시기이기도 합니다. 그러나 땅의 사람이 하늘의 사람으로 바꾸어지는 첫 경험이므로 여러 영적인 신비한 체험들이 마음속에 강하게 자리하게 됩니다. 이때에 주의해야 할 것은 나쁜 영의 전이가 된다는 것입니다. 영들의 전이에 대한 자세한 지식은 제가 집필하여 출간한 "**하나님의 복을 전이 받는 법**"책을 읽어보시면 상세하게 알 수 있을 것입니다. 이 책에는 하나님의 복을 전이 받는 법과 성령의 권능을 받는 법이 상세하게 수록되어 있습니다. 그리고 영들이 어떻게 전이 되는지와 일대일 사역자에게 자주 나타나는 영적손상과 대처 방법에 대하여 제시하고 있습니다.

2. 2단계 신비한 물체가 보이는 영안.

예수 믿고 교회에 들어와 성령으로 불세례를 체험하고 사람 속에 있던 신령적인 요소가 깨어납니다. 영적인 것에 관심을 가지기 시작합니다. 툭하면 자기에게 나타난 영적인 현상을 가지고 상담을 하려고 합니다. 신비한 음성을 들으려고 합니다. 기도 할 때 무엇인가 보이고, 또 보려고 하고, 영물들이 보인다고 자랑도 하기 시작합니다. 영혼이 혼탁하여 혼란스러운 꿈을 많이 꾸기도 하는 시기입니다. 꿈에 뱀이 나타나기도 하고 무당이 보이기도 합니다. 어느 분은 자신이 기도할 때 환상으로 보니 입에서 뱀이 나왔는데 이것이 무엇이냐고 물어보는 사람도 있습니다. 이는 자신의 심령상태를 보여준 것입니다. 자신이 아직도 마귀의 영향 하에 있다는 것을 환상으로 보여준 것입니다. 저도 이 시기에 말로 표현하기 힘든 영적인 현상을 체험했습니다.

기도할 때 얼굴이 일그러진 사람이 나타나 하! 하! 하! 하면서 달려들기도 했습니다. 중이 목탁을 탁탁 치면서 기도를 방해하기도 했습니다. 여자가 머리를 풀어 젖히고 흐느끼면서 울기도 했습니다. 많은 분들이 이 시기에 이런 경험을 합니다. 툭하면 본 것을 간증도 잘하는 시기입니다. 기도하면서 무엇인가 신비한 것을 보려고 하는 시기입니다. 책도 그런 유형의 책을 사서 읽습니다. 자신의 나름대로 판단하여 기도할 때 영물들이 보이고, 환상도 보이니 자신이 제일 믿음이 좋은 사람이라고 스스로 판단하여 교만하게 행동하는 시기입니다. 이는 옛 사람이 죽지 않고 그대로 있기 때문에 자연스럽게 나타나는 현상입니다. 교회에 나와 나름대로는 불같은 성령도 체험했고 열심히 믿음 생활한다고 해도 아직 육신에 속하여 환경을 의식하며 살아가는 시기입니다. 예수를 믿어도 자신의 자아와 혈기가 남아서 자기 힘으로 어떻게 해보려고 열심히 노력하는 시기입니다.

예수를 이용하여 육적인 만족을 얻으려고 합니다. 그러다가 자신의 뜻대로 되지 않는 인생을 깨닫고 자신의 능력으로 세상을 이기기는 역부족하다는 것을 알게 됩니다. 그래서 능력이 있다는 사람을 추종하고 찾는 단계입니다. 능력이 있다는 사람을 분별도 하지 않고 의지합니다. 성도는 빨리 이 단계를 빠져나와야 합니다. 일부 성도들은 이 단계에 머물러서 예수를 믿으면서도 오만가지 문제로 고생을 합니다.

3. 3단계 신비한 은혜를 사모하는 영안.

영적인 신비한 것들을 사모하고 추구하는 단계입니다. 능력이 있어야 영적인 생활을 잘 할 수 있다는 것을 알게 됩니다. 그래서 능력도 받으러 다니기도 하고 성령의 불의 역사가 있다는 이곳저곳을 찾아 방황하는 시기입니다. 능력이 있다는 사람에게 속기도 합니다. 무엇인가 신비한 것을 보려고 하고, 신비스러운 것을 체험하려고 하는 시기입니다. 때로는 답답하여 예언도 받으러 다니는 그런 시기입니다. 이것저것 영적인 것에 궁금증을 가지고 알려고 하는 시기입니다.

그러다가 성령의 불세례를 체험하고 은사를 사모하게 되는 시기입니다. 은사가 있는 성도를 부러워합니다. 이 시기가 되면 기도할 때 영물들이 보이는 빈도도 현저하게 적어집니다. 꿈도 적게 꿉니다. 제가 지금까지 성령치유 사역을 하면서 상담하다가 보면 많은 분들이 이 시기를 거칩니다. 저도 성령의 불의 역사와 신비한 현상이 일어나는 여러 곳을 방황하며 다녔습니다. 예언도 받으러 다녔습니다. 어떻게 하면 좋을지 상담도 받으러 다녔습니다. 그래서 상처도 받고 깨닫기도 하지만, 도무지 답답한 마음의 평안을 찾지 못하는 시기가 있었습니다. 보편적으로 성령세례를 받고, 성령의 불세례가 자신에게서 나타날 때 통과하는 시기입니다.

이렇게 땅에 속하여 인간을 의지하고 인간의 정으로 세상을 살아가다가 인간은 자신의 문제를 해결할 수 없다는 것을 깨달아 알게 됩니다. 자신이 하나님에게 기도하여 문제를 해결하려는 의지가 발동하는 시기입니다. 자신에게 처한 문제를 해결하려다가 성경이 하나님의 말씀이라는 것을 알게 되니 성경에 관한 지식을 갖게 됩니다. 심령에 말씀을 심기고, 심령을 말씀과 성령으로 가꾸기 시작하는 삶을 통하여 신앙생활과 영성이 자라기 시작합니다. 서서히 신앙의 안정을 찾아가는 시기입니다.

사람을 사귀어도 말씀 안에서 사귀게 됩니다. 하나님의 능력이 아니면 세상을 이길 수가 없다는 것을 깨닫고 영적인 능력을 추구하는 단계입니다. 서서히 영적인 눈이 열려 무슨 신령한 것을 보려고 하는 그러한 시기를 넘어서게 됩니다. 그래서 말씀의 중요성을 깨닫고 말씀을 사모하게 됩니다. 성령으로 충만 하려고 노력합니다. 그리고 영으로 기도하려고 힘쓰는 시기입니다. 목회자는 심신의 재능으로 목회를 하려다가 잘 안되니 영적인 목회를 추구하는 영적성장의 단계입니다.

4. 4단계 자신의 진면모가 보이는 영안

주야를 관장하는 말씀이 역사하기 시작하면 분별력이 생겨서 영적 갈급함이 생기게 됩니다. 신령한 능력이 나타나기 시작합니다. 영적인 세계가 밝히 보이기 시작합니다. 영안으로 자신을 바라보니 자신의 부족한 면들이 보이기 시작합니다. 그래서 자신의 심령치유와 영성에 관심과 노력을 기우리게 됩니다. 자신이 혈기를 내면 마귀가 역사한다는 것을 아는 시기이기도 합니다. 자신에게서 마귀의 역사도 일어날 수 있고, 성령의 역사도 나타날 수 있다는 것을 알고 깨닫게 됩니다. 그래서 경각심을 갖는 시기이기도 합니다. 성경말씀의 비밀을 조금씩 깨닫게 됩니다.

그리고 세상의 모든 문제의 뒤에는 마귀가 도사리고 있다는 것을 아는 시기입니다. 그래서 자신의 문제의 원인을 말씀과 성령으로 찾아서 해결하려고 노력하는 시기이기도 합니다. 그래서 서서히 하나님의 복을 받는 것이 눈으로 보이기 시작하는 시기입니다. 세상을 살아가면서 하나님이 인도하고 계신다는 것을 깨닫는 시기입니다. 삶에서 예수님이 주신 권세를 주장하며 적용하려고 하는 시기입니다. 그리고 다른 사람을 볼 때 겉모습만을 보고 판단하는 것이 아니라, 사람 속에 있는 하나님의 역사와 형상을 볼 줄 아는 시기입니다. 그래서 하나님이 함께하는 사람을 골라낼 수 있는 시기이기도 합니다.

저 역시 나의 내면의 더러움을 보고 심령치유에 관심을 갖다가 성령님의 인도로 치유사역을 했습니다. 치유 사역을 하다가 보니까, 인간의 모든 문제 배후에는 어둠의 세계가 있다는 것을 체험적으로 알게 되었습니다. 이 어둠의 세계를 깨뜨리기 위해서 능력을 더 사모하게 하셨습니다. 내 육성이 깨지지 않고는 결코 영적싸움에 승리할 수 없다는 것을 알고 스스로 자원하여 치유를 받게 하십니다. 그리고 영안을 점차로 깊게 열어 가십니다.

영적으로 겸손해 지려고 노력합니다. 영적인 교만은 패망이라는 것을 깨닫고 스스로 겸손하려고 노력합니다. 그래서 성경 말씀 속에서 영적세계를 분별하며 보고 알게 하십니다. 말씀 속의 비밀도 보여주십니다. 말씀 속에서 각종 영적인 원리들을 발견하게 하십니다. 하나님에 대하여 알아야 할 것이 너무나 많다는 것을 체험합니다. 영안을 열어 말씀 속에서 영적인 세계를 보고 말씀 속에 숨은 비밀도 많이 깨달으시기를 바랍니다. 그리고 말씀 속에서 인생을 성공적으로 살아가는 영적인 원리들을 보고 알고 깨닫고 삶에 적용하여 하나님의 군사가 되시기를 바랍니다.

5. 5단계 말씀과 체험의 중요성을 아는 영안.

이 시기가 되면 심령에 심어진 이론적인 말씀이 실제 경험과 체험을 통하여 생명력을 갖게 됩니다. 생명력 있는 말씀을 심령에 새기니 영안이 열리는 것입니다. 순종을 통하여 예수님과 하나 되는 능력을 갖게 됩니다. 자신의 일부가 된 말씀을 통하여 세상과 신앙을 보는 영적인 세계에 대한 눈이 열립니다.

말씀과 성령으로 분별력이 생겨서 영과 육을 분별합니다. 내 자신의 아직 죽지 않은 육성을 지각하게 됩니다. 이 육성을 깨트리기 위해 기도할 마음이 생기기 시작합니다. 자신을 볼 수 있는 눈이 열리기 시작하는 시기입니다. 그래서 모든 문제의 원인이 자신의 마음 안에 있다는 것을 깨닫기 시작하는 단계입니다. 그래서 내적치유를 받으려고 하고 영성훈련을 사모하는 시기이기도 합니다.

그러다가 성령의 권능을 받기도 하고 영적으로 변하는 시기가 바로 이 단계입니다. 이때가 되면 성도는 서서히 영적인 안정을 찾는 단계입니다. 영적 지도자의 말에 순종하려고 나름대로 노력하는 시기입니다. 무슨 신령한 것을 추구하기보다는 말씀과 성령 충만을 사모합니다. 말씀과 성령으로 자신이 변하려고 노력하는 시기입니다. 모든 것이 말씀 안에서 이루어진다는 것을 깨닫는 시기입니다. 하나님의 말씀은 자신을 보호하는 울타리가 된다는 것도 알게 되는 시기입니다. 그래서 성령의 임재 하에 말씀을 봅니다. 그러다가 말씀 속에서 각종 영적인 원리들을 조금씩 터득하게 되어 영적으로 깊어져 가는 시기입니다.

저도 변화되지 않은 육적인 자아를 말씀과 기도를 통하여 바라보고 회개하며 고쳐갑니다. 그리고 나에게 말씀의 지식이 부족하다는 것을 깨닫게 되었습니다. 그래서 열심히 말씀을 사모하고 말씀을 읽고 묵상하며 세미나 교재들을 만들기 시작했습니다. 영적인 일은 성령의 이끌림을 받는 기도가 아니면 안 된다는 것을 깨달았습니다. 깊은 영의 기도를 통하여 인격의 변화를 체험하게 하셨습니다.

그래서 몇 년 전 저는 귀신에게 고통을 당하기도 했습니다. 그래서 그 악한 영을 몰아내려고 이 방법 저 방법 다 하다가 영적인 것을 깨달아 알게 되었습니다. 말씀과 성령의 역사가 아니면 도저히 해결할 수가 없다는 것을 깨달았습니다. 그래서 심령을 치유하고 깊은 기도를 하여 내면을 치유 받았습니다. 그러니 성격도 조금 변하고 육성이 약해지니 영안이 조금 더 열려졌습니다. 이제 말씀을 보면 말씀 속에서 영적인 비밀과 원리들이 조금씩 깨달아지고 보이기 시작했습니다. 그리고 성령의 능력이 미약하게 나타나기 시작했습니다. 그리고 인격이 서서히 변하여 혈기가 죽고 심령관리를 하려고 노력하게 되었습니다.

예수를 믿었으면 인격이 변해야 합니다. 사람은 영을 담는 그릇이라고 표현 할 수 있습니다. 성령도 담을 수가 있고 악령도 담을 수가 있습니다. 그래서 그 사람의 심령에 성령이 충만하면 예수의 인격이 나오게 되어 있습니다. 사람은 마음에 가득한 것을 입으로 말하는 것입니다(마12:34-35). 그러므로 예수 믿고 영안이 열렸으면 자신의 속에서 무엇이 나오는가 볼 수 있는 것이 중요합니다. 그래서 선한 것을 내려고 노력하는 시기이기도 합니다. 그리고 세상과 사람 속에서 하나님의 역사와 형상을 보는 눈이 서서히 열리는 시기입니다.

6. 6단계 영적자립으로 성착된 영안.

인간의 힘과 재능으로 살아가려다가 고난과 사탄의 시험 등을 통과하고 난 후에 영적세계가 열리게 되니, 우리의 신앙생활과 세상만사가 사탄과 어두움과의 영적 투쟁임을 지각하게 됩니다. 이러한 투쟁을 통하여 얻게 된 생명이 기도와 말씀에 전념하려는 마음을 가지게 되는 단계입니다. 그래서 우리 인간은 영적세계에 덮여서 살아가고 있다는 것을 깨닫게 됩니다. 성도라도 아차 실수하고 잘못하면 악한 영에게 당할 수도 있다는 것을 알게 됩니다. 그러니 자신이 알아서 성령으로 깨어서 기도하는 시기이기도 합니다. 영적 세계에는 성령과 악령과 천사와 성령으로 거듭난 사람의 영이 거하는 곳입니다.

사람은 영적인 존재이기 때문에 중립은 있을 수가 없습니다. 아무리 무신론을 주장하는 사람이라도 마귀의 지배에서 벗어 날 수가 없는 것입니다. 그렇기 때문에 예수를 믿는 우리는 항상 말씀과 성령으로 충만해야 하는 것입니다. 그래야 귀중한 자신의 영을 지킬 수가 있는 것입니다. 이때에는 영적인 전쟁을 하므로 문제도 풀리고 물질도 풀리기 시작합니다. 그러니 하나님이 자신의 인생을 인도하면서 복을 주시고 계시다는 것을 체험적으로 아는 시기입니다. 그래서 모든 것을 자신이 하지 않았고 하나님이 하셨다는 것을 인정하고 하나님에게 영광을 돌리는 시기입니다.

저 역시 성도는 생활의 전부가 영적인 전쟁임을 깨달아 알게 되었습니다. 영적 전쟁에서 이기기 위하여 열심히 기도합니다. 성령님의 역사로 말씀을 사모하여 묵상하고 있습니다. 성경에서 영적인 원리들을 발견하고 적용하고 있습니다. 또한 성령의 깊은 임재 없이 성경을 머리로 공부하는 것은 머리와 육적 자아만 키우는 결과를 초래한다는 것을 깨닫게 하셨습니다. 육적 자아는 절대로 영적인 전쟁에서 승리할 수 없다는 것을 알게 하셨습니다. 이제 성령의 임재 하에 성경을 공부하고 묵상하며 읽고 있습니다. 마음의 심비에 말씀을 새기려고 노력하고 있습니다.

영적 전쟁은 말씀과 성령의 역사가 없이는 불가능합니다. 말씀 안에서 역사하는 성령의 충만이 전신갑주가 되는 것입니다. 차츰 영안을 더 열어주시고 말씀 속에서 하나님의 역사와 영적인 비밀들을 확인하게 하십니다. 성령께서는 말씀을 나의 마음 판에 새기고 악한 영과 싸우도록 전신에 갑주를 입혀 주시고 계십니다. 그래서 저희 교회 목회는 성령님이 친히 하시고 계시다는 것을 체험적으로 알고 있습니다. 그래서 저는 부목사로 성령님을 따라가려고 노력합니다. 모든 영광을 하나님에게 돌립니다. 예수를 믿고 성령을 체험하고 말씀과 성령으로 거듭난 성도는 하나님의 군사들입니다. 하나님의 군사들은 세상을 살아가면서 성령께서 주시는 레마를 받아 적용하고 선포해야 합니다.

그리고 행동하므로 영적인 전쟁에서 승리하는 성도가 하나님의 군사토서의 사녕을 감당하는 것입니다. 영적인 전쟁에서 승리하는 성도가 영안이 열린 성도라는 것을 명심하시기를 바랍니다. 영적인 전쟁에 승리하는 환경에 여러 가지 보증의 역사가 나타납니다. 문제가 없어집니다. 물질이 풀리기 시작합니다. 영적인 만족감을 갖게 됩니다. 다윗이 유대 나라 왕이 되어 영적인 전쟁을 하여 잃은 것을 되찾아 오니 그 나라가 부강했다고 했습니다.

(대상29:28) "그가 나이 많아 늙도록 부하고 존귀를 누리다
가 죽으매 그의 아들 솔로몬이 대신하여 왕이 되니라"

다윗이 나이가 많아 늙도록 부하고 존귀하다가 죽었다고 합니

다. 사람은 가는 날이 좋아야 합니다. 우리도 천국 가는 날이 다윗과 같이 좋은 날이 되기를 바랍니다. 다윗은 하나님이 택하여 하나님이 훈련하고 기름을 부어 세운 하나님의 종입니다. 하나님이 기뻐하시는 자입니다. 다윗은 하나님의 음성을 듣고 순종하여 온 이스라엘 나라를 통일 시킨 왕입니다. 우리도 다윗이 환상을 열어 하나님의 권능으로 쳐들어가서 빼앗아 온 것같이 마귀와 영적인 전쟁을 해야 합니다. 그리하여 우리가 지금까지 마귀에게 빼앗겼던 여러 가지를 되찾아 와야 합니다. 그러면 물질적인 문제는 서서히 풀어지기 시작할 것입니다.

저 역시도 교회를 개척하여 벌침이나 놓고 입으로 목회를 할 때는 물질 문제로 지지리도 고통을 많이 겪었습니다. 성령의 음성을 듣고 내적치유 받고, 성령의 불을 체험하고, 성령으로 치유목회를 하니 물질이 서서히 풀렸습니다. 그래서 저의 임상적인 견해로는 교회나 성도들의 사업이나 말씀과 성령으로 충만하여 마귀와 영적인 전쟁을 해야 물질이 풀린다는 것입니다. 다윗 왕이 하나님에게 순종하니 다윗시대에 나라가 풍성하게 지낸 것입니다. 이렇게 영안이 열리고 하나님의 마음에 합한 자는 하나님의 복이 따르는 것입니다. 하나님과 영의 통로가 열려 하나님이 함께하여 주시니 형통의 복이 따르는 것입니다.

7. 7단계 온전하게 열리는 영안.

   말씀과 성령의 역사 마귀와의 영적투쟁을 통하여 성화되고 영안이 열리니 예수의 마음을 품는 심령상태입니다. 예수님이 십자가에 달려 죽으시면서도 죄인들의 죄를 용서하여 달라고 말씀하신 것과 같은 영안입니다(눅23:34).

   (눅 23:34)"이에 예수께서 이르시되 아버지 저들을 사하여 주옵소서 자기들이 하는 것을 알지 못함이니이다 하시더라"

   예수님은 지금 십자가에서 영안으로 하나님과 교통하고 계십니다. 이것이 최고 경지의 영안입니다. 이는 스데반이 성령이 충만하여 하늘을 우러러 보니 하나님의 영광과 예수님이 그 우편에 서신 것을 보는 최고의 영안입니다. 스데반이 돌에 맞아 죽어가는 고통을 받는 중에도 하나님과 교통하며, 그들의 죄를 용서해 달라고 비는 것과 같은 최고의 경지의 영안입니다. 스데반은 죽지 않고 잔다고 했습니다. 이 경지에 이르면 죽음의 고통을 느끼지 못합니다.

   (행7:55-60)"스데반이 성령 충만하여 하늘을 우러러 주목하여 하나님의 영광과 및 예수께서 하나님 우편에 서신 것을

보고 말하되 보라 하늘이 열리고 인자가 하나님 우편에 서신 것을 보노라 한대 그들이 큰 소리를 지르며 귀를 막고 일제히 그에게 달려들어 성 밖으로 내치고 돌로 칠새 증인들이 옷을 벗어 사울이라 하는 청년의 발 앞에 두니라 그들이 돌로 스데반을 치니 스데반이 부르짖어 이르되 주 예수여 내 영혼을 받으시옵소서 하고 무릎을 꿇고 크게 불러 이르되 주여 이 죄를 그들에게 돌리지 마옵소서 이 말을 하고 자니라.”

나의 일은 쉬고, 내 뜻도 버리고, 하나님의 나라에서 하나님의 뜻과 생각과 감정과 마음에서 보는 눈으로 자신의 인생을 바라보는 영안을 말합니다. 또한 자신을 초월한 상태에서 인생을 보고, 하나님의 손길을 보니, 성경을 보면 좀 더 분명하게 보일 것입니다. 내주 하시는 주님과 더불어 먹고살며, 생각을 나누고, 능력을 나누고, 사랑을 나누며, 말씀을 나누며, 하나님과 하나 되는 관계요, 우리 육신의 세포 하나하나가 말씀화 된 상태입니다.

예수님의 마음으로 완전하게 변한 상태입니다. 이로 말미암아 우리의 삶은 “모든 사람과 더불어 화평함과 거룩함을 따르라 이것이 없이는 아무도 주를 보지 못하리라”(히12:14). 라는 말씀으로 보이게 되는 영안을 의미합니다.

11장 열린 영안을 분별하는 법

(요일4:1)"사랑하는 자들아 영을 다 믿지 말고 오직 영들이 하나님께 속하였나 시험하라 많은 거짓 선지자가 세상에 나왔음이니라."

하나님은 열린 영안을 말씀과 성령으로 분별하기를 원하십니다. 열린 영안의 바른 분별을 위해서 기도해야 합니다. 주변에 영안이 열렸다는 성도도 분별할 줄 알아야 합니다. 그리스도인들이 영안을 분별하고 사용할 때에 한 가지 잊어서는 안 될 것이 있습니다. 성경은 마지막 시대에 사단이 진리에 굳게 닻을 내리지 못한 사람들을 혼동시키기 위해서 성령의 역사를 위조할 것이라고 경고하고 있습니다. 마지막 시대에 나타나는 사단의 활동은 "모든 능력과 표적과 거짓 기적"으로 역사할 것이라고 성경은 말하고 있습니다(살후2:9).

사단의 활동이 매우 기만적인 이유는 "자기를 그리스도의 사도로 자칭하고"있으며, "사단도 자기를 광명의 천사로 가장"하기 때문입니다(고후11:13-14). 그 기만이 너무나 놀라운 것이기 때문에 성경은 "택하신 자들"까지도 미혹당할 것이라고 경고하고 있습니다(마24:24). 우리는 영안이 열렸다고 좋아만 할 것이 아닙니다. 열린 영안을 말씀과 성령으로 분별해야합니다. 얼마든지 마귀가 미혹할 수 있는 분야이기 때문입니다. 열린 영안을 영분별 은사로 분별하기를 게으르지 말아야 합니다.

1.영안이 열린 자의 영을 분별하라.

하나님은 성도가 바르게 영안이 열리기를 바랍니다. 영안은 마귀도 열어 줄 수가 있으므로 우리는 분별을 해야 합니다. 하나님은 자녀들이 영들을 분별하여 마귀에게 미혹당하지 않기를 원하십니다. 영안은 하나님으로부터 오는 것이지만, 마귀도 영적인 존재이므로 우리에게 마귀적인 생각을 줄 수가 있습니다. 마귀가 초인적인 눈을 열어줄 수 있습니다. 마귀의 미혹케 하는 영안은 비도덕적, 세상적, 비현실적입니다. 남의 허물을 드러내는 눈입니다. 영적인 절차와 과정을 무시하는 것은 미혹케 하는 마귀의 눈이 되기 쉽습니다. 하나님은 이렇게 말씀을 하십니다. "범사에 헤아려 좋은 것을 취하고"(살전 5:21). 분별하라고 합니다.

영적인 것은 잘 분별해야 합니다. 이를 위해서 성령님께 간구하며, 영을 분별하는 훈련을 받아야 합니다. 영적인 것은 반드시 삶과 연관이 있습니다. 영적인 것만 볼 것이 아니라, 삶을 보아야 합니다. 영안이 열린 사람들의 삶에 어두운 면이 있는가를 보세요. 죄 성이 없는가, 겸손하려고 하는가, 하나님께 영광을 돌리려고 하는가, 사람을 묶으려고 하는가 아니면 자유하게 하려고 하는가, 자기를 독보적인 존재로 세우려고 하는가 아니면 자꾸 공유하려고 하는 가 등등, 삶에서의 열매를 보아야 합니다. 도덕과 윤리를 보아야 합니다. 마귀도 기적을 흉내 낼 수 있고 영안을 열어 흉내를 낼 수 있으나, 삶의 열매는 흉내 낼 수 없습니다.

그러므로 늘 현상보다는 삶의 열매를 보려고 해야 합니다. 영안이 열려 신령한 것들을 보아도, 말씀을 많이 알아도, 심령을 감찰하는 능력이 뛰어나도, 성령의 역사가 나타나도, 삶이 깨끗하지 않으면 경계의 대상입니다. 물질이나 정욕에 빠지거나, 사람을 대할 때 차별하거나, 무시하거나, 권위를 내세우거나 교만하게 행동하거나, 하나님보다 자신을 내세우면 경계의 대상이 되어야 합니다. 무엇인가 잘못되어 가고 있는 것입니다. 중간에 마귀가 끼어들고 있는 것입니다. 열린 영안을 사용하는 것에 앞서서 자신을 먼저 다스려야할 필요가 있는 사람입니다. 현시대는 너무나도 거짓된 것이 난무합니다. 삶의 열매를 보려고 하세요. 기도하면서 성령님에게 영분별의 은사를 간구하세요. 진정한 열매를 맺는가를 보려고 노력해야 합니다.

주님을 사랑하고, 주님을 향하고 있는가를 보세요. 바른 마음, 바른 자세를 먼저 가져야합니다. 성령은 더러움과 같이 하지 않으십니다. 더러운 사람과는 동역을 하지 않으십니다. 성령님 없는 주님의 일을 하지 않도록 해야 합니다. '나는 어떤 감정을 가지고 주님의 일을 하고 있는가, 어떤 욕심을 가지고 주님의 일을 하고 있는가' 늘 자신을 점검하세요. 영안이 열리는 것이 중요한 것이 아니라, 깨끗한 영안과 맑음이 더 중요합니다. 맑지 못한 영안은 오히려 자신에게 해악을 끼치게 됩니다.

성령의 은사 중에서도 계시의 은사 즉, 지혜의 말씀의 은사, 지식의 말씀의 은사, 영분별의 은사가 너무나 중요한 은사입니다. 모든 다른 은사의 기초가 계시의 은사입니다. 모든 것을 분별해야 하기 때문입니다. 기초가 잘 되어있어야 지속적인 성장이 가능합니다. 기본을 닦아야 합니다. 기본을 강하게 해야 합니다. 이 기초 은사를 통하여 삶에서의 성품의 변화, 성결이 열매로 나타나게 됩니다.

2. 열린 영안의 출처를 분별하라.

영안이 열리는 것은 여러 가지 통로로 열립니다. 기도를 많이 해도 열릴 수가 있습니다. 인간의 수련을 통하여 열릴 수도 있습니다. 가족 중에 무당과 같은 좋지 못한 영의 내력이 흐르는 사람들이 순간 성령을 체험하고 영물을 보는 영안이 열리기도 합니다. 말씀을 묵상하고 기도하여 체험적으로 영안이 열리기도 합니다. 그러므로 영안의 출처를 분별할 필요가 있습니다. 사람의 수련으로 열린 것이냐, 아니면 귀신의 영향으로 열린 것이냐, 성령으로 열린 것이냐를 분별해야 된다는 것입니다. 반드시 분별을 해야 합니다. 영과 혼을 분별하는 것은 숨어있던 자아가 빛 가운데 드러나서 우리의 눈이 열린 후, 즉 내 자신이 영혼의 병든 부분을 고침 받은 후, 회개하는 청결한 심령이라야 영을 분별하게 되고 영적인 세계를 이해하게 됩니다. 자신의 추한 모습을 많이 보면 볼수록 영적인 안목은 더 분명해지고, 자신의 추한 모습이 벗겨지면 벗겨질수록 더욱 분명해 집니다.

(히4:12)"하나님의 말씀은 살았고 운동력이 있어 좌우에 날선 어떤 검보다도 예리하여 혼과 영과 및 관절과 골수를 찔러 쪼개기까지 하며 또 마음의 생각과 뜻을 감찰하나니"

하나님의 말씀으로 심령이 쪼개지는 눈물의 회개는 자신의 심령을 감찰하게 합니다. 성령의 역사에 의한 눈물의 회개는 관절과 골수를 가르고 내 혼과 영을 갈라 쪼개는 말씀의 의미를 실감 하는 것입니다. 내 영혼이 말씀으로 채워져 있을 때 영의 자유 함이 있습니다. 반대로 내 혼의 기능이 육으로 채워져 있을 때 영은 답답함을 느끼고 눌림을 느끼게 됩니다. 영이 죽어 있거나 마비 된 자는 이러한 감각을 느끼지 못하고 평소에

이 영이 혼에 매여 있을 때는 무감각하게 되어 있습니다. 내 속에 병든 부분이 고침을 받은 경험이 있게 되면 답답할 때 말씀과 성령으로 치유를 받으려고 하는 것입니다. 치유를 받아 무엇에 눌려서 답답하던 경험에서 벗어 날 때 내 영은 자유 함이 있게 되고, 그 영의 정체를 느끼고 실감하게 됩니다. 내가 악한 영에게 눌려서 고통을 당했구나 하고 체험적으로 안다는 것입니다. 이렇게 체험하면서 영적인 세계를 보는 영안이 열려지는 것입니다. 반드시 영안은 말씀을 삶에 적용하면서 체험함으로 열리는 것입니다. 고로 영안은 성령께서 열어주시는 것입니다.

체험적인 영안이 열려서 우리들의 모든 생각이 하나님의 입장에서 보는 영적인 사고방식으로 바뀌어야 합니다. 또한, 영의 생각으로 채워져야 합니다. 육신적인 사고방식이나 인간적인 차원에서 벗어나지 못하거나 육신의 일이나 생각으로 가득 차게 되면 내 영은 또다시 죽어집니다. 나도 모르는 사이에 영안이 흐려지고 심령이 메말라가게 됩니다. 항상 영의 일과 영의 생각으로 충만하기 위하여 힘쓰고 노력해야 합니다. 체험적인 영안이 열리면 자동으로 기도하게 되는 것입니다. 영안이 열리면 우리의 영성을 가꾸고 지키기 위하여 잠시도 기도를 게을리 할 수가 없는 것입니다.

말씀의 묵상과 영혼의 구원을 위하여 일하는 마음이 계속 지속되도록 성령께서 역사하시는 것입니다. 성령께서 항상 영의 생각을 하게 하신다는 것입니다(롬8:6).

그 영이 강퍅하고 교만한 것은 겉 사람이 강퍅하기 때문입니다. 영은 무색이나 겉 사람의 때가 묻어 영은 혼탁하거나 눌림을 받게 됩니다. 그러므로 영을 정화하기 위해서는 기도하여 영과 혼을 분리하고 성령으로 혼을 정화해야 합니다. 혼의 정화는 말씀과 깊은 기도를 통하여 정화가 됩니다. 영이 깨끗하지 못하면 불순물이 섞여 나오게 됩니다. 혼으로부터 나오는 것과 영으로부터 나오는 것이 얼마 만큼이냐? 는 것은 그 사람의 겉 사람의 파쇄 정도에 따라 나오기 때문에 영은 겉 사람의 파쇄의 징도에 따리 흘러나옵니다. 깨어지면 깨어질수록 민감해 집니다. 민감성이 결여된 것은 하나님의 말씀의 실제적인 경험이 없어 영성훈련이 덜 된 것입니다. 영이 혼탁한 것은 바로 영분별이 둔한 것을 의미하고, 영분별 능력은 바로 이러한 영의 민감성을 의미하는 것입니다. 성령의 기름부음과 능력도 성령의 나타남도 이와 같은 맥락에서 차이가 있게 되는 것입니다. 그래서 기독교는 체험의 종교입니다. 하나님은 말만 하시는 하나님이 아닙니다. 말씀하시고 눈으로 보고 몸으로 체험하게 역사하시는 것입니다. 우리는 체험적인 영안이 열려야 합니다. 그래야 선과 악을 분별할 수가 있습니다.

(히5:14)"단단한 식물은 장성한 자의 것이니 저희는 지각

을 사용하므로 연단을 받아 선악을 분변하는 자들이니라."

영안을 열어 영안이 열린 자들의 영을 분별하시어 자신의 귀중한 영을 지키기를 바랍니다.

3. 영안이 열린 자들의 영을 분별하는 표준

성경에 성도들과 관련된 거룩한 영은 성령이시며, 성도들을 돕는 천사들도 영이나 그 역사는 제한되어 있으므로 성도들 속에 들어가지 못합니다. 그러므로 사람 속에서 역사하는 것은 성령이 아니시면 악령입니다(히1:14, 요1서4:2). 사람 속에 어느 영이 있느냐에 따라 언행심사가 다르게 됩니다. 영분별은 그들의 행위의 열매로 알 수 있습니다. 물질적이든지 영적이든지 노략질을 하여 교회를 분리시키고, 엉겅퀴나 가시나 못된 열매를 맺게 될 때 그것은 육성에 역사하는 마귀가 열어준 거짓 영안입니다(마7:20,15-23).

영분별의 은사를 받았다는 성도들이 은혜로 하나님이 주신 것들을 깨닫기 위하여 성경을 열심히 배우고 묵상해야 합니다. 그러나 영안이 열렸다고 하는 사람이 성경말씀을 배울 필요가 없다고 하거나 다 안다고 교만하면 악령이 역사하는 사람일 수 있고, 세상의 영에 미혹된 사람일 수가 있습니다. 또 처음에는 그렇지 않았는데 사람이 점점 나쁘게 달라져 가면, 그것은 영이 다른 사람이므로 경계해야 합니다.

(고전2:12)"우리가 세상의 영을 받지 아니하고 오직 하나님께로 온 영을 받았으니 이는 우리로 하여금 하나님께서 우리에게 은혜로 주신 것들을 알게 하려 하심이라"

영안이 열렸다는 사람이 이미 전파된 정상적인 복음이 아닌 다른 것을 전하거나, 또한 거룩한 영, 성령이 아닌 다른 영을 받게 하는 경우는 다른 영, 곧 악령입니다. 즉 성경대로가 아닌, 전설의 고향과 같은 사후 인간의 불신자들이 귀신이라고 하는 것을 전하면 그 영은 다른 영인 것입니다.

(고후11:4)"만일 누가 가서 우리의 전파하지 아니한 다른 예수를 전파하거나 혹 너희의 받지 아니한 다른 영을 받게 하거나 혹 너희의 받지 아니한 다른 복음을 받게 할 때에는 너희가 잘 용납하는 구나"

영안이 열렸다는 사람의 인격이 퇴보되거나 더러운 것, 즉 도덕적, 영적으로 깨끗지 못한 언행 심사가 나타나면 다른 영으로서 귀신의 영입니다. 성령은 거룩한 영이 십니다.

4. 영안에 열린 자들의 영적상태 분별.

우리는 이 분별력을 얻기 위하여 영 분별력의 은사를 받으면 매우 좋겠지만 우리가 가지고 있는 지식을 가지고도 얼마든지 하나님의 영과 악령의 영을 분별할 수 있습니다. 우리가 보편적으로 알 수 있는 영적분별 능력에 관하여 말씀드리고자 합니다.

1) 우리는 열매를 보고 참된 영과 거짓 영을 분별할 수 있다.

> (마7:15-16)"거짓 선지자를 삼가라 양의 옷을 입고 너희
> 에게 나아오나 속에는 노략질하는 이리라 그의 열매로 그들을
> 알지니 가시나무에서 포도를 또는 엉겅퀴에서 무화과를 따겠
> 느냐"

영안이 열려서 놀라운 능력을 행하고 기적이 일어났다고 하더라도 그 마음의 열매가 하나님의 말씀과 성령에 어긋나면 그것은 하나님께로 온 성령의 역사가 아닙니다. 마귀의 열매로 온 역사는 무엇이 있을까요? 마귀는 사악하므로 마귀의 영에 억압을 받으면 그 사람의 마음속에는 사랑과 희락과 평강이 사라집니다. 악령은 우리의 사소한 생활 속에 "이 차를 사라, 저 물건

을 사라, 무엇을 먹지마라, 지금 어디로 가라"등 사소한 문제에 관여를 합니다. 또 성령의 옷을 입고 와서 교훈하려고 합니다. 악령은 모든 일에 관여하며 지절거리고 속살거리는 간사한 영입니다. 악령은 더럽고 교만한 마음을 일으킵니다. 악령은 사람들의 몸과 마음에 번뇌와 고통을 가지고 옵니다. 이것은 마귀의 눌림에 있는 사람입니다.

성령의 은사에 대한 자세한 것은 **"성령의 은사와 사명감당"**을 참고하시기를 바랍니다.

(요일서4:6)"우리는 하나님께 속하였으니 하나님을 아는

자는 우리의 말을 듣고 하나님께 속하지 아니한 자는 우리의

말을 듣지 아니하나니 진리의 영과 미혹의 영을 이로써 아느

니라"

이처럼 우리는 마음의 상태를 통하여 악령의 역사를 분별할 수 있습니다. 마귀가 아무리 양의 모습을 가지고 왔을 지라도 마음의 열매를 통하여 영을 분별할 수 있는 것입니다.

2) 우리는 예수그리스도의 신관을 통하여 악한 영을 분별할 수 있다. 이단의 교리는 악한 영의 조종을 받는 것이 특징입니다. 예수님의 구속에 관한 가르침이 다릅니다.

어떤 사람이든지 성령의 특별한 은혜를 받았다하여 영안이

열려 신비한 세계를 보고, 예언도 하고 권능도 행한다 할지라도 예수그리스도의 바른 진리를 가르치지 않는 다면 그는 마귀에 속한 거짓된 사도인 것입니다. 예수님은 동정녀에게서 태어나시고 온 인류의 죄를 짊어 지셨으며 십자가에 못박혀 죽으시고 죽은지 사흘 만에 부활하신 것을 믿어야 하며, 믿는 자에게 그대로 이루실 것을 믿어야 하는 것입니다.

> (요1서4:15)"누구든지 예수를 하나님의 아들이라 시인하면 하나님이 저희 안에 거하시고 하나님도 그 안에 거하시느니라"

지금 예수님은 승천하시어 하나님의 보좌 우편에 앉아 계시며 장차 산자와 죽은 자를 심판하러 오실 것입니다. 이 외의 다른 진리를 전하는 자는 사단의 영이요 이단의 영인 것입니다. 요한일서4장 1절에 "영을 다 믿지말고 오직 영들이 하나님께 속하였나 시험해 보라"고 하셨습니다. 우리는 시험해 보아야합니다. 고백을 들어야 합니다. 확신을 가지고 나아가는 자만이 천국에 들어갈 것입니다.

영분별에 대해서는 "**영분별과 기적치유**"와 "**가계의 고통을 끊고 축복 받는 비결**"을 읽어보시기를 바랍니다.

3) 우리는 그 사람이 하는 말을 듣고 그의 영을 분별할 수 있

다. 사람의 말은 그 사람의 인격과 생각이 외부에 전달하는 통로입니다. 화는 분노의 말을 합니다. 자비는 자비의 말을 합니다. 우리는 영안이 열리고 성령의 은혜를 받았다고 하는 사람의 말을 자세히 들어보면 그 사람의 영을 분별할 수 있습니다. 성령을 받은 사람은 예수그리스도를 높입니다. 자신을 높이는 사람은 교만의 영, 탐욕의 영이 역사하는 것입니다. 마귀는 언제나 자신을 높이려고 머리를 듭니다. 아무리 신비한 것을 잘 보고 잘 맞추는 영안이 열렸더라도 예수님을 높이지 않고 인간을 추켜세우고 자신을 높이는 영은 사단의 영입니다. 영안이 열린 목회자라 하더라도 그리스도를 높이지 않고 자기를 나타내려고 하는 자는 사단의 영에 잡힌 자라고 할 수 있습니다. 사단의 영은 사람의 말에 협박과 거짓예언으로 불안케 합니다. 불안과 두려움, 저주를 선포함, 공포 분위기를 조성합니다. 이는 결코 사랑과 평안의 영인 성령의 역사가 아닙니다.

(요일4:18)"사랑 안에 두려움이 없고 온전한 사랑이 두려움을 내어쫓나니 두려움에는 형벌이 있음이라. 두려워하는 자는 사랑 안에서 온전히 이루지 못하느니라"

영안이 열려 신비한 것을 보고, 은혜자요, 은사자로 자칭하면서 성도를 비방하고 교회를 비방하는 영은 거짓의 영이요, 사악한 영이요, 하나님의 나라를 훼파하는 영입니다. 어떤 거짓 영은 금품을 강요하고 무례한 말을 거침없이 하는 자는 절대로 성령의 역사가 아닙니다. 우리는 권능과 기적 이전에 진정 하는 말이 하나님과 예수님을 높이는 가를 살펴야합니다. 같은 기사와 이적과 표적이 있더라도 성령의 역사와 마귀의 역사는 분명한 차이가 있습니다. 빛과 어두움을 분명히 구별하여 바른 진리에서 벗어나지 않는 열매있는 신앙이 되기를 바랍니다.

영안이 열렸더라도 악한 영에 영향을 받으면 마음이 이랬다, 저랬다 합니다. 믿을 수가 없고 산만한 행동과 말을 합니다. 그러므로 이 사람의 말을 믿어서는 낭패를 당합니다. 정신이 온전하지 못하여 양신의 역사가 일어나는 것이므로 믿지 말고 관심을 갖지 말고 기다리며 치유해야합니다. 본인도 이해하기가 힘듭니다. 내 마음 나도 몰라 입니다. 순간순간 기분에 따라 언행과 행동을 합니다. 정신문제가 있는 조울증 환자는 더욱 영물들을 잘 봅니다. 그러므로 영물을 본다고 다 된 것이 아닙니다. 반드시 분별이 필요합니다. 조울증 환자는 기분에 따라 여자는 남자를 잘 찾고, 남자는 여자를 찾습니다. 분위기를 잘 의식합니다. 그래서 성적인 문란한 행동을 잘합니다. 목사님이라고 예외가 될 수 없습니다. 교회 안에서 일어나는 사건도 있습니다. 순간 넘어갑니다. 조심합시다.

4) 몸짓과 행동을 통하여 영을 분별한다. 말씀과 성령으로 영

안이 열린 사람은 몸이 부드럽고 마음이 평안하여 온유한 분위기를 연출합니다. 자기 나름대로 영안이 열렸다고 하나 몸이 굳어 있는 사람은 그 마음이 굳어 있고, 그 영 또한 굳어 있는 것입니다. 교만한 사람은 목이 곧고 경직된 몸짓을 하는 것을 보게 됩니다. 이런 사람은 아무리 영안이 열렸더라도 악한 영의 영향을 받는 사람일 수 있으므로 바른 분별이 필요합니다.

처음에 교회에 나오는 사람의 대부분이 그 경직된 자세는 바로 이러한 영의 정체를 스스로 노출하고 있는 것을 알 수가 있습니다. 박수를 치는 것을 꺼려하고 통성으로 부르짖는 것을 거부하는 것도, 이러한 맥락에서 경식된 마음과 교만한 마음의 상태를 들어내는 것에 불과합니다. 체면과 교만이라는 자아의 모습은 굳어지고 경직된 이러한 모습으로 나타나게 되어 있습니다. 성령으로 충만한 상태는 몸짓 행동이 부드럽습니다. 악한 영이 드러나는 행동은 보기에 흉측합니다. 그리고 불규칙합니다. 그리고 뻣뻣합니다. 치유할 때 성령으로 장악하여 흔들어 주어야합니다.

5) 인상과 분위기를 통하여 그 영을 분별한다. 성령에 충만한 상태에서 영안이 열린 사람은 겸손과 온유와 사랑의 영이 그 분위기를 부드럽게 감싸고 있음을 느끼게 됩니다. 영안이 열렸다고 하더라도 사단에게 눌려 있는 영은 침울하고 답답하며 강퍅한 분위기를 자아내기도 하며, 심지어는 사악한 분위기를 나

타내기도 하며, 더 나아가서는 악령이 공격하는 오싹하고 소름
끼치는 일을 느끼기도 합니다. 음란의 영은 그 음란한 분위기를
연출하거나 음욕을 풍기기도 합니다. 이들의 분별은 자신의 몸
의 느낌이나 감동이나 본인의 행동으로 나타납니다. 성령의 강
한 역사로 기도하면 순간 없어지는 경우가 보통입니다.

영안이 열렸다고 자랑할 것이 아닙니다. 자신의 심령을 관리
하는 것이 중요합니다. 영안이 열려 신비한 것을 본다고 다 되
었다고 생각하면 오산입니다. 말씀의 비밀을 깨닫는 영안이 열
렸다고 좋아할 것도 없습니다. 열린 영안을 말씀과 성령으로 관
리해야 합니다. 그리고 열린 영안을 가지고 하나님에게 영광을
돌려야 합니다. 열린 영안의 관리를 위하여 말씀을 묵상하는 삶
을 살아야 합니다. 영으로 기도하는 삶을 사는 것입니다. 말씀
을 알고 기도하여 체험함으로 영안을 더욱 밝히 열어가야 합니
다. 우리는 육을 가지고 있습니다. 그래서 약합니다.

열린 영안을 가지고 세상을 향하거나 자기의 유익을 위하여
사용하면 가차 없이 마귀의 올무에 걸립니다. 항상 깨어서 기도
해야 합니다. 하나님은 말씀하십니다. 항상 기뻐하라. 쉬지 말
고 기도하라. 범사에 감사하라고 하십니다. 자신의 심령에 항
상 성령의 은혜가 충만하도록 기도하시기를 바랍니다.

12장 투시(심령감찰)로 열린 영안

(요 1:47-48)"예수께서 나다나엘이 자기에게 오는 것을 보시고 그를 가리켜 이르시되 보라 이는 참으로 이스라엘 사람이라 그 속에 간사한 것이 없도다. 나다나엘이 이르되 어떻게 나를 아시나이까 예수께서 대답하여 이르시되 빌립이 너를 부르기 전에 네가 무화과나무 아래에 있을 때에 보았노라"

성경에 투시의 은사로 기록된 부분은 없습니다. 심령감찰 즉, 지식의 말씀의 은사를 말하는 것이므로 이것에 대하여 설명을 드리겠습니다. 성령의 나타남의 은사 9가지 중에 지식의 말씀의 은사가 있습니다. 일반적으로 많은 사람들이 이 은사를 성경의 지식이 많은 사람을 일컫는 것으로 알고 있습니다. 그러나 그렇지 않습니다. 적어도 삼위일체 되신 성령님께서 부어주시는 은사입니다. 그러므로 세상의 지식과 같은 그런 것으로 오해하여서는 안 됩니다.

하나님은 우리의 심령을 감찰(투시)하고 계십니다. 먼저 심령감찰(투시)의 용어에 대하여 설명하면 이렇습니다.'투시'라는 이 용어는 '사람의 생각을 꿰뚫어보는 것'을 의미할 때 사용합니다. 국어사전은 '막힌 물체를 환히 꿰뚫어 봄. 또는 대상의 내포

된 의미까지 봄.'이라고 설명하고 있습니다. 이 단어는 주로 심리학 또는 의학에서 사용하는 용어인데, 심리학에서는 '정상적인 감각으로는 알 수 없는 것을 인지하는 일. 먼 곳에서 일어난 일, 봉투 속에 들어 있는 내용물 따위를 알아맞히는 일 따위'를 설명할 때 사용하는 단어입니다. 그리고 의학에서는 '엑스선을 써서 형광판 위에 투영된 인체의 내부를 검사·진단하는 방법'을 의미할 때 사용합니다. 이 단어를 성경에서는 '감찰하다'라고 표현하고 있습니다.

(잠 16:2, 21:2)"여호와는 심령을 감찰하사"

(대상 29:17)"여호와께서는 마음을 감찰하시고"

(욥 34:21)"사람의 모든 것을 감찰하시나니"

(살전 2:4, 롬 8:27)"마음을 감찰하시는 이"

등등이 있습니다. 그러므로 저는 이 단어를 성경적인 '심령감찰'로 대치해서 사용하고 있습니다. 그러나 '심령감찰'이란 용어를 일부 성도들이 잘 이해를 못하기 때문에 '심령감찰(투시)'라고 중복하여 사용하는 것입니다. 이점 이해가 있으시기를 바랍니다. 그리고 이러한 능력을 일컬어 '지식의 말씀은사'라고 분명하게 말하고 싶습니다. 성령의 은사로 설명하면 지식의 말씀의 은사가 맞습니다. 이것을 알고 책을 읽으시고 용어를 이해하시기를 바랍니다.

　이 '투시'라는 용어는 초기 영적 사역을 행하던 시절의 대부분의 비전문적인 사역자들이 성경 지식이 부족해서 아무런 생각없이 사회에서 통용되고 있는 용어들을 채용했습니다. 사회에서 통용되고 있는 영적 용어들 대부분은 불교 및 샤머니즘에서 출발한 것들입니다. 이 땅에 기독교가 있기 전에 불교가 먼저 있었기에 이 부분에 불교 용어가 일상화되어 있습니다. 그러므로 우리는 일반화되어버린 불교 용어를 아무런 생각도 없이 그대로 차용하는 일은 위험이 있습니다. 그래서 저는 용어를 조정하여 '심령감찰(투시)'라고 사용을 합니다.

　하나님은 우리 안에서 사람의 사정을 속속들이 알고 계십니다. 예수를 믿고 성령으로 불세례를 받고 거듭난 우리도 우리안에 계신 성령의 능력으로 사람의 심령을 감찰(투시)할 수 있습니다. 하나님은 우리와 비교하지 못하는 무한한 권능을 가지고 계십니다. 하나님은 나의 심령의 상태와 가정과 교회의 문제를 밝히 알고 계십니다. 심령의 감찰(투시)은 오직 하나님만이 아시는 영육의 깊은 문제를 성령의 초자연적인 역사로 알아내는 것입니다.

　하나님은 우리가 하나님이 주신 은사를 가지고 문제들의 원인을 알고 풀어가며, 하나님의 은혜를 체험하며 살아가기를 원하십니다. 하나님은 땅, 인간 및 우주에 대해 무한한 지식을 가지고 계신데 그것 중에 특별한 장소에서 특정한 목적을 위해, 특정한 사람에게 특정한 시간에 필요한 사항을 성령으로 깨닫게 하십니다. 그래서 우리는 성령으로 기도하며 하나님이 주시는 심령 감찰(투시)의 능력을 받아야 합니다.

심령감찰(투시)란 무엇인가? 어떠한 사람이나 상황에 관한 문제들과 문제의 원인들을 성령의 초자연적인 방법으로 알게 되는 것을 말합니다. 이것은 자신이 알고 있는 문제의 원인이 될 수도 있습니다. 그러나 아직 본인이 알지 못하고 있는 잠재된 문제를 성령의 초자연적인 역사로 알려주실 수도 있습니다. 이것은 인간의 노력에 의해 습득되는 자연적인 지식이 아니라, 하나님께서 당신의 뜻에 따라 인간에게 부여해 주시는 지식의 단편인 동시에, 성령께서 일정한 상황이나 사람에 관하여 우리에게 일깨워주시고자 하시는 계시를 드러내는 것입니다.

하나님은 심령의 감찰로 어떤 문제와 문제의 근본 원인을 알게 하십니다. 하나님에게 나도 모르게 가지고 있는 문제와 그리고 문제가 있을 때 원인을 알려달라고 하면 응답해 주시는 성령의 초자연적인 능력입니다.

1.심령을 감찰(투시)가 임한 것을 아는 방법.

나에게 심령을 감찰(투시)하는 지식의 말씀의 은사가 나타난 것을 어떻게 아는가? 이 은사를 받은 사람은 환상이나 꿈속에서 어떤 광경을 보거나 심안으로 어떤 사람의 얼굴 위에 나타나 있는 글씨를 읽을 수 있습니다. 또는 마음의 귀로 어떠한 단어나 구절, 성경 구절을 '듣게' 됩니다. 이러한 영감은 여러 가지 방법으로 오게 됩니다. 약간만 비치므로 놓치기 쉽습니다. 자기 자신의 몸에 이상한 감각이나 통증을 느낌으로써 어떤 다른 사람이 고통 받고 있다는 사실을 알게 됩니다. 사람을 볼 때 이상한 형체가 순간 보이기도 합니다. 머리에 손을 얹어 기도할 때 어느 장기가 좋지 못하다 감동이 오기도 합니다.

말씀을 읽을 때 말씀 속의 내용이 영상화되기도 합니다. 전해지는 말씀이 영적인지 혼적인지 율법인지 분별이 갑니다. 예배나 집회에 참석하여 사람들을 바라볼 때 심령상태가 느껴지기도 합니다. 답답하게, 검게, 아니면 성령 충만하게, 육적 충만하게 느껴집니다. 머리에 손을 얹고 안수할 때 영적인 느낌이 감지됩니다. 섬뜩함, 뻑뻑, 답답함 등등의 느낌이 감지됩니다. 가정이나 어느 장소에 들어가서 영적 감동이 느껴집니다.

성령으로 충만한지 악한 영에게 눌려있는 가정인지를 알 수가 있습니다. 저는 이 지식의 말씀의 은사를 가지고 심방할 때 적용하여 심방을 합니다. 꿈이나 환상으로 잘 보이기도 합니다. 황홀한 중(비몽사몽간)에 잘 보입니다. 안수를 할 때 자신도 모르게 어느 부위에 손이 갑니다. 이성간 조심해야 합니다.

자신이 잘 모르는 지역에 가더라도 어떤 영적 느낌이 감지가 됩니다. 이런 영적인 감지가 되면 심령감찰(투시)이 열린 증거입니다. 계속 훈련하면 밝히 보입니다.

때로는 어떤 말을 하려고 입을 열었으나 실제로는 전혀 다른 내용의 말이 튀어나오는 경우와 마찬가지로, 자신의 의사와는 관계없는 말이 속으로부터 치솟아 오를 때가 있습니다. 결국 우리는 심령을 감찰(투시)하는 지식의 말씀을 보고, 듣고, 읽고, 알고, 느끼고, 말하게 됩니다.

2. 심령감찰(투시)을 분별하는 법

저는 하나님이 주신 심령을 감찰(투시)하는 능력으로 사람들의 질병의 진단하는 데에 사용을 합니다. 우리는 하나님이 주신 권능을 영혼을 살리는 곳에 사용하려고 해야 합니다. 자신의 육의 만족을 위하여 하나님의 능력을 사용하면 하나님의 진노를 당할 수도 있습니다.

1) **영분별 법**: 영들을 분별하여 보는 방법입니다. 영분별에 대한 훈련이나 지식 또는 경험에 의한 직관력과 통찰력으로 진단하여 영의 질병, 혼의 질병, 육체의 질병을 진단합니다. 기도하기 전 준비사항에 대한 여러 가지 현상에 대한 경험이 축적되면 자연히 이러한 능력이 있게 됨을 알게 됩니다. 이러한 영분

별 능력이 하늘에서 갑자기 뚝 떨어지는 것도 아니고 학자들이 말하는 소위 초자연적인 어떤 능력도 아닙니다. 점진적인 경험이나 훈련에 의하여 민감하게 되고, 그 다음에는 영감으로 분별하는 법을 할 수 있게 되는 것을 본인이 알게 됩니다. 주로 대중을 상대로 할 때에나 가볍게 진단할 때 사용합니다.

2) **영감으로의 분별 법**: 성령이 주시는 영감으로 분별하는 법입니다. 개인적인 사역에서 좀 더 정밀한 분별을 위해서는 성령 안에서 보다 더 깊은 기도를 하면서 좀 더 깊은 영적인 기능이 동원되어 성령이 나타나는 심령상태에서 영감이나 환상이나 느낌이나 냄새로 분별합니다. 손을 머리에 얹거나 사역자가 동성이라면 상대방의 가슴에 손을 얹어 기도하면서 심령을 들여다보면서 기도합니다.

귀신이 눈앞에 스쳐 지나가는 모습으로 보이기도 하며, 냄새를 풍기기도 합니다. 예를 들어 음란 마귀는 강한 음욕을 자극하며, 인색한 마귀는 인색한 마음이 느껴지며, 교만한 마귀는 완악하고 교만한 마음이 느껴지며, 사랑의 마음은 사랑으로 전달되어 눈물이 흐를 정도로 강하게 전해 올 때도 있습니다. 이러한 민감한 영적인 감각이 항상 느껴지는 것은 아니지만 영적으로 예민해지는 분위기나 영이 예민해지는 상황에서 느껴지는 것을 볼 수 있습니다. 연기가 빠져나가는 것과 같은 모습으로 사라지는 것처럼 느끼거나 볼 수도 있습니다. 얼굴이나 눈이나 머리 부위에 검은 어둠이 쌓여 있거나 사악한 느낌을 주기도 하며 때로는 머리가 곤두서고 두려움을 주기도 합니다.

이러한 현상이 강하게 느껴지기 시작하면 더러운 영을 가진 환자를 대하면 구역질이 나오거나 토하기도 합니다. 상대방의 아픈 부위와 같은 부위가 아프게 하여 고통을 받기도 하며, 일반적으로는 특별히 머리가 아파 올 때가 주로 많습니다. 이때 즉시 감지하면 기도로 물러가지만, 이러한 영적인 감각이 둔한 사람은 느끼지 못한채 방치하면 침입하여 자리를 잡게 됩니다. 사역자는 이렇게 사악한 자들과 접촉이 많기 때문에 특별히 주의하지 않으면 자신도 모르게 고통을 당할 수가 있으므로 주의하지 않으면 안 됩니다.

예수님의 권세는 있을지라도 자신의 실제적인 권능이나 능력이 없으면 당하게 된다는 사실을 주지시키고 싶습니다. 이로 말미암아 주위의 가까운 사랑하는 사람들이 이를 방심하여 한 동안 귀신들의 영향으로부터 고통을 당하고 있는 경우를 많이 보아 왔습니다. 이는 자신이 성령의 지배를 당하지 못했는데 자신의 힘으로 사역하다가 당하는 것입니다. 지금 교회에 영적인 지식이 없어서 망하는 사람들이 많이 있습니다(호4:6).

3) **영안으로의 분별 법**: 영안으로 분별하는 방법입니다. 세상 말로 영 투시법이라고 하기도 합니다. 영안이 완전히 열린 사람은 심령감찰(투시)로 질병을 볼 수 있고 또는 영에 깊이 몰

입되어 있는 입신 상태의 제 3자를 통하여 심령감찰(투시)하여 볼 수도 있습니다. 분명하게 직접 투시하여 몸 어느 부위에 무엇이 어떻다는 것을 분명하게 보는 것이지 환상을 통하여 보는 것과는 다릅니다.

가장 정확히 진단 할 수 있지만 사탄이 주는 경우에는 위험하며 틀릴 경우가 많아서 오히려 어려움을 겪을 경우가 있기 때문에 심령감찰(투시)는 특별히 주의하지 않으면 안 됩니다. 성령의 불세례를 강하게 받게 되면 일시적 현상으로 심령감찰(투시)이 되기도 합니다. 대부분의 사람들이 투시되는 현상을 견딜 수 없는 상대임으로 하나님 앞에 이러한 현상을 거두어 달라고 기도하는 경우가 대부분입니다.

그러나 거의 대부분 이러한 현상은 일시적인 현상으로서 오래가지 않고 자연히 소멸됩니다. 특별히 주의할 것은 말씀이 없는 초신자나 영성이 훈련되어 있지 않은 자가 성령의 깊은 임재(입신) 상태가 아닌 보통 상태에서 심령의 감찰(투시)되는 것은 백발백중 귀신이 주는 것입니다. 이러한 심령 감찰(투시)를 통하여 사람의 심령을 읽고 질병을 진단하는 사역은 결코 쉽다고는 할 수 없습니다. 그렇다고 어렵다고 무턱대고 기도만 하는 태도는 결코 발전할 수가 없습니다. 노력하고 경험을 쌓아가노라면 언젠가는 자동차의 운전 기술을 습득하는 것처럼 보다 더 숙련된 진단을 할 수 있습니다. 심령감찰(투시) 사역을 하는 사역자는 무엇보다도 말씀과 성령으로 심령이 정화가 되어야 합니다. 잘못하면 마귀의 도구가 될 수 있기 때문입니다.

3. 심령을 감찰(투시)의 숙달방법

심령을 감찰(투시)하는 능력을 숙달하는 방법은 이렇습니다. 성령의 임재 하에 사람의 이름을 적어놓고 마음의 감동을 받으면서 그 사람의 심령의 상태를 알아내는 훈련입니다. 저는 몇 년 전에 우리 성도들의 이름을 적어놓고 심령상태를 읽고 보는 시간을 많이 보냈습니다. 이 사람에게 무슨 문제가 있는지, 무슨 마음을 품고 있는지를 알기 위해서입니다. 어느날, 어느 성도의 이름을 보면서 성령의 감동을 받는데 얼마 있지 못하고 교회를 떠난다는 감동을 주시는 것입니다. 성령께서 이런 감동을 주시기 전 까지만 해도 아주 성실하게 봉사도 잘하고 열심히 교회를 다니는 성도 이었습니다. 그래서 제가 그럴리가 없을 텐데 하면서 지나쳤습니다. 한 삼 개월이 지난 다음에 교회를 떠나겠다는 것입니다. 그래서 우리 사모에게 잡지 마시오. 하나님이 떠난다고 하는데 우리가 잡아서 아무 소용이 없어요. 라고 말한 체험이 있습니다. 사람의 이름을 적어놓고 방언기도 하면서 성령의 감동을 받으면 심령상태를 감찰할 수 있습니다.

성령의 임재 하에 아는 사람의 얼굴을 상상하여 보면서 심령을 감찰하는 방법도 있습니다. 아는 사람의 얼굴을 그리면서 기도하면 성령께서 그 사람의 영육의 상태를 보여 줍니다. 제가 얼마 전에 저와 거래하는 장로 한 분을 놓고 기도하니 성령께서 이 장로가 요즈음 영안이 흐려지고 있다는 것입니다.

그래서 그 장로에게 메일을 보냈습니다. 장로님 기도를 많이 하여 성령 충만하게 지내셔야 하겠습니다. 지금 영안이 많이 흐려지고 계십니다. 영안이 흐려지면 하시는 사업도 잘되지 않습니다. 그렇게 메일을 보냈더니 답장이 왔습니다. 맞다는 것입니다. 지금 여러 가지 분주한 일이 많아서 기도를 제대로 하지 못했더니 영깁이 많이 약해지고 있다는 것입니다. 믿음도 떨어지고 마음이 많이 답답하다는 것입니다. 이러한 경우를 보고 느끼는 교훈이 우리 성령의 사람은 분주하면 안 됩니다.

성령의 임재 하에 특정 건물이나 사람의 사진을 보면서 훈련을 할 수도 있습니다. 일부 목회자들이 사진을 보고 사람의 심령상태를 감찰한다고 하면 상당히 거부를 하고 부정적인 경우가 많습니다. 세상에서도 남녀가 맞선을 보기위해 만나기전에 사진을 교환합니다. 사진을 보고 그 사람의 영육의 상태를 볼 수 있기 때문에 사진을 교환하는 것입니다. 이렇게 사진으로 사람의 상태를 아는 것은 세상 사람들도 사용하는 방법입니다. 하물며 우리는 성령으로 거듭난 초자연적인 하나님의 자녀들입니다.

우리도 성령의 임재 가운데 사진을 보면 그 건물이나 사람의 상태를 감찰할 수가 있습니다. 말씀과 성령으로 거듭난 우리는 신령한 것들을 부정하면 세상 사람들만도 못하게 될 수도 있습니다. 우리는 성령이 임재 하여 내주하고 계시는 성령의 사람들이라는 것을 명심해야 합니다.

가정이나 교회나 사업장을 마음으로 그리면서 상태를 감찰하는 방법도 있습니다. 저는 우리 교회를 주기적으로 감찰하는 기도를 합니다. 그래서 영적인 미비점을 보강하고 있습니다.

이렇게 심령의 감찰(투시)의 능력은 다양한 곳에 사용할 수가 있습니다. 성령 역사에 의한 심령의 감찰(투시)은 혼적인 기능이 잠잠해지고, 성령에 깊이 사로잡힌 상태에서 순간적인 역사로 열려질 수 있는 것이지만, 심령의 감찰(투시)는 주로 순간적으로 열리기도 하지만, 얼마 후 곧 닫혀버리는 것이 정상적입니다.

저의 임상적인 결과에 의하면 순간 보이다가 없어집니다. 즉, 성령께서 꼭 필요할 때 보여주시는 것이라 설명할 수가 있습니다. 꼭 필요한 때라는 것은 그 사람을 치유하거나 축사하거나, 그 사람의 기름부음을 알고 예언하여 주라고 보이는 것을 말합니다. 그리고 영감이나 직관으로도 느껴 질 수 있습니다. 어느 사람과 대화하다가 보면 그 사람의 영적상태가 나에게 알려지기도 합니다. 예를 들어 어느 성도가 어떤 사람에게 돈을 4

억을 빌려 주려고 했습니다. 돈을 빌리려는 사람의 감언이설(이자를 높게 주겠다는)에 속았기 때문입니다. 돈을 빌려주려니 아무래도 마음이 걸려서 목사님에게 이야기를 했습니다. 목사님 이번에 어디를 가시지요, 예, 갑니다. 가시는 길에 저의 애로사항 하나 해결해 주시고 가시지요. 예, 그렇게 하지요, 하고 만날 장소를 약속하고 목사님이 가시다가 약속한 호텔 커피숍에 가서 집사님을 만났습니다.

집사님이 사정 이야기를 하고 지금 그 사람이 여기에 와있으니 한번 봐 주십시오, 하는 것입니다. 그래서 목사님이 누굽니까? 하니까? 집사님이 지 데이블에 앉아 있는 사람입니다. 해서 목사님이 그 사람을 보니 순간 여우의 모습으로 보이면서 혀를 날름거리더라는 것입니다. 그래서 목사님이 성령님 저 사람이 무엇을 하는 사람입니까? 사기꾼이다. 그래서 집사님 돈 빌려주지 말고 저 사람 뒷조사를 해보세요.

그래서 뒷조사를 해보니 사기전과 10범이었다는 것입니다. 이 집사님이 순진하게 돈을 빌려 주었더라면 영락없이 사기를 당하는 것이었는데 성령께서 미리 아시고 감동하시어 막아준 것입니다. 성령께서는 장래 일을 알게 하신다고 했습니다. 그래서 성령의 감동으로 이 성도는 사기를 당하지 않은 것입니다. 당신도 이렇게 성령의 감동에 순종하시기를 바랍니다. 이것도 역시 심령의 감찰(투시)의 일종이라고 생각이 됩니다. 그런데 심령의 감찰(투시)의 상태가 오래 계속 된다면 우리의 심령구조와 그 기능상 오히려 비정상적이기 때문에 의심해 보아야 합니다. 심령구조상 오히려 비정상이라는 말은 저의 지금까지 성령치유 사역을 하면서 임상적으로 경험을 한 결과는 정상적인 사람은 순간 보이다가 닫히는 경우가 보통입니다.

그런데 계속 보인다는 것은 심령이 악한 영에 의하여 장악당하여 영적으로 좋지 못한 사람들이 심령의 감찰(투시)의 상태가 오래 지속 되었습니다. 그래서 심령 구조상 비정상 일수가 있다는 것입니다. 그런데 우리가 알아야 할 것은 영은 같은 영끼리 연합을 잘 한다는 것입니다. 나에게 사기의 영이 역사하면 나에게 사기를 잘 치는 영을 가진 사람이 잘 찾아온다는 것입니다.

(딤후3:13)"악한 사람들과 속이는 자들은 더욱 악하여 져서 속이기도하고 속기도 하나니."

내가 혈기가 심하면 혈기가 심한 사람이 잘 붙어서 나에게 혈기로 상처를 받게 한다는 것입니다. 그런데 꼭 이렇게 부정적으로만 보면 안 됩니다. 내가 성령으로 충만하고 말씀으로 영성이 잘 훈련되어 있으면 성령 충만하고 영성이 깊은 성도가 나에게 접근하고 함께하기를 즐겨한다는 것입니다. 그러므로 우리는 나에게 어떤 종류의 사람들이 잘 접근하는 가를 보면 자기 자신에게 역사하는 영을 알 수가 있는 것입니다. 실로 영의 세계는 사람의 이론으로 감정으로 눈으로는 알 수도 볼 수도 없습니다. 그러므로 우리는 성령 하나님의 도우심이 없이는 이 세상을 살아갈 수가 없는 것입니다.

제가 지금까지 성령치유 사역을 하면서 임상적으로 체험한 바로는 보편적으로는 귀신의 영향을 받는 사람이 성령 충만한 사람보다, 더 잘 심령의 감찰(투시)로 보이게 됩니다. 심령의 감찰(투시)을 한다는 사람을 분별하기 위해, 다른 사람을 성령에 깊이 사로잡힌 깊은 임재 상태에서 심령의 감찰(투시)로 그 사람을 보게 했습니다. 그랬더니 올빼미 형상을 한 귀신이 꼼짝하지 않고 들어 있는 경우가 많았다는 것입니다. 그렇지 않으면 귀신이 들리지 않은 사람은 심령의 감찰(투시)을 하는 사람이 아니라 영적인 환상이나 환영(귀신이 보여주는 것)을 보는 사람이었습니다.

대개의 사람들은 성령의 은사와 악령의 역사를 잘 분별하지 못하고, 그리고 심령의 감찰(투시)과 환상을 구분하지 못하며, 또한 성령에 깊이 사로 잡혀있는 깊은 임재 상태와 귀신에 의하여, 자주 혼수상태에 빠지는 것을 구분하지 못하고, 자랑처럼 말하는 경우가 많습니다. 고로 영적인 분별력을 길러야 합니다. 혼수상태에 잘 빠지는 이유는 치유되어야할 영적인 문제가 있는 것입니다. 혼수상태라고 하는 것은 이런 현상입니다. 성령이 충만한 집회에서 안수를 받는 다든지 성령의 임재가운데 기도할 때 순간순간 의식을 잃고 쓰러지는 것을 말합니다.

마치 초보자들이 보면 성령의 강한 임재로 깊은 임재(입신)에 들어가는 것과 흡사한 현상을 혼수상태라고 표현합니다. 이 혼수상태는 악한 영들이 자신이 장악하고 있는 사람이 말씀과 성령으로 치유되면 그 사람에게서 떠나가야 하니, 어떻게 해서든지 자신이 장악하고 있는 사람의 의식을 잡아서 영적으로 깊이 들어가지 못하게 하여 떠나가지 않으려는 것입니다. 이를 본인이 인정하면 좋겠지만 인정하지 않는다면 구지 본인에게 말할 필요가 없습니다. 성령의 강한 역사가 나타나도록 안수를 하면 정상으로 회복이 됩니다. 더 자세한 것은 "하나님의 **복을 전이 받는 법**"을 참고하시기를 바랍니다.

그리고 일부 목회자들이 성령의 세례로 일어나는 현상이 무당에게 신내릴 때의 현상과 비슷하다고 분별을 걱정하는 분들이 있습니다. 이것도 걱정할 필요가 없습니다. 성령의 강한 역사가 나타나게 하며 안수를 하면 모두 무당의 영들이 떠나가고 정상적인 성령의 역사만 일어납니다. 정말로 걱정할 것은 성령의 권능이 없어서 성령의 역사와 무당 신내림의 현상이 같이 일어날 때 정상적인 성령의 역사로 치유하지 못하는 것입니다.

13장 입신(깊은 임재)로 열린 영안

(고후 12:1-3)"무익하나마 내가 부득불 자랑하노니 주의 환상과 계시를 말하리라. 내가 그리스도 안에 있는 한 사람을 아노니 그는 십사 년 전에 셋째 하늘에 이끌려 간 자라 (그가 몸 안에 있었는지 몸 밖에 있었는지 나는 모르거니와 하나님은 아시느니라) 내가 이런 사람을 아노니 (그가 몸 안에 있었는지 몸 밖에 있었는지 나는 모르거니와 하나님은 아시느니라)"

먼저 '입신'의 용어에 대하여 먼저언급을 합니다. '입신'이라는 단어의 한자 표기는 두 가지가 있는데, 入神과 立神이 그것입니다. 전자는 중국식 표현이며, 후자는 일본식 표현입니다. 이 두 표현 모두 '신의 경지에 들다'라는 의미를 지닌 단어입니다. 또한 이 입신이라는 표현은 주로 무속 인들이 즐겨 사용하는 용어입니다. 샤머니즘에서 입신은 '신 내림'을 의미하는 용어로 오래전부터 사용되어 온 단어입니다. 신 내림의 한자 표현이 '入神'입니다. 국어사전은 이 단어의 의미를 '기술이나 기예 따위가 매우 뛰어나 신과 같은 정도의 영묘한 경지에 이름'이라고 서술하고 있습니다. 중국어는 이합동사로서 '흥미가 있는 사물에 빠져들다. 마음을 뺏기다. 넋을 잃다. 정신을 쏟다.' 등의 의미로 사용되는 관용표현입니다.

성경은 사람이 영적 세계로 들어가는 상황을 일컬어 '이끌리다'라는 표현을 사용하고 있습니다. "성령에 이끌려"(마 4:1, 눅 4:1), "세 째 하늘에 이끌려 간 자라"(고후 12:2), "여호와의 기운이 나를 밖으로 이끌어냈다"(겔 37:1), "천사들에 이끌려"(눅 16:22). 등이 있습니다. 그러므로 우리는 이런 상황에 대한 표현으로 '입신'이라는 단어를 쓸 것이 아니라 '성령의 이끌림에 의한 깊은 임재'라는 성경적인 용어를 사용해야 할 것입니다.

그래서 저는 현재 성도들이 입신이라는 용어에 익숙하여 있기 때문에 '성령의 깊은 임재(입신)'이라고 용어를 사용합니다. 책을 읽어 가는데 참고하시기를 바랍니다.

우선 입신이 무엇인가를 알기 위해 입신과 영안이 열려서 영계를 보는 것의 차이점을 비교해 보겠습니다. 영안이 열려서 영계를 보는 것은 쉽게 표현한다면 순간 열려진 틈새로 영계 안을 들여다보는 것이고, 입신 상태가 되는 것은 영이 육신을 떠나 영계 안으로 넘어 들어가는 것입니다.

영안이 열려서 영계를 볼 때에는 영과 육신과 의식(意識)은 이 현실 세계에 그대로 있지만, 입신 중에 있을 때에는 이 현실 세계에서는 육신만 있고 영과 의식은 현실 세계의 울타리를 넘어 영계로 들어가서 그곳에서 활동하게 되는 것입니다. 따라서 현실 세계에 남아 있는 육신은 입신 상태가 계속되는 동안 아주 무기력한 수면 상태가 되는 것입니다.

영안이 열려 영계를 보는 것은 어디까지나 구경꾼의 입장에서 성령께서 보게 해 주시는 것만을 볼 수 있을 뿐이지만, 입신 상태에서는 내 영이 영계 안에서 어느 정도까지는 나 자신의 의지(意志)에 따라 행동할 수가 있습니다. 영안이 열려서 영계를 보는 것은 그 시간이 극히 짧습니다. 입신의 경우는 짧아도 2-3분, 길 때에는 며칠씩 계속되는 경우도 있습니다.

어떻든, 성령의 깊은 임재(입신)은 우리의 영이 영계 안으로 들어가서 영계의 여러 가지를 보고 들으면서 영계를 체험하는 것입니다. 하나님께서 우리에게 이런 성령의 깊은 임재(입신)를 허락하시는 것은 우리로 하여금 영계가 있다는 확신을 갖게 하기 위해서입니다. 그런데, 여기서 우리가 알아야 할 것이 있습니다. 그것은 인간의 영은 다른 영의 인도 없이 입신 상태로 들어갈 수가 없습니다. 그러므로 입신은 성령께서 이끄시는 입신만 있는 것은 아닙니다. 귀신이 이끄는 입신도 있다는 것입니다. 성령께서 이끄시는 입신은 성령께서 허락하심으로 우리의 영을 천사가 인도하여 영계로 들어가게 하는 것입니다. 반면, 귀신에게 이끌리는 입신은 귀신들이 꾸민 거짓 영계, 곧 있는 것처럼 보이게 하는 거짓 영계 속에서 거짓 것을 보고 거짓 것을 체험하는 거짓 입신인 것입니다. 귀신들은 거짓의 움직이는 입체적 허상(虛像)을 만들고 우리의 영을 그 허구의 세계 속으로 끌어들여 우리의 영으로 하여금(혹은 우리의 의식으로 하여금) 그것이 실재하는 영계처럼 착각하게 만드는 것입니다.

1. 성령의 깊은 임재(입신)의 사전적 의미

입신을 말할 때, 국어사전을 검색하면 대부분 다음 두 가지 용례만 나오는 것을 알 수 있을 것입니다.

1) 입신(入神): ① 기술이 영묘한 경지에 이름. ② 바둑에서 9단이 됨. ③ 신의 경지에 들어감을 말합니다.

2) 입신(立身): 사회에 나아가서 자기의 기반을 확립하여 출세함을 뜻하는 말입니다.

입신 쓰러지는 현상을 영어로는 slain in spirit (성령 안에서 죽어짐, 살해당함), 또는 resting in the spirit (성령 안에서의 안식)이라고 하며, 그 원인을 overcome by spirit(성령에 의해 정복당함)으로 말하고 있습니다. 성경에는 입신이라는 단어 자체가 나오지는 않지만 이것은 어떤 영적인 현상을 표현한 용어입니다. 마치 삼위일체라는 단어가 성경에 없지만 신학적 술어로서 사용하고 있는 것과 같은 경우라고 생각 하시면 됩니다. 그래서 저는 '성령의 깊은 임재(입신)'이라는 용어를 사용합니다.

2.입신 쓰러지는 현상의 혼돈과 분별하는 법

어떻든, 입신은 우리의 영이 영계 안으로 들어가서 영계의 여러 가지를 보고 들으면서 영계를 체험하는 것입니다. 하나님께서 우리에게 이런 입신을 허락하시는 것은 우리로 하여금 영계가 있다는 확신을 갖게 하기 위해서입니다. 그런데, 여기서 우리가 알아야 할 것이 있습니다. 그것은 입신은 성령께서 이끄시는 입신만 있는 것은 아닙니다. 귀신이 이끄는 입신도 있다는 것입니다. 아니, 실은 사람들이 체험하는 입신 중 많은 것이 귀신에게 이끌리는 입신이라는 것입니다. 실은 우리가 체험하는 입신의 대부분이 귀신이 이끄는 입신이라고 해도 과히 틀린 말은 아닐 것입니다. 인간의 영은 절대로 다른 영의 인도 없이 깊은 임재(입신) 상태로 들어갈 수가 없습니다.

성령께서 이끄시는 입신은 성령께서 허락하심으로 우리의 영을 천사가 인도하여 영계로 들어가게 하는 것입니다. 반면, 귀신에게 이끌리는 입신은 귀신들이 꾸민 거짓 영계, 곧 있는 것처럼 보이게 하는 거짓 영계 속에서 거짓 것을 보고 거짓 것을 체험하는 거짓 입신인 것입니다. 귀신들은 거짓의 움직이는 입체적 허상(虛像)을 만들고, 우리의 영을 그 허구의 세계 속으로 끌어들여 우리의 영으로 하여금(혹은 우리의 의식으로 하여금), 그것이 실재하는 영계처럼 착각하게 만드는 것입니다.

그러니까 귀신이 이끄는 입신은 입신이 아니며 입신처럼 착각하게 만드는 것입니다. 쉽게 말하면 귀신이 꾸게 해주는 일종의 꿈과 같은 것이라고 할 수 있을 것입니다. 귀신들은 그들이 꾸며놓은 허상의 세계 속으로 입신 자를 데리고 다니면서 그것들을 보고 듣고 하게 해 준다는 것입니다. 귀신들은 그들이 만든 허구의 천국도 보여 주고 지옥도 보여줍니다. 그들이 보여주는 천국은 그것을 보는 입신 자가 사람들로부터 천국은 어떻더라 하고 흔히 듣는 그런 모습으로 나타납니다. 지옥도 마찬가지입니다. 귀신에게 이끌려서 귀신이 보여 준 거짓 천국이나 거짓 지옥의 모습을 보고는 천국에 갔다 왔네, 지옥 갔다 왔네 하며 사람들 앞에서 그것을 자랑스럽게 간증하고 다니는 사람들이 우리들 주위에는 있습니다.

어떤 목사님은 사람들을 모아 놓고 반 강제로 입신을 시켜 주기도 하고, 또 억지로라도 입신을 해보겠다고 그런 목사님 앞에 벌렁 누워서 입신을 체험하는 사람들도 있습니다. 이렇게 해서 입신을 할 경우 그 대부분은 아니 거의 모두는 귀신에게 이끌리는 입신을 하게 됩니다. 기도원이나 부흥회 같은 데서 단체로 입신을 하게 되는 경우가 더러 있는데 이런 경우도 거의가 귀신에 의한 입신이라고 해도 틀리지는 않을 것입니다. 성령에게 이끌리는 입신, 정확하게 말해서 성령께서 허락하셔서 천사가 이끄는 입신은 우리가 원해서 되는 것이 아니요. 어느 목사가 기도해서 되는 것이 아니라, 성령께서 필요하다고 생각하셨을 때, 입신하도록 우리의 영을 이끄시는 것입니다.

이런 입신은 깊이 기도하는 중에 혹은 말씀을 묵상하는 중에 뜻하지 않게 그야말로 홀연히 오는 것입니다. 이런 입신을 체험하는 사람은 많지 않습니다. 기도를 많이 하는 사람 중에는 조금만 깊이 기도를 해도 곧 입신 상태로 빠지게 되는 사람들이 있는데, 이 경우도 대개는 귀신이 이끄는 입신인 것입니다.

귀신에게 이끌리는 입신에 자주 빠지게 되면 습관적으로 입신을 하게 되고 입신 중에 귀신의 유혹을 받아 온갖 죄악을 저지르게 되는 경우가 흔히 있습니다. 다시 말하면 귀신이 만들어 놓은 허구의 세계 속에서 온갖 육신의 쾌락을 맛보게 되는 것입니다. 그리고 이 쾌락을 못 잊어서 그것이 귀신이 이끄는 입신이라는 것을 알면서도 그것에서 벗어나지 못하고 마약 중독자처럼 계속 귀신이 이끄는 입신 속으로 빠져들게 되는 경우도 있는 것입니다. 그러므로 입신에 대해서는 매우 조심스럽게 접근해야 합니다.

제일 좋은 방법은 입신에 대해 관심을 갖지 않는 것입니다. 깊은 임재(입신)에 관심을 갖지 않는 다는 것은 인간의 욕심으로 깊은 임재(입신)에 들어가려고 하지 않는 다는 것입니다. 또 누가 기도해서 입신 시켜주겠다고 하면 거절하거나 적당한 이유를 붙여 회피하는 것이 상책입니다.

3. 입신 현상의 세 가지 구별

1) 육이 무감각한 상태에서 영이 하늘나라로 가는 상태를 말합니다.

2) 육의 모든 감각과 생각이 있는 상태에서 하늘의 오묘한 신비를 체험하는 상태입니다.

3) 아무것도 보지 못하나 심령의 평안을 누리는 상태입니다.

사도 바울은 "그가 몸 안에 있었는지 몸 밖에 있었는지 나도 모르거니와 하나님은 아시느니라"(고린도후서 12:2-3)라고 말했습니다. 하나님은 시간과 공간을 초월하시고 천지에 충만 하시고 (예레미야 23:24)능치 못함이 없으신 분입니다.

4.입신(성령의 깊은 임재)의 유익한 점

육이 잠깐이라도 약해지는 순간 영이 승리하므로 마음의 평화를 맛보게 되는 은혜의 체험을 하게 됩니다(고전 2:10-13; 마 12:22-23). 즉 육의 소욕이 감소되고 성령의 소욕이 성장되는 증거가 됩니다(갈 5:16). 이때에 심령의 치유와 육신의 질병의 치료를 받을 때도 많습니다.

성령의 이끄심에 의한 입신의 유익한 점은 성령의 평안이 찾아와 세상의 근심이 없어집니다(마 6:34; 고후 7:10; 벧전 5:7). 성령의 역사로 심령이 치유되어 마음이 깨끗해집니다(막 2:5; 약 5:14-16). 마음에 깊은 평화가 옵니다(요 14:26-27; 눅 17:20-21). 성령의 깊은 임재와 역사로 깊은 회개가 터집니다(행 2:37-38). 말로 표현 할 수 없는 기쁨이 솟아납니다(빌 4:4; 살전 5:16). 영이 깨어나므로 하나님의 말씀이 생각납니다(요 14:26-27; 요일 2:27).

성령의 감화로 영이 육을 초월하며 영이 전인격을 사로잡습니다(롬 8:13-17). 방언과 방언 통역의 은사를 받기도 합니다(행2:1-4). 말씀과 성령으로 전신갑주를 입으며 소명감을 받습니다(고후 6:2; 골 4:3; 엡6:12-13). 웃음과 기쁨이 넘칩니다(욥 8:20; 시 126:2; 눅 6:21). 성령이 역사하여 춤의 기쁨이 있습니다(삼하 6:5). 영안이 열리고 환상을 보게 됩니다(고후 12:1-3). 성령이 입술에 말씀을 넣어줍니다(겔 2:8; 계 10:9; 시 81:10). 깊은 생명의 말씀이 들려옵니다(단 10:8-21). 신체에 전류가 흐르며 힘이 생깁니다(행 4:29-31). 성령의 불이 심령으로 내리고 심령에서 성령의 불이 올라옵니다(행 2:1-4). 성령의 역사하심으로 심령의 치료로 생활과 성품에 변화가 생깁니다(롬12:2). 영이 육을 장악하여 육에 힘이 없어질 때 질병이 없어집니다(막 9:17-21). 성령의 권세에 귀신이 성령의 힘에 숨어 있지 못한고 발작하며 떠나갑니다(마12:28). 주님 일에 충성심이 생겨납니다(고전 4:1-2). 주님을 사랑하는 마음이 생기고 성품이 변하며 성령의 열매를 맺게 됩니다(갈 5:22-23). 바른 성령의 이끌림(입신)은 우리의 전인격을 변하게 합니다.

5.입신 상태에서 주의할 점

입신한 분 옆에서 대화나 소음은 금하며, 몸에 손을 대는 것도 금합니다. 대신 조용히 찬송을 불러 주어야 합니다. 넘어지게 될 때나 누워 있을 때에 인간적인 생각을 하지 말고 날 위하여 십자가에서 피 흘려 돌아가신 예수님을 바라보아야 합니다. 그때 자기도 모르게 눈물로 회개 할 때가 있는데 이는 성령께서 친히 우리의 영과 더불어 역사하는 것이며, 우리가 연약할 때 친히 우리를 위하여 탄식하며 기도하는 것입니다(롬 8:26). 몸에 새 힘이 생길 때까지 주님을 생각하고, 일어날 수 있을 때에 조용히 일어나는 것이 좋습니다(단 10:18-19). 안수 받아보니 별것 아니더라고 함부로 말하지 마시기를 바랍니다. 성령께서 역사하시는 일을 비난 하는 것이 됩니다(엡 4:30).

6.누가 입신의 체험을 잘할 수 있나?

1) 하나님의 주권에 있으므로 하나님께서 원하시는 자가 입신의 체험을 할 수 있습니다.

2) 마음이 순결하고 청결한 자가 입신을 체험합니다(마 5:8). 성령의 불세례를 체험하고 깊은 회개를 한 자가 입신을 체험해야 하는 것입니다.

3) 사모하는 영혼이 입신을 체험합니다(시107:9). 하나님은 사모하는 영혼에게 만족을 주십니다.

4) 하나님과 기도해주는 자와 기도 받는 자의 영적 채널이 맞을 때 입신을 체험합니다(행19:6).

주의할 것은 넘어지는 것(입신)은 구원과 관계가 없습니다. 구원은 믿음과 관계가 있습니다.

7. 성령의 깊은 임재(입신)의 체험 사례.

충만한 교회 성령치유집회에 참석한지 2주가 지났을 때의 체험입니다. 제가 충만한 교회 성령치유 집회에 참석한 것은 신경성 위장병으로 10년 이상을 고생하며 지냈기 때문에 신경성 위장병을 치유 받으려고 집회에 참석한 것입니다. 한 주가 지나고 두 주가 되어 이제 마음속으로 방언기도를 하던 때입니다. 충만한 교회 성령치유 집회 때에는 매시간 30분 이상 기도 시간이 있습니다. 이때 강 목사님께서 개인별로 안수를 해줍니다. 첫 주에는 조금 생소했습니다. 점점 적응이 되면서 성령의 불이 임하는 체험을 했습니다. 무엇보다도 강 목사님이 성령을 체험하고 마음의 상처를 치유하는 기도에 대하여 자세하게 설명하여 주었습니다. 그래서 계속 기도를 하다가 보니 이제 숙달이 되었습니다.

그날도 영의 말씀을 듣고 찬송을 부르고 기도를 시작했습니다. 그런데 이 날은 강 목사님이 소리를 내지 말고 마음속으로 방언기도를 하라고 가르쳐 주었습니다. 그래서 순종하는 마음으로 호흡을 들이쉬고 내쉬면서 마음으로 방언기도를 했습니다. 오로지 방언기도에 몰입하여 마음으로 방언기도를 했습니다. 그러다가 나도 모르게 성령의 깊은 임재(입신)에 들어갔습니다. 그러자 환상이 보이는 것입니다. 하얀 옷을 입은 사람 3명이 저의 몸을 만져주면서 지금까지 위장병으로 고생을 많이 했구나 하면서 배를 만져주는 것입니다. 그러면서 앞으로는 위장병으로 다시는 고생하지 않을 것이라고 말하면서 건강한 몸으로 영혼을 전도하라고 하면서 배를 계속 만져주는 것입니다.

그런데 너무나 배가 시원해지는 것을 체험했습니다. 그러더니 갑자기 기침이 사정없이 나오는 것입니다. 그래서 기침을 한동안 했습니다. 기침을 하고 나니 더 배가 시원하여 졌습니다. 배가 시원하여 지더니 속에서 불이 올라오기 시작하는 것입니다. 너무나 뜨거운 불이 마음에서 올라와 저를 태우는 것입니다. 그러면서 몸이 가벼워지는 것입니다. 마치 솜털같이 가벼운 기분이 들었습니다. 너무나 황홀하고 신비스러워 계속 마음으로 방언기도를 했습니다. 그러더니 이제 온몸을 마치 안마 하는 것같이 만져주었습니다. 그러면서 근육통증이 사라졌습니다. 너무나 좋으시 싱팅님 계속하여 주세요. 라고 기도가 저절로 되었습니다.

그렇게 신비한 현상을 체험하다가 어느덧 기도시간이 종료되었습니다. 집회가 끝나고 강 목사님에게 현상을 이야기 했더니 성령께서 임재 하여 육체의 모든 부분을 치유한 것을 보증으로 보이게 보여주신 것이라고 했습니다. 그 후 저는 신경성 위장병과 근육통증이 완전하게 치유가 되었습니다. 지금 생각을 하면 너무나 신비스럽습니다. 또 그런 성령님의 임재를 체험하고 싶습니다. 좌우지간 치유하여 주신 성령하나님에게 감사와 영광을 돌립니다. 강남 김집사

14장 환상을 보는 눈으로 열린 영안

(행2:17)"하나님이 말씀하시기를 말세에 내가 내 영을 모
든 육체에 부어 주리니 너희의 자녀들은 예언할 것이요 너희
의 젊은이들은 환상을 보고 너희의 늙은이들은 꿈을 꾸리라"

하나님이 우리에게 말씀하시는 여러 가지 방법 가운데 환상
으로 말씀하시는 방법이 있습니다. 구약에서는 에스겔 선지자
가 이런 방법을 통해서 하나님의 말씀을 받았고 신약에서는 요
한 사도가 계시록을 이 방법을 통해서 받았습니다.

환상을 성경은 묵시라는 말로 표현하고 있습니다. 묵시라는
말을 헬라어로 '아포칼립스' 라고 하는데 이 말의 뜻은 '커튼을
연다.' 는 뜻으로 쓰이는 말입니다. 닫혔던 것을 열어서 보여줄
때 사용하는 말입니다. 이 말을 우리말로 그대로 번역하여 계시
(啓示)라고 씁니다.

눈을 열어서 보여준다는 뜻이지요. 환상은 '환타시'라는 말인
데 황홀경을 의미하기도 합니다. 그렇게 부른 까닭은 보이는 이
미지가 세상에서 볼 수 없는 이상한 것들이 많기 때문이지요.
상상 속에서나 볼 수 있는 실존하지 않는 이미지들이 많이 등장
하기 때문에 환상이라는 말을 사용하였습니다.

그러나 이 말은 그 보이는 이미지에 초점을 맞춘 것이고 사실 그 보다는 하나님이 환상을 보여주시는 뜻을 더 중요하게 생각하여 표현한 계시라는 말이 올바른 표현일 것입니다. 계시는 신약에서 사용한 것이고 구약은 묵시(默示)라고 적고 있습니다. 영어 성경은 이 말을 'dark saying'이라고 표현하기도 합니다. 묵시라고 표현하는 데는 그 의미를 알기가 쉽지 않기 때문이지요. 의미를 해석하는 데서 오는 어려움에 더 비중을 두어서 표현한 것입니다.

표현하는 사람의 관점이 어디에 있느냐에 따라서 묵시, 계시, 환상 등으로 사용하고 있는 것입니다. 하나님이 환상을 사용하시는 까닭은 주로 미래와 연관되어 있다는 것입니다. 장차 되어 질 일에 대해서 하나님은 환상으로 말씀하시고 계시는 것입니다. 환상이라는 말로 주로 번역되는 영어의 vision은 미래와 연관되어 사용하는 말이지요. 이 말처럼 환상은 미래에 속한 내용을 다룰 때 사용되는 것입니다.

오늘날 우리가 일반적으로 보는 환상 역시 미래와 연관이 있는 것일까요? 신약에서 요한 계시록이 우리의 미래에 대한 마지막 계시입니다. 그러나 이는 정경일 뿐이며 성령은 우리 개인에게 지금도 미래에 대한 계시를 계속하시고 계십니다. 하나님의 말씀은 정경으로서는 이미 완결되었지만 각 성도들을 인도하시기 위해서 오늘날도 말씀이 여전히 주어지고 있다는 점에서 볼 때 미래에 대한 계시도 정경의 차원이 아니라 인도하심의 수단으로 주어진다고 보아야 할 것입니다.

모든 인류에게 시대를 막론하고 적용되는 정경으로서의 계시는 이미 완결되었기 때문에 더 이상의 그런 계시는 없습니다. 그러므로 93년에 일어났던 시한부 종말론 자들이 보았다고 하는 계시는 거짓말이었습니다. 그런 계시는 전 인류에게 적용되는 것이기 때문에 그런 계시는 이미 요한 사도를 마지막으로 끝난 것입니다. 전 인류에게 적용되는 계시는 성경에서 찾아야 합니다. 오늘날 우리에게 주어지는 환상은 집단적으로 또는 개인적으로 그리고 단일한 세대를 위해서 장차 될 일에 대한 인도하심이며 준비케 하려는 것입니다. 그런데 왜 말씀으로 하시지 않고 계시로 보여주시는 것일까요?

환상은 그 상징이 매우 복잡하고 이해하기 어렵습니다. 우리가 알아들을 수 있는 말씀으로 하시면 쉽게 알아듣고 제대로 준비할 수 있겠는데 알기 어려운 환상으로 말씀하시는 까닭이 무엇일까요? 미래에 관한 일을 환상으로 보여주시는 이유는 그 내용이 단순하지 않기 때문입니다. 미래의 일은 현재 이루어질 것이 아닙니다. 미래에 될 일이기 때문에 장차 이루어질 일에 대해서 현재의 시각이나 관념으로 이해하는 것은 고정관념에 사로잡힐 가능성이 높습니다. 우리는 기록된 성경을 끊임없이 재해석하고 적용해야 합니다. 과거에 유명한 성경해석 학자가 해석한 것이라 할지라도 세월이 지나면 그 해석에 문제가 생깁니다. 그래서 다시 해석하고 시대의 가치관에 맞도록 수정해야 합니다. 그런데 이것이 쉽지 않습니다. 과거의 내용이 올바르다고 주장하고 새로운 해석을 거부하거나 이단이라고 몰아붙이는 사람들이 있습니다. 그래서 새로운 해석이 자리를 잡기까지 많은 진통을 거치게 됩니다.

이처럼 언어로 기록된 성경도 시대가 변함에 따라 새로운 해석을 필요로 합니다. 그리고 새로운 해석을 받아들이기가 쉽지 않지요. 그런 의미에서 환상은 새로운 해석을 받아들이는 것이 비교적 용이합니다. 왜냐하면 이미지에 대한 정답이 없기 때문입니다. 이미지는 말과는 달라서 어떤 고정된 관념에 묶어두기가 쉽지 않습니다. 환상에 등장하는 이미지는 우리의 현실에서 볼 수 없는 것들을 포함하므로 그 이미지가 우리의 고정 관념에서 벗어날 수 있는 것입니다. 그러므로 인간의 고정관념에서 다소 벗어나 자유로운 상태에 있을 수 있는 것입니다.

이미지를 절대적으로 해석할 수 있는 사람은 이 세상에 아무도 없는 것입니다. 그 시대의 사람들이 함께 인정하는 최대 공약수적인 개념으로 받아들여지는 것입니다. 이 개념은 상황이 변하면 언제든지 그 해석이 변할 수 있다는 점을 먼저 전제하고 하는 것이기 때문에 재해석의 여지를 남겨두고 있는 것입니다. 미래에 관한 일은 그 일이 언제 될지 아무도 모릅니다. 그러므로 지금의 관념으로 해석을 확정하는 일이 사실상 불가능합니다. 그러므로 지금 시대에 형성된 개념인 언어를 사용하여 그 의미를 고정한다면 그 뜻이 제대로 전달될 수 없기 때문에 환상이라는 이미지를 사용하셔서 말씀하시는 것입니다. 이런 이미지를 사용하시는 것은 그 때가 이르렀을 때 그 이미지가 의미하는 바가 확연히 드러나고 그렇게 되었을 때 이루어지는 일들이 하나님이 미리 말씀하시고 하시는 것이라는 확증을 얻게 하려는 것입니다.

말씀으로 기록된 성경은 그 말씀이 주어졌을 때 그 당시 확정된 개념을 이해해야 그 말이 뜻하는 바를 정확히 알 수 있지요. 그래서 성경학자들은 성경에 사용된 어휘가 당시에 어떤 의미로 확정되어 있었는지를 밝히려고 애쓰고 있지 않습니까? 당시의 일반적으로 통용되던 개념과 지금 우리 시대의 개념이 차이가 있기 때문에 말씀이 주어질 당시의 의미와 다를 수 있다는 점 때문에 애써서 연구합니다. 그러나 상징은 이런 염려가 없는 것입니다. 가까운 장래이든 먼 장래이든 상관없이 미래에 관한 계시는 그 이미지를 지금 확증하게 하기 보다는 장차 그 일이 이루어질 때 그 일을 하나님의 일로 받아들이게 하기 위함입니다. 미래의 일을 다루는 꿈 역시 환상과 마찬 가지로 현재로서는 해석하기가 쉽지 않은 까닭이 여기에 있는 것입니다.

환상은 꿈과 같이 '지시하심' '인도하심' '경고하심' 등의 내용을 지니고 있습니다. 이런 의도로 주어지는 환상은 그 이미지가 단순하고 현재적입니다. 그러므로 해석하는데 별로 어려움이 없지요. 그런데 장차 되어 질 일에 관한 환상은 이미지가 매우 복잡하고 현실에서 볼 수 없는 것들을 사용하십니다. 매우 추상적이고 상상 속에서나 나올 수 있는 모호한 이미지가 등장하는 환상은 미래와 연관된 것입니다. 우리는 누구나 이런 환상을 볼 수 있습니다. 앞에서 설명하였지만 미래에 관한 환상은 해석을 위한 것이 아닙니다. 미래에 관한 환상 가운데 해석이 가능한 것이 있습니다. 이것은 계시로서의 환상이 아니라 지시하심으로서의 환상인 것이지요. 조만간에 될 일에 대해서 현명하게 대비하고 준비하게 하시기 위함입니다. 이런 일은 우리를 온전하게 인도하시고자 하는 성령님의 뜻이 반영되는 것입니다.

그러나 하나님의 주권적인 역사하심을 이루어가는 것을 내용으로 하는 환상은 그 일이 이루어질 때까지 환상을 받은 사람은 물론 이와 연관되었다고 판단되는 개인 또는 집단이 그 이미지를 계속 연구하고 재해석하게 하기 위해서 주어지는 것입니다. 즉 그 말씀을 간직하고 상황을 면밀하게 살피게 하려는 의도가 있는 것입니다. 시간이 흘러가면서 환상의 의미는 여러 가지로 재해석을 거치게 됩니다. 상황에 따라서 계속 판단을 수정해야 하는 것입니다. 처음에는 이렇게 생각되었던 것이 시간이 지나면서 그 판단이 옳지 않다고 생각되어 수정하게 됩니다. 이렇게 계속 판단을 수정하면서 그 이미지를 새롭게 해석하고 적용하게 되면서 점차로 그 이미지가 적용을 위한 것이 아니라 말씀을 간직하고 지켜보아야 할 것이라는 사실을 깨닫게 되는 것이지요. 우리가 오늘날 보는 환상은 여러 부분에서 꿈과 흡사하지만 몇 가지 부분에서는 꿈과 전혀 다른 의미를 가지고 있습니다. 꿈은 우리의 정신작용(무의식의 영역)으로 말미암아 꾸는 경우가 많습니다. 즉 치유적인 의미가 있습니다.

그러나 환상은 이런 작용이 거의 없습니다. 꿈은 의식 상태에서는 꿀 수 없습니다. 그러나 환상은 분명한 의식을 가지고 있는 상태에서 볼 수 있다는 점이 다릅니다(간혹 비몽사몽의 상태에 빠지게 하기도 합니다). 백일몽이라고 해서 의식이 있는 상태에서 꿈을 꾼다고 생각하지만 이것은 환상을 꿈으로 착각하여 붙인 이름이라고 봅니다.

의식이 있는 상태에서 보이는 꿈과 동일한 환상을 'mobile vision'이라고 합니다. 마치 동영상을 보는 것과 같습니다. 에스겔 선지자가 이런 동환상(화면이 움직이는 환상)을 보았습니다. 오늘날에는 흔하지 않지만 중대한 내용을 가지고 있는 경우 이런 움직이는 환상을 볼 수 있습니다. 이 환상은 일반인들은 거의 경험할 수 없지만 예언자나 선지자의 소명을 받은 일부 전문 사역자는 이런 환상을 보게 됩니다.

환상은 자신의 정신 작용과는 상관이 별로 없지만 우리가 경계해야 할 것이 바로 마귀의 속임수입니다. 93년의 시한부 종말론을 주장한 많은 사람들이 이 마귀가 보여주는 거짓 환상에 속아서 물의를 만들어냈지요. 많은 목회자들까지 분별없이 이 속임에 놀아났던 사실이 있습니다. 악령으로부터 오는 환상은 그 출처에 따라 다르게 나타납니다. 악령에는 우두머리 사단과 그의 졸개인 마귀와 귀신이 있지요. 마귀는 사람에게 영향을 주는 존재이고 귀신은 사람의 육신을 점령하여 그를 사용하는 영적 존재입니다. 마귀는 귀신보다 한 단계 위에 위치하므로 그 힘이 대단합니다. 우리는 수시로 마귀의 영향을 받을 수 있습니다. 그러므로 깨어있지 않으면 언제 속아서 마귀의 수족노릇을 하게 될지 모릅니다.

마귀가 보여주는 환상은 하나님의 환상과 거의 차이가 없습니다. 오로지 그 내용이 다를 뿐입니다. 마귀의 특성을 이해하지 못하면 우리는 마귀의 속임수에 걸리게 됩니다. 그런데 그 특성의 차이가 미묘해서 쉽게 구별이 되지 않는 경우가 많습니다. 진품과 모조품이 있는데 어떤 모조품은 전문가가 아니면 거의 식별이 불가능할 정도로 정교한 위작들이 많지 않습니까? 이처럼 가짜인 마귀의 환상이 너무 정교해서 식별이 쉽지 않은 경우가 많습니다. 그래서 전문 사역자들도 속아 넘어가는 경우가 더러 있지요. 마귀의 일을 살피는 가장 중요한 초점은 자신을 돌아보는 것입니다. 하나님의 뜻대로 살지 않으면 우리는 항상 마귀의 올무에 걸릴 위험이 있다는 것입니다. 성령 충만한 삶을 살지 않으면 마귀의 올무에 걸리게 됩니다.

하나님에게 순종하지 못하고 죄를 범한 경우 성령님은 우리의 양심에 부담을 주어 회개할 것을 촉구합니다. 그런데 자꾸 미루고 회개하지 않으면 마귀는 이 기회를 이용해서 그 사람에게 자신이 한 일이 잘한 일인 것처럼 여기도록 거짓 환상을 보여줍니다. 회개하지 않아도 하나님이 여전히 자신을 사랑하고 있다고 믿게 하는 내용의 환상을 보여주어 회개하기 싫어하는 마음을 정당하게 생각하게 만드는 것입니다. 이와 같이 성령의 요구하심에 대해서 반대되는 것들을 보여줌으로써 그에게 더 많은 죄를 짓도록 만들어 하나님의 은혜에서 멀어지게 하는 것입니다. 마귀로부터 오는 환상을 받아들이면 그 결과는 주님과 멀어지고 교만해지며 주님에게 불순종하게 됩니다.

귀신은 마귀와는 달리 그 사람의 몸에 침투해서 점령하여 그 속에 거하는 것이 목적입니다. 그러므로 귀신이 보여주는 환상은 그 내용이 매우 추악합니다. 자살하는 장면을 자꾸 보여주어 자살에 대해 거부감이 사라지게 되어 자살하게 만들거나, 음란한 장면을 보여주어 성적으로 타락하게 만들거나, 폭력적인 장면을 보여주어 폭력에 시달리게 하거나, 위협적인 장면을 보여주어 공포에 떨게 하여 우울증에 빠지게 하고, 이런 과정을 계속 반복하여 심신을 허약하게 만들어 그 사람의 몸에 침투하게 됩니다.

귀신들리는 사람은 그 전조 단계로 환상을 집중적으로 보게
되고 환청에 시달려 일상생활을 제대로 할 수 없게 됩니다. 잠
을 못 이루게 하여 영과 육이 함께 지치게 합니다. 우리 주변에
이런 환상으로 시달리는 사람이 적지 않습니다. 매년 1만 명 이
상이 정신질환으로 병원을 찾는데 병원을 찾지 않는 사람까지
포함하면 수만 명이 될 것입니다. 그리고 가벼운 우울증 즉 잠
재적 정신질환 환자는 10만이 넘습니다. 무작위로 조사한 어떤
연구 결과를 보면 우리나라 성인의 20%가 우울증을 가지고 있
다고 합니다. 이것은 잠재적으로 정신질환을 가지고 있고 언제
든지 병으로 발전할 여지를 가지고 있는 것이지요. 그 가운데
상당 부분은 귀신들림이 진행되고 있는 중이라고 보아야 할 것
입니다.

마귀와 귀신이 주는 환상에 속아서는 안 됩니다. 귀신이 주는
환상은 병적이어서 이 부분에 대한 조그만 지식만 있어도 쉽게
구별이 됩니다. 거의 매일 환상을 본다면 이것은 귀신이 주는
것이거나 정신적 질환으로 인한 것입니다. 동일한 내용을 집중
적으로 본다면 이 또한 귀신의 환상입니다. 여러분들의 이웃이
나 가까운 사람들 가운데 이런 사람이 있다면 주저 없이 귀신을
쫓아야 합니다.

환상을 보고 난 다음 무언가 석연치 않은 생각이 든다면 이것

은 마귀로부터 온 것일 가능성이 있습니다. 내용이 성경과 배치 된다면 마귀로부터 온 것입니다. 자기를 높이고 교만하게 만들 고 죄를 정당하게 하는 유혹을 받게 만든다면 마귀로부터 온 것 입니다. 그러나 마귀로부터 오는 환상은 그리 단순하게 구별되 는 것이 아닙니다. 그래서 속는 것입니다. 처음에는 속았다가 그 사실을 곧 깨닫고 회개할 수 있다면 다행입니다. 마귀에게 계속 속으면서도 깨닫지 못한다면 그 사람은 어리석은 사람이 됩니다. 계속되는 마귀의 속임수에 속아 넘어가면 마침내는 마 귀의 종이 되고 맙니다. 마귀의 시험을 당하면서 분별력이 생깁 니다. 당하고 난 다음에야 마귀에게 당했다는 사실을 안다면 그 래도 다행입니다. 이런 과정을 거쳐서 마귀의 속성을 알게 되고 마귀에게 속아 넘어가지 않는 기술을 익히게 되는 것입니다.

하나님의 말씀에 든든히 서서 순종하는 것이 마귀를 이기는 길입니다. 자신에게 불리한 것일지라도 순종하여야 마귀의 속 임수를 이길 수 있습니다. 자신의 입맛에 맞는 것은 순종하고 그 나머지는 불순종하는 사람은 언제라도 마귀의 속임수에 걸 릴 위험이 많은 사람입니다. 환상은 하나님이 주시는 귀한 말씀 입니다. 이 말씀 속에 원수가 가라지를 뿌리고 갑니다. 우리는 추수할 때 알곡과 가라지를 구분하듯이 주어진 환상 속에 뿌려 놓은 마귀의 가라지를 걸러낼 수 있어야 합니다. 그러기 위해서 는 많은 경험이 필요하고 하나님의 말씀을 순종하려는 자세가 있어야 합니다.

1. 환상을 잘 보기 위한 영성훈련

환상을 잘 보시려면 이렇게 말씀과 성령으로 영성 훈련을 해 보시기를 바랍니다. 외부와 단절된 상태에서 은밀하고 조용하게 하나님의 만남을 통해서 영적인 교제를 나누어 인간의 내면의 영력 깊이까지 하나님의 생각과 마음과 뜻과 능력과 눈을 갖도록 훈련시키는 하나님의 능력이며, 겉 사람의 방해를 받지 않도록 마음의 기능을 절제시키고, 영의 기능을 강화하는 집중훈련입니다. 이 훈련은 초월명상이나 초능력 훈련, 마인드 컨트롤과 유사한 점이 많아서 오해되어질 요소가 많습니다. 그러나 명상의 대상이 자신이 아니라, 하나님이며, 그 목적이 인간적인 욕망을 이루기 위함이 아니라, 하나님의 뜻을 알고 순종하는데 있습니다. 이점을 잘 알고 다른 성도들에게도 설명하여 오해가 없도록 해야 합니다.

2. 환상을 잘 보기 위한 여러 훈련 방법

우리가 성령으로 기도하며 환상을 보려고 훈련하는 것은 하나님의 영광을 위하여 하나님에게 초점을 맞추고 하는 것입니다. 우리가 환상을 보려면 깊은 영의 기도를 해야 하는데 기도는 기도하는 대상이 인격적인 하나님이며 하나님과의 일치와 연합이 목적입니다. 또 말씀을 매체로 죄와 허물을 비우는 것뿐 아니라, 그리스도의 영인 성령으로 자신 안을 채우는 것입니다. 반면에 세상에서 하는 참선은 비인격적인 무를 대상으로 명상이라는 방법을 통해 비움의 과정을 거쳐 무념무상에 이르는 것을 목표로 하는 것입니다. 사람이 무념무상에 이르므로 세상 악신이 그 사람을 장악하는 것입니다. 뉴에이지 운동입니다. 이를 구분할 줄 알고 설명할 줄 알아야 영안이 열리고 환상을 보는 성도가 되는 것입니다.

우리가 하려고 하는 깊은 기도로 다듬고 숙달되어진 환상을 보기 위한 영성훈련은 외부와 단절된 상태에서 은밀하고 조용하게 하나님의 만남을 통해서 영적인 교제를 나누어 인간의 내면의 영력 깊이까지 하나님의 생각과 마음과 뜻과 능력과 눈을 갖도록 훈련시키는 하나님의 능력이며, 겉 사람의 방해를 받지 않도록 마음의 기능을 절제시키고 영의 기능을 강화하는 집중 훈련입니다.

이 훈련은 초월명상이나 초능력 훈련과 유사한 점이 많아서 오해되어질 요소가 많습니다. 그러나 추구하는 대상이 자신이 아니라 하나님이며, 내 안에 성령을 채우기 위함이며, 항상 예수님의 이름을 부르면서 하기 때문에 그 목적이 인간적인 욕망을 이루기 위함이 아니라 하나님의 뜻을 알고 순종하는데 있는 것입니다. 이점을 바르게 이해하시고 오해가 없으시기를 바랍니다.

1방법: 집에서 여기 오는 과정과 다시 집으로 돌아가서 하는 과정을 보는 훈련.

2방법: 나무를 가지고 사철 변화하는 모습을 보면서 상상훈련

3방법: 예수님이 십자가에 달리셔서 고통 받는 모습을 마음으로 영상을 그리면서 영상기도.

4방법: 성경 본문을 선택하여 앞의 3방법 같이 훈련, 영상으로 보면서 기도.

5방법: 성령의 임재가 충만한 상태에서 눈을 감고 사람 이름을 적어 놓고 글을 써가면서 심령을 읽는 훈련 등등이 있을 수 있습니다.

3. 환상을 정확히 보는 영성훈련 순서

① 성령의 깊은 임재 하에 성경의 본문을 자세히 관찰하여 예언이나 환상의 구조를 정확히 이해합니다.

② 방언기도를 통하여 몸과 마음의 긴장을 풀고 가까이 다가오시는 하나님의 임재를 받아드릴 준비를 하시라. 성령의 인도

를 받는 몰입하는 기도로 깊은 임재에 들어가면 이렇게 영으로 말 하시기를 바랍니다. 예수님의 얼굴이 보고 싶습니다. 예수님 사랑합니다. 내가 어떻게 되려하기보다는 예수님을 너무 사랑하기 때문에 보고 싶습니다. 예수님 얼굴을 보여주세요.

③ 믿음으로 성경에 나타난 장면을 묵상하며 내 마음속에 영상화시킵니다.

④ 내 영이 성경의 사건 속에 들어가 경험되어 지도록 최대한 믿음과 마음과 감정과 상상력을 성령님께 맡깁니다.

⑤ 영적인 사건 속에 들어가 하나님의 하시는 일과 환경 주변을 세밀한 부분까지 모두 살펴봅니다.

⑥ 영적인 사건 속에서 내 영이 과거의 사건과 미래의 사건을 볼 수 있고 행동과 대화도 감각의 느낌도, 영적 싸움도 가능합니다. 영적싸움이란 나에게 역사하는 악한 영을 알고 대적하여 몰아내는 것을 말합니다.

⑦ 내 영이 성령님의 인도함을 잘 받기 위해 성령의 임재 하에 영의 찬양을 듣는 것이 좋습니다. 그리고 자신이 제일 잘 부르는 영의 찬양을 일절만 계속하여 부르면서 깊은 임재로 들어갈 수가 있습니다. 깊은 임재에 들어가면 마음이 평온하고 성령님의 평안이 속에서 올라오고 필요시에는 환상을 보여 주십니다. 저는 자주 이런 훈련을 하여 저의 영성을 깊게 하고 성령의 감동과 환상, 그리고 음성을 듣기도 합니다.

⑧ 이 과정이 끝나면 자연스럽게 마무리하고 하나님께 감사를 드린 내가 본 환상의 내용을 상세히 기록한 후 날짜를 적어 놓고 적용할 것을 질문합니다.

4.환상을 바르게 보기 위한 원리

먼저는 성령으로 깊은 기도를 해야 합니다. 깊은 기도 하면서 목적을 제시하세요(보여 달라는 것). 깊은 기도를 하면서 성령님 보여주세요. 하며 보려고 하며 기도를 하라. 보려고 노력을 하라. 화면이 보이면 다른 생각을 말고 가만히 성령의 인도에 순종해야 바르게 인도를 받을 수 있습니다. 다른 생각을 하면 영의 상태에서 육의 상태로 돌아와 화면이 끊어집니다. 이점 유의 하시기를 바랍니다. 지속적인 성령 충만과 영육의 치유와 영성훈련이 필요합니다.

환상을 해석하기 위한 준비로서 말씀. 성령 충만, 물어 보라, 성구사전, 성경사전을 준비하여 참고하세요. 환상을 보려면 깊은 기도 가운데 보려고 해야 합니다. 환상을 보려면 말씀과 성령으로 충만한 깊은 영성을 준비해야합니다.

15장 영적지각을 느낌으로 열린 영안

(벧전5:8-9)"근신하라 깨어라 너희 대적 마귀가 우는 사자
같이 두루 다니며 삼킬 자를 찾나니, 너희는 믿음을 굳건하게
하여 그를 대적하라 이는 세상에 있는 너희 형제들도 동일한
고난을 당하는 줄을 앎이라"

어린 아이가 자라면서 낯선 사람을 인식하게 되면서 낯을
가리게 되듯이, 영적으로 성장하면서 주변 환경에 대해 민감
하게 반응하기 시작합니다. 이런 현상을 영적 각성(spritual
sensitiveness)이라고 합니다. 속된 표현으로는 '영적 낯가림'
또는 '영의 깨어남'이라고 부릅니다. 사람은 의식이 성장하면서
주변 환경에 대해서 반응하기 시작합니다. 사람은 제일 먼저 몸
의 반응이 나타나기 시작합니다. 이는 원시 사회에서 생존하기
위해서 주어진 본능적인 적응의 결과라고 봅니다. 환경에 대해
몸이 민감하게 반응을 보임으로써 몸에 해로운 환경에서 보호
받게 되는 것입니다. 성장하여 의식이 발달하면 의식적 판단을
하여, 옳고 그름을 깨닫게 됩니다. 위험한 것을 깨닫고 그 곳에
서 피하거나 접근하지 않게 됩니다. 이 의식이 성장하면서 고도
로 발달하게 됩니다. 이처럼 우리의 영은 성령의 불세례를 받고

거듭나면 주변 환경에 대해 민감하게 반응하기 시작합니다. 이 작용이 사람에게 여러 가지 현상으로 나타나는데 그 가운데 하나가 영적 감응(spiritual sensibilities)이라고 불리는 민감성의 발달을 들 수 있습니다.

영적 각성을 경험하는 사람에게 나타나는 여러 가지 영적 현상 가운데 특히 주목해야 할 부분이 영적 감응 현상입니다. 어떤 낯선 사람을 만나게 되거나 낯선 장소에 가게 되면 경험하게 되는 것인데, 매우 정신이 맑아지거나 혼미해지는 현상을 말합니다. 처음 사람을 대할 때 정신이 매우 맑아지거나 반대로 정신이 흐려지는 것을 느낄 것입니다. 함께 잠을 자게 되는 경우 정신이 맑아져서 잠을 들 수 없게 됩니다. 이와 같이 어떤 낯선 장소에서 잠을 자려고 하면 정신이 또렷해지면서 쉽게 잠을 이루지 못하며 잠이 들어도 깊은 잠을 잘 수 없는 경우가 있습니다. 이것이 바로 성령으로 영이 깨어난 성도에게 나타나는 영적 지각능력입니다.

1.매우 정신이 맑아지는 경우

사람의 경우 처음 대하는 사람에게서 느끼는 이와 같은 영적 감응 중 매우 정신이 맑아지는 경우부터 살펴보기로 합니다. 신앙심이 좋고 경건한 삶을 사는 사람을 만나면 이와 같은 현상을 경험하게 됩니다. 그런데 간혹 불신자를 만나는 경우에도 이 같은 현상을 경험한다면 그 상대방은 타 종교에 깊이 관여된 사람일 수 있습니다. 예를 들면 불교의 신실한 신자이거나 그 종교의 지도자일 경우입니다. 이런 사람을 만나면 나의 영이 긴장하게 되기 때문에 이런 영적 감응을 느끼게 됩니다. 이단에 속한 사람을 만나는 경우에도 이와 같은 현상을 느끼게 됩니다. 이는 영적 전쟁을 치르기 위해서 우리 영이 자신의 의식에게 신호를 보내는 것입니다.

정신이 매우 흐려지는 경우에는 그 사람이 예수를 믿는 사람일 경우 그 직분에 상관없이 영적으로 매우 혼탁한 사람입니다. 육적인 사람으로 아직 거듭나지 못했거나, 거듭난 경험을 가진 사람이라도 육신적 삶에 치우쳐 있는 경우입니다. 믿지 않는 사람의 경우 악한 영에 사로잡혀 있거나, 삶이 질서가 없고 사회로부터 인정받지 못하는 일에 종사하는 사람일 가능성이 높습니다. 이런 사람에게는 특별히 경계가 필요하다는 점을 알리는 경고입니다. 정신이 흐려지는 사람과 경계 없이 가까이 하는 것은 자신의 영적 삶에 큰 손상을 입을 수 있습니다.

다음은 장소에 대한 것을 살펴보겠습니다. 낯선 장소에 가면 어린 아이는 즉각 반응을 보이고 매우 낯을 가리고 때로는 울기도 합니다. 이는 그 장소가 자신에게 익숙하지 못하기 때문입니다. 물을 갈아 마시면 배탈이 나는 등 신체적으로 예민한 사람이 있습니다. 이와 같이 낯선 장소에서 잠을 자려고 하면 좀처럼 잠이 들지 못하고 뒤척입니다. 몸은 매우 피곤한데 정신은 맑아져서 도무지 잠을 쉽게 이루지 못하는 것은 이 장소가 영적으로 문제가 있는 곳일 수 있습니다. 체질적으로 낯선 장소에 가면 쉽게 잠을 들지 못하는 영적 과민증 환자의 경우는 예외이겠으나, 그렇지 않은 사람이라면 그 장소는 지금 자신에게 영적 손상을 입힐 수 있는 것들이 존재하고 있다는 증거입니다.

예외적으로 낮에 영적 전쟁을 치렀다면, 예를 들어 귀신을 쫓아내는 축귀사역을 하였다거나 치유를 위한 기도회를 인도했을 경우 밤에 잠을 이루지 못하는 경우가 있습니다. 이 경우는 낮에 치른 영적 전쟁으로 인해서 입은 영의 손상으로 인해서 느끼는 감응입니다. 이 경우에 영의 손상을 회복하기 위한 충분한 기도를 한 뒤에 잠들면 쉽게 잠들 수 있습니다. 이 낯선 장소가 자신의 영에 어떤 문제를 가져올 수 있다는 신호로 주어지는 영적 민감을 깊은 영의기도로 처리해야 합니다. 그 장소에 대한 주님의 지식의 말씀을 구하고, 그에 따라서 적당한 조치(기도, 대적기도)를 취하고, 잠에 드는 것이 안전합니다.

지식의 말씀을 받는데 다소 서툰 사람이 있을 수 있습니다. 그런 경우 이 장소로부터 받을 수 있는 모든 악한 영향으로부터 자신을 보호할 수 있는 영적인 조치를 하고 잠이 드는 습관을 들여야 합니다. 영적조치는 깊은 영의 기도와 찬양, 그리고 예배를 들 수가 있습니다. 성령의 임재를 요청하여 호흡을 깊게 하면서 깊은 영의기도를 하면 한결 쉽게 잠들 수 있습니다. 간혹 그런 조치를 취했음에도 불구하고 각성현상이 사라지지 않아 잠들기가 어려운 경우가 있습니다. 이는 그 장소가 자신의 힘으로 처리하기에는 너무 힘든 곳일 것입니다. 이런 경우 곁에 일행이 있으면 함께 합심하여 기도하거나, 혼자일 경우 주께서 자신을 보호해 주시기를 계속 간구하면 자신도 모르는 사이에 잠에 들게 됩니다.

잠에서 깨어나 그 장소를 나오기 전에 이 장소로부터 받은 모든 영적 손상이 완전히 치유될 것을 명하는 명령기도를 하십시오. 이 기도는 이렇게 하면 됩니다. 성령의 임재를 요청한 후에 "이 장소(구체적으로 장소의 이름을 거명합니다.)에서 받은 모든 영적 손상은 예수의 이름으로 온전히 치유될 지어다" 그리고 "이 장소의 모든 악한 영은 이후에 내게 어떤 영향도 줄 수 없음을 예수의 이름으로 선포하노라."라고 기도합니다.

영적 각성 현상은 우리가 수시로 경험하게 되는 일반적인 일입니다. 그런데 이런 현상을 전혀 경험하지 못하는 무감각한 사람이 있습니다. 같은 장소에서 다른 사람은 경험하는데 자신은 전혀 느끼지 못한다면 이는 자신의 영적 감각에 문제가 있는 것입니다. 그 장소에 대한 어떤 영적 손상도 입지 않을 정도의 영적 능력이 강한 경우에는 아무런 느낌을 받지 않을 수 있습니다. 이 경우 지금 민감한 증상을 느끼는 사람을 위해서 보호 기도를 해주십시오. 그러면 그 사람의 증상이 사라질 것입니다. 기도를 하였음에도 불구하고 그 사람에게서 증상이 사라지지 않는다면 이 경우 자신이 영적으로 매우 둔하다는 사실을 인식해야 합니다.

영적 둔감은 자신이 둔하다는 사실을 깨달아야만 치유될 수 있는 일종의 영적 질병입니다. 영적 성장에 따라서 자동적으로 나타나는 증상을 느끼지 못하는 것은 자신이 그만한 수준의 영적 성장이 실제적으로 이루어지지 않았거나, 영적으로 무딘 경우입니다. 신체적으로도 사람에 따라 매우 민감하게 느끼는 사람이 있는 반면에 둔한 사람이 있듯이 영적으로도 그렇습니다. 영적 둔감은 치유되어야 합니다.

그러기 위해서는 자신이 영적으로 다소 무디다는 사실을 깨닫고 민감함을 느끼도록 노력해야 합니다. 영적으로 민감함을 느끼려면 성령이 충만한 집회에 참석하여 성령의 불세례로 자신의 심령을 정화하는 것입니다. 성령의 불의 역사가 강한 집회에 몇 번만 참석하여 영이 깨어나 영적지각능력이 예민해지는 것을 본인이 느낄 수가 있습니다. 평소에도 영적으로 민감한 사람과 함께 하도록 하십시오. 민감한 사람과 가까이 하게 되면 영적 감응도가 높아집니다. 이것을 무리의 법칙이라고 합니다.

영적으로 민감해지는 것은 한편으로는 불편할 수 있습니다.

육체적으로 신경이 예민한 사람을 보면 그 예민함으로 인해서 고통을 당하는 것을 볼 수가 있습니다. 이런 경우 신경과민이라고 합니다. 영적 민감 역시 이와 같습니다. 너무 심각할 정도로 예민하면 영적 과민증일 수 있습니다. 이 과민증에 걸리면 삶이 한 쪽으로 치우치게 됩니다. 이 과민증으로 인해서 고통을 겪고 자유 함이 없어진다면 이는 치유되어야 합니다.

영적 성장을 이루는 초기 단계에서 이 민감함에 너무 치우치고 이런 증상을 일종의 우월감으로 인식하여 자랑하거나, 감응에만 매달려 만나는 사람마다 영적 감응을 살피고 낯선 장소에 가면 그 장소에 대한 감응을 지나치게 살피는 행동은 위험합니다. 이런 행동에 집착하면 과민증 증상에 빠지게 됩니다. 모든 것에 절제가 필요합니다.

또한 지혜가 있어야 합니다. 일체의 영적 현상은 성장에 따라서 생기는 자연적인 증상이며, 개중에는 성장하면 사라지는 것도 있습니다. 어린 아이는 낯을 가리지만, 그 아이가 성장하면 더 이상 낯을 가리지 않게 됩니다. 계속 낯을 가린다면 그 아이는 성장한 아이가 아니라 병든 아이입니다. 이처럼 성장의 과정에서 나타나는 현상들 가운데 그 시기가 지나면 자연적으로 성숙되는 증상들이 있는 것과 같이 영적 현상 또한 마찬가지입니다.

영적으로 성장하면 이 민감한 증상들이 보다 성숙하게 됩니다. 필요에 따라서 주님이 자신에게 증상들을 이용하여 우리에게 유익한 정보를 제공합니다. 이런 증상을 경험할 때 성숙한 대응을 해야 합니다. 낯선 장소에 들어갈 때 간단하게 기도하십시오.

"성령이여 임하소서! 이 장소를 충만하게 채우소서! 주님, 제가 이 생소한 장소(구체적으로 장소의 이름을 거명합니다.)에 오늘 머무르게 되었습니다. 주님 이 장소에서 저를 안전하게 보호해 주시고 이 장소가 주님으로 인해 복된 곳이 되기를 바라며, 이곳을 출입하는 모든 사람들에게 주님의 보호하심이 임하는 복된 장소가 되기를 바라며, 예수 이름으로 기도합니다. 아멘"

이렇게 기도하고 지속적으로 마음의 기도로 성령을 충만하게 채워야 합니다. 그리고 그 장소를 주님에게 맡기고 편안히 머무르십시오. 이와 같은 기도는 일상이 되어야 합니다. 주님은 어떤 장소에 들어가면 그 장소에 대해 복을 빌라고 하셨습니다. 우리가 사는 이 세상에서 우리는 항상 영적 전쟁을 치러야 하는 하나님의 군사입니다. 영적 전쟁을 위해서 부르심을 받은 주의 병사들에게 주님은 그 전쟁을 승리로 이끌기 위해서 우리에게 끊임없이 정보를 제공합니다. 이 정보를 제공하는 한 방법이 영

적 민감성입니다. 영적으로 민감하지 않으면 이 귀한 정보를 잃
게 됩니다. 과민은 병입니다. 둔감도 병입니다. 우리는 적절한
수준의 민감함을 지닐 때 센스 있는 사람이 됩니다. 영적 센스
를 지닌 매력 있는 사람이 되어야 하지 않겠습니까? 과민하지도
않고 둔감하지도 않은 매력적인 하나님의 군사가 되시기를 바
랍니다.

2.영적 감각이 예민한 것도 영안이다.

예수님을 영접한 사람은 그 순간부터 영적인 사람이 됩니다.
이는 어둠의 권세 안에 눌려 죽어있던 자신의 영이 예수님의 능
력으로 살아남을 의미합니다. 그러므로 그 순간부터 영은 행동
을 시작합니다. 영이 살아 행동하는 영적인 사람이 되었기 때문
에 자신의 삶에 다양한 영의 작용들이 나타나기 시작하는 것입
니다. 이러한 영의 움직임에 대한 지식이 없으면 그 영을 올바
르게 통제하기가 불가능합니다. 영은 성장하고 성숙해야 하는
생명체입니다. 그렇기 때문에 때로는 보호되고 양육되어야 하
는 것입니다.

미성숙한 그리스도인의 영을 침해하는 악한 영이 있습니다.
이 영의 공격에 대해 자신이 적절히 대응하지 못하면 영은 심한
상처를 받게 되고 그 힘이 약해지게 됩니다. 이렇게 되면 자신

의 삶이 심각한 불균형을 초래하게 되는 것입니다. 미성숙한 영이 강한 영으로 성장하기 위해서는 반드시 교육되어야 합니다. 그렇기 때문에 처음 예수님을 영접한 사람에게 있어서 영적 교육은 매우 중요합니다. 영의 실체를 이해하고 영의 성장을 위해 자신이 어떤 노력을 해야 하는지를 알아야 하는 것입니다.

대부분의 교회는 이러한 깊은 영적인 지식이 부족하기 때문에 초신자들에 대한 영적 교육을 제대로 하지 못합니다. 그래서 많은 사람들이 영적 침해를 입으면서도 그것을 심리적이거나 기질적이거나 환경적인 것으로만 생각하고 적절한 대응을 하지 못하고 있는 것입니다. 신앙생활을 하면서도 확신이 없거나 세속적인 삶의 형태를 벗어나지 못하는 사람들은 그들의 영이 심각할 정도로 훼손을 입고 있다는 증거입니다. 다시 말하면 영의 중병을 앓고 있는 것입니다. 그런데 이 사실을 누구도 가르쳐주지 않기 때문에 인식하지 못하고 있는 것입니다. 이런 영적현상을 모르니 가르쳐줄 수가 없는 것입니다.

죽을병이 들어있는데도 그 사실을 모르고 생활하는 사람들이 얼마나 많습니까? 이처럼 영혼의 깊은 병이 있음에도 불구하고 자신은 전혀 모릅니다. 신앙생활에 즐거움과 환희가 없다면 이는 자신의 영이 병들어 있는 것입니다. 기도원이나 부흥회에 참석하여 간신히 은혜를 회복했는데 며칠이 못가서 다시 예전처럼 시큰둥해진다면 이는 자신의 영을 제대로 돌보지 못해서 그런 것입니다. 즉, 그 장소와 같은 성령의 충만함을 유지하지 못했기 때문입니다. 우리의 영은 끊임없이 돌보고 성장시켜야 합니다. 그런데 이 세상에는 영의 성장을 방해하는 악한 요소들이 너무 많습니다.

3.악한 영들의 방해는 5감을 통하여 침투한다.

영의 성장을 방해하는 악한 영들의 방해는 5감을 통하여 침투합니다. 시각, 청각, 미각, 후각, 촉각이라는 접촉점을 통해서 침투하게 되는 것입니다. 여기서는 시각에 대해서만 다루기로 합니다. 보는 것으로 인하여 받는 해는 이루 헤아릴 수 없이 많습니다. 거듭난 그리스도인은 시각의 대상이 오직 예수님 한 분으로 고정되어야 할 필요가 있습니다. 보는 대상이 무엇이냐에 따라 그 영이 영향을 받고 그렇게 기능하게 됩니다.

이제까지는 세상을 보았기 때문에 세상의 영향을 무조건 받았습니다. 그러나 예수를 바라봄으로써 예수님의 영향을 전적으로 받게 되는 것입니다. 깊은 영의기도를 통하여 예수님을 보는 훈련을 해야 합니다. 친구의 얼굴을 보면서도 예수님의 얼굴을 볼 수 있어야 합니다.

그러면 그 친구의 얼굴에서 예수님과 동일한 부분과 그렇지 못한 부분을 가려낼 수 있게 됩니다. 모든 사물을 볼 때마다 예수님과 대비하여 보는 습관을 길러야 합니다. 그래야만 마귀의 함정에 빠지지 않게 되는 것입니다. 자주 보게 되는 사물로부터 우리는 심각할 정도로 영적인 영향을 받게 됩니다. 영적 영향은 파장을 가지고 있습니다. 우리 안에 형성된 그리스도의 파장과 조화되지 못하는 파장은 우리의 영이 거부하게 됩니다.

이 부조화된 파장으로 인하여 생기는 반응은 불쾌함이나, 두려움이나, 거부감 등으로 전달되게 됩니다. 이러한 반응에 예민하게 반응하지 못하면 영은 점차로 그 반응하는 힘을 잃게 됩니다. 죄를 거듭 저지름으로 인하여 양심이 무디어지는 것과 같은 이치입니다. 부조화로 인하여 생기는 영의 반응을 단순한 심리적인 것으로 잘못 알고 있기 때문에 올바른 대응을 하지 못하는 것입니다.

TV의 드라마를 시청하면서 거북한 느낌을 느끼게 된다면 즉시 그 시청을 중단해야 합니다. 이는 그 장면이 주님의 형상과 어긋나는 것이기 때문입니다. 등장하는 인물에게서 심한 거부감을 느끼게 되면 역시 시청을 중단해야 하는 것입니다. 그 인물의 배역이 비 성경적인 역할을 하고 있기 때문인 것입니다. 사물을 보되 그리스도의 형상과 대비하는 습관을 길러야 합니다.

예수님을 처음 영접하는 사람 즉 영이 방금 생명을 얻어 활동하기 시작하는 사람은 세상적인 것이 싫어집니다. 오직 예수님만 생각나고 예수님만 있으면 그 이상 아무것도 필요하지 않게 됩니다. 이 시기가 영이 보호 속에서 성장하여 힘을 얻는 시기이기 때문에 그러한 현상이 나타나는 것입니다.

영이 어느 정도 힘을 얻어서 마귀의 영향에서 자신을 보호할 수 있는 힘을 얻을 때까지 철저한 보호가 필요한 것입니다. 이는 영의 인큐베이터 시기인 것입니다. 사람에 따라 그 시기의 길이는 다소 차이가 있겠지만 대체로 3년 정도입니다. 이 기간에 영적인 힘을 얻어 스스로 독립하여야 하는 것입니다. 이 기간 동안에 우리는 수많은 영적인 현상들을 경험하게 됩니다. 많은 영적 현상들에 대한 전문적인 지식이 있어야 올바른 대응을 하게 되며 영이 성장하고 강한 힘을 얻게 됩니다.

이 시기에 속한 사람들은 세상적인 사람들을 피하고 경건한 사람들과 교제를 많이 가져야 합니다. 아직 세상의 영을 이길 힘이 없기 때문인 것입니다. 힘이 약한 사람이 강한 자와 싸운다면 필연적으로 손상을 입게 되는 것처럼, 이 시기에 영의 손상을 입게 되면 성장에 큰 방해가 되는 것입니다. 사람들을 만나는 것도 가려야 하고, 보는 것도 가려 보아야 합니다. 아직 힘이 없기 때문입니다.

책도 경건서적을 읽고 TV시청도 가려서 해야 합니다. 드라마는 갈등을 주된 내용으로 하고 있기 때문에 매우 해롭습니다. 화면의 뒤에 숨겨진 불순한 의도를 자신이 제대로 느끼지 못하기 때문에 보면서도 반응하지 못하는 것입니다. 영이 힘을 얻으면 그러한 드라마를 볼 때 몹시 불쾌해지고 보기 싫어집니다. 거듭나기 전에는 그토록 좋아하던 드라마가 꼴 보기도 싫어집니다. 왜 싫어지는 걸까요? 그 내용이 비 성경적이기 때문입니다. 영은 이를 알지만 자신은 모르는 것입니다.

영이 우리 몸에 보내오는 신호에 올바르게 반응할 때 우리의 영은 힘을 얻게 되며, 성장하게 되어 사람들에게 영향을 끼치기 시작하게 됩니다. 좋지 못한 것을 즐겨 보던 사람들이 자신과 교제를 나누면서 차츰 그런 것들을 보기 싫어하게 됩니다. 보는 눈이 바뀌고 추구하는 것이 달라지는 등의 변화를 가져오게 됩니다. 자신으로 인하여 사람들이 영향을 받아 변화되기 시작합니다. 이것이 영의 능력입니다. 자신의 시각이 철저히 변화되고 통제되어 힘을 얻게 됨으로써 다른 사람의 시각에 영향을 주고 변화시키는 것입니다. 이제까지는 다른 사람들에게 영향을 받기만 하던 자신이 이제는 영향을 주는 사람으로 바뀌는 것입니다.

4.영적지각능력을 개발하는 비결

예수를 믿고 성령으로 거듭난 성도는 변해야 합니다. 전인격이 변해야 합니다. 우선 영적 지각능력이 탁월해야 합니다. 그

래야 세상에 나가 영적전쟁을 할 수가 있습니다. 말씀과 성령
으로 거듭난 성도는 영적인 전쟁을 하기 위하여 하나님으로부
터 부름을 받은 사람들입니다. 전쟁을 하려면 훈련을 해야 합니
다. 훈련에는 적을 아는 능력도 포함이 됩니다. 적을 아는 능력
이 영적 지각능력입니다. 영적지각 능력이 있어야 영의 세계에
일어나는 것을 감지하고 싸울 수가 있는 것입니다.

　영적 지각능력을 기르시기 바랍니다. 영적지각 능력은 성령
이 충만해야 배가 됩니다. 성령이 충만 하려고 노력을 해야 합
니다. 성령의 충만한 상태는 언제인가요? 항상 습관적으로 하
나님을 찾을 때 성령이 충만한 상태입니다. 항상 하나님을 찾아
성령이 충만해야 영적지각을 할 수가 있습니다. 또, 영적으로
혼탁한 것을 나의 영이 알았다면 대적해야 합니다. 그 장소를
성령의 역사가 일어나는 장소로 바꾸어야 합니다. 성령의 역사
가 일어나는 장소로 바꾸려면 자신이 성령이 충만해야 가능한
것입니다.

　성령으로 충만 하려고 의지적인 노력을 해야 합니다. 성령으
로 충만한 상태가 되면 어떤 장소를 가더라도 성령의 권능으로
제압할 수가 있습니다. 우리 영적지각능력으로 영안을 열어 시
시때때로 다가오는 악한 영들과의 전쟁에서 승리하시기를 바랍
니다.

　영적지각능력을 개발하기 위하여 이렇게 하기바랍니다. 먼

저 성령으로 세례를 받아야 합니다. 성령으로 세례를 받아야 영이 깨어납니다. 그 상태에서 머무르지 말고 성령의 불세례를 받아 심령을 깨끗하게 정화를 해야 합니다. 이렇게 하기 위해서 성령의 강한 불의 역사가 있는 장소에 가서서 영성훈련을 하십시오. 혼자는 불가능합니다. 유유상종(類類相從)무리의 법칙을 따라야 합니다. 성령이 충만한 곳에 가서서 성령의 불세례를 받는 것이 빠릅니다.

성령의 불세례는 혼자 기도하여 받기가 어렵습니다. 성령의 불의 역사가 있는 곳에 가서야 불을 체험하기가 쉽습니다. 지속적으로 깊은 영의기도를 해야 합니다. 깊은 영의기도를 하면 영이 맑아지기 때문에 영적지각능력이 배가 됩니다. 낯선 장소에 가서 몸으로 느끼려고 해야 합니다. 영적지각능력을 배가 시키려면 생소한 곳에가서 느껴야 합니다. 성령이 감동하면 두려워하지말고 가십시오. 가서 느끼시기 바랍니다.

그래야 지각능력이 배가 됩니다. 느껴지지 않는다면 자신의 영적지각이 무딘 것입니다. 좌우지간 지속적으로 훈련해야 합니다. 전적으로 본인의 의지와 노력이 필요한 것입니다. 단번에 되지 않습니다. 지속적인 훈련이 필요합니다. 되지 않는다고 좌절하지 말고 노력을 하다가 보면 어느날 갑자기 느끼게 됩니다. 반드시 영성은 훈련하면 개발되게 되어있습니다.

16장 의식이 변해야 영안이 밝아진다.

(막8:23-25)"예수께서 맹인의 손을 붙잡으시고 마을 밖으로 데리고 나가사 눈에 침을 뱉으시며 그에게 안수하시고 무엇이 보이느냐 물으시니, 쳐다보며 이르되 사람들이 보이나이다 나무 같은 것들이 걸어 가는 것을 보나이다 하거늘, 이에 그 눈에 다시 안수하시매 그가 주목하여 보더니 나아서 모든 것을 밝히 보는지라."

영안을 바르게 열어가려면 두 번째 안수하신 주님의 손길과 영적인 원리를 보아야합니다. 이는 한번 거듭난 것으로 만족해서는 안 되는 것을 보여 주고 있습니다. 처음 거듭나니 너무나 감격하고 감동이 되어 천하가 다 내 것이 된 것 같고, 천하를 하나님께서 다 새롭게 하신 것 같습니다. 이 산더러 들리어 저 바다에 던지어라 명하면 다 될 것 같은 믿음이요, 심령이지만 실제로 영적 생명은 이제 시작에 불과 한 것이고 싹이 난 것에 불과 한 것이며 병아리가 껍질을 깨고 세상을 보기 시작한 것에 불과 합니다.

영적 빛을 본 것에 불과하지 그 빛에 비취는 사물을 제대로 볼 수 있게 된 것이 아닙니다. 사람들이 걸어가고 나무들이 서

있어야하는데 나무들이 걸어가고 사람들이 서 있습니다. 말씀의 빛을 통하여 나타나 보이는 영적 현상을 제대로 보지 못하고 있기 때문입니다. 바로 이것이 영안이 제대로 열리지 않은 것이요. 말씀을 제대로 보지 못 하고 있는 것입니다.

창세기 1장에서 하나님이 첫째 날에 빛을 창조하시고 넷째 날 낮과 밤을 주관하는 광명을 창조하시어 다시 빛과 어두움을 나누이신 의미를 헤아려야 할 것입니다. 홍해를 건넜으나 또 다시 요단강을 건너야 하며, 가나안 땅을 정복했으나 가나안 땅을 통일해야 되었으며, 구약의 말씀을 주었으나 신약의 말씀을 다시 주었으며, 청함을 받았으나 예복을 입고 택함을 입어야 하는 것을 헤아려야 합니다.

예수님이 마태복음에서 소경을 두 번 안수하시어 사물을 제대로 보게 되었고, 잃어버린 성전을 재건축하고 새 예루살렘을 재건하시고 예수님이 재림하시는 의미를 헤아려야 할 것입니다.

(히9:28)"이와 같이 그리스도도 많은 사람의 죄를 담당하시려고 단번에 드리신바 되셨고 구원에 이르게 하기 위하여 죄와 상관없이 자기를 바라는 자들에게 두 번째 나타나시리라"

욥은 당대의 의인이요, 하나님의 백성 이었는데, '그 사람은 순전하고 정직하여 하나님을 경외하며 악에서 떠난자더라.'라고 하고 있지만, 그는 연단을 통하여 안약을 발라 영안이 열려 '내가 주께 대하여 귀로 듣기만 하였삽더니 이제는 눈으로 주를 뵈옵나이다.'라는 의미를 헤아려야 할 것입니다.

구원받을 때 받은 빛은 빛과 어두움을 나누는 빛인데 사물을 제대로 분별하여 보는 눈은 아니었습니다. 이 빛을 주관하는 광명(성령)으로 사물을 보는 신령한 눈을 가져야 함을 의미하고 있습니다. 세상과 세상이 돌아가는 원리와 인생과 성경과 하나님을 볼 때 단순한 흑백의 논리나 권선징악의 논리나 눈에 나타나는 현상이나 숫자의 논리로 보아서는 영적 눈이 열리지 않습니다. 인간의 육성적인 차원으로는 볼 수 없는 좀 더 차원 높고 좀 더 깊은 보이지 않는 영적 세계의 배경을 볼 수 있도록 예수님으로부터 한 번 더 안수 받고 치유 받아야 할 것입니다

1. 역설적인 생명의 속성을 보아야 한다.

역설이란 성경의 저변에 깔려있는 진리의 의미를 파악하는 것을 말합니다. 성경의 저변에 깔려있는 진리의 의미를 정확하게 파악하려면 성령의 역사로 말씀의 의미를 깨달아야 합니다. 죽고자 하는 자는 살고, 살고자 하는 자는 죽는 진리를 헤아리

지 못하고 있는 것입니다. 좀 과장해서 말한다면 수천 번도 더 들은 말씀이지만, 아직도 우리가 실천하지 못하고 있는 것은 이 말씀을 실천함으로 일어나는 새로운 환경과 여건을 제대로 알지 못하고 보지 못하고 있기 때문입니다

알고 있으면서 실천하지 않고 있는 것은 아는 것이 아닙니다. 모르고 있으니 실천하지 않는 것입니다. 알고도 실천하지 않는 것은 모르는 것입니다. 또한 이와 마찬가지로 주는 자가 복되고, 지는 자가 이기는 자이라는 말씀과 진리를 제대로 보지 못하고 있기 때문에 실천하지 못하고 있는 것입니다. 성경을 이해하고 의미를 해석하는 차원은 아는 것이 아닙니다. 안다는 것은 히브리 원어로 동침하다는 뜻이 있습니다. 말씀과 동침하는 것은 말씀과 같이 행동한다는 것입니다. 체험한다는 것입니다. 알고도 실천하지 못하는 자라면 애통하며 부르짖지 않을 수 없을 것입니다.

말씀과 진리를 알고도 기도하기 힘들어하고 애통하는 마음이 생기지 아니하고 회개하지 않는 마음이라면 모르는 것입니다. 성경을 천만번 더 읽었다고 하더라도 성경을 보지 못하고 있는 것입니다. 마찬가지로 사업의 성공이 인간의 파멸이 될 수가 있고, 가정의 불행이 될 수 있듯이 목회의 성공이 오히려 영적인 실패자가 될 수도 있고, 영원한 불 못에 던져지는 제 2의 사망이 될 수 있음을 헤아리지 못할 수도 있는 것입니다. 마찬가지

로 역설적인 진리를 참으로 헤아릴 줄 안다면 성공한 목회자라 자랑하거나 교만하지 않을 것이며, 실패한 목회자가 위축되고 부끄러워하지도 않을 것입니다. 진실로 이러한 역설적인 진리를 알고 있다면 죄 있는 자를 정죄하지도 않을 것이며 비난하지 않을 것입니다. 진실로 이러한 역설적인 진리를 헤아릴 수 있다면 사랑을 베풀 줄 알 것입니다. 진리는 역설적인 면이 있기에 하나님의 축복에 멀리 있는 사람의 육의 눈에는 감추어져 있습니다.

눈앞의 현실만을 보고 좋아하거나 슬퍼할 일이 아닙니다. 그러므로 하나님의 뜻을 먼저 헤아려야 한다는 예수님의 말씀을 이해하기 위해 쉬지 말고 기도하는 사람이 되어야 합니다. 하나님은 역설적인 하나님이시라 인간의 사고방식과는 다릅니다. 네 생각과 내 생각은 다르다고 했습니다. 훌륭하고 웅장하고 위대한 사람을 쓰시지 않고, 약하고 무능하고 어리석고 멸시받고 천대받는 자를 들어 강하게 하시고 유능하게 하십니다. 세상의 지혜 있는 자를 부끄럽게 하시고, 세상의 미련한자를 지혜롭게 하시며, 멸시받고 천대받는 자를 존귀하게 하시는 하나님이십니다. 이것이 하나님의 역사요, 영적인 역사요, 하나님이 역사하시는 방법입니다. 이것이 영적 원리입니다.

지금 고난을 당하고 있습니까? 지금 실패 중에 있습니까? 하나님은 지금 당신을 축복받은 사람으로 보고 계시며 축복으로

가고 있음을 말씀해 주고 있는 것입니다. 실패를 성공으로 전화위복시키시는 하나님의 역설적인 역사가 시작되고, 하나님의 영적 원리가 당신에게 시작되고 있는 것입니다. 이 보이지 않는 역설적인 하나님의 손길을 보십시오.

반대로 성공했습니까? 존경받고 있습니까? 혹 지금 멸망으로 가고 있으며, 제 2의 사망인 불 못으로 가고 있는 것은 아닙니까? 나를 돌아보는 새로운 기도가 항상 있어야 되는 것입니다. 존경받는 분위기와 환경은 바로 자신도 지각하지 못하는 사이에 오만의 자리로 옮겨지고 있는 것을 눈치 채야 합니다. 이것을 눈치 채게 될 때에는 하나님과 너무나 멀어져 있는 자신을 발견하게 될 지도 모르며 그 때는 이미 너무 늦을지도 모릅니다.

다시 한 번 영생의 생명을 회복하고, 다시 한 번 첫 사랑을 회복하고, 처음 행위를 되찾으려면 다시 한 번 성령으로 감동을 받아야합니다. 다시 한 번 심령을 찢는 회개를 해야 하는데, 다시 한 번 예수님으로부터 안수를 받아야합니다. 다시 한 번 만나야 할 것인데, 이미 너무 높은 자리로 올라와 있고, 너무 멀어져 있습니다. 타성에 젖어 있고, 형식에 젖어 있고, 성전 짓는 일에 젖어 있고, 세상 구경에 젖어 있고, 교회의 프로그램에 젖어 있고, 노회와 교단 일에 젖어 있고, 명예에 젖어 있어 예수님과는 상관없고, 하나님의 영광과는 상관없는 자리에 앉아 있어

멸망으로 달리고 있는 눈먼 장님이 되어 있을지도 모를 자신의 위치를 돌아보아야 합니다.

막상 남을 인도했으나 나는 예수님과 상관없는 자리에 머물고 있지 아니합니까? 저는 항상 이렇게 외칩니다. 남은 구원하여 살리고 자신이 지옥가면 아무 소용이 없다고 말입니다. 예수님이 발을 씻기시는 관계를 갖지 못하는 자로서 하나님 앞에 나는 부요한 자라하나 실상은 가련한 자요, 벌거벗은 자가 아닌가요? 우리는 자신을 바르게 보는 영안이 열려야 합니다.

(계 3:17-18)"네가 말하기를 나는 부자라 부요하여 부족한 것이 없다 하나 네 곤고한 것과 가련한 것과 가난한 것과 눈 먼 것과 벌거벗은 것을 알지 못하는 도다. 내가 너를 권하노니 내게서 불로 연단한 금을 사서 부요하게 하고 흰 옷을 사서 입어 벌거벗은 수치를 보이지 않게 하고 안약을 사서 눈에 발라 보게 하라."

이것을 미리 알고 깨닫는 것이 영안이 열린 사람입니다. 이것이 말씀의 빛 된 속성이요, 하나님이 우리들에게 향하여 하시는 깨우치는 말씀이요 뜻입니다. 이것이 성경의 가르침이나 교훈과 다른 말씀의 모습입니다.

2. 양면성과 동일성의 영과 육의 속성을 보아야 한다.

축복의 하나님이시지만 진노의 하나님이시기도 합니다. 이 두 하나님은 양면성을 가졌지만 하나이십니다. 마찬가지로 이러한 양면성을 가졌지만 동일한 하나인 영적 실체와 원리들이 많이 있어 성경을 이해하기 힘든 경우가 많습니다. 이러한 영적 원리와 진리들을 볼 수가 있어야 하는데 인간적인 3차원의 생각에만 젖어 있는 우둔한 사람들에게는 이해하기 힘드니 영적 세계와 성경의 감춰진 속비밀을 보기가 어렵기에 인봉을 뗄 수 있는 사람은 예수님 밖에 없다는 것입니다.

(계 5:1-5)"내가 보매 보좌에 앉으신 이의 오른손에 두루마리가 있으니 안팎으로 썼고 일곱 인으로 봉하였더라. 또 보매 힘있는 천사가 큰 음성으로 외치기를 누가 그 두루마리를 펴며 그 인을 떼기에 합당하냐 하나 하늘 위에나 땅 위에나 땅 아래에 능히 그 두루마리를 펴거나 보거나 할 자가 없더라. 그 두루마리를 펴거나 보거나 하기에 합당한 자가 보이지 아니하기로 내가 크게 울었더니 장로 중의 한 사람이 내게 말하되 울지 말라 유대 지파의 사자 다윗의 뿌리가 이겼으니 그 두루마리와 그 일곱 인을 떼시리라 하더라"

다음에 열거한 사실들을 이상한 생각부터 하지 말고 자세히 묵상하며 헤아려보세요. 삼위일체의 영적 원리를 제대로 이해하시는 분은 영적 눈이 열려지고 깨달아지는바가 있을 것입니다. 이 양면성과 동일성의 영적 원리가 이해되어지지 않으면 성경의 말씀이 이쪽에서 이렇게 말하고 저쪽에서 저렇게 말하는 것이 이해되지 않아 혼돈하게 되고 말씀의 깊이와 풍성함을 헤아리기 어려운 것입니다

① 영과 혼은 별개이지만 육(사람)이라는 울타리 안에 있는 하나입니다. 마찬가지로 인간의 영과 접붙임 받아 인간의 영과 더불어 역사하는 성령과 육을 따라 역사하는 악령도 별개이지만 인간의 영에 접붙임 받아 있기에 하나입니다.

② 천국과 지옥도 마찬가지인데 별개이지만 동일성을 지녔습니다. 그러므로 예수 믿는 사람에게도 귀신이 침입 할 수 있는 이유가 이해 될 것입니다. 영적인 세계는 시공간을 초월하는 세계요, 영은 시공간을 초월하는 존재라는 것을 생각해야 합니다. 영물이나 영적 세계는 3차원의 세계나 존재로 생각하면 이해가 안 됩니다.

③ 하늘과 땅은 별개의 것이지만 역시 하나입니다. 이러한 요상한 말을 한다고 생각하실 분이 있지만 이 말이 이해되어져야 성경이 열리고 보이지 않는 영계가 열려집니다. 보이는 세계는 보이지 않는 하나님의 말씀으로 지어졌다는 말씀은 히브리서

11장 4절에 기록되어 있는 말씀이니까 이해하게 될 것이며 이해 안 되어도 믿을 수는 있겠지요. 영의 창조의 능력이 물질세계에 연결되어 가시적인 현상으로 나타나게 됩니다. 영에서 시작하여 열매가 맺어지는 것입니다. 땅에서 하는 기도가 하늘에 상달되는 것은 그러한 통로가 있기 때문인데 땅과 하늘이 연결되어 있는 영적 원리가 있는 것입니다.

그러므로 하늘에서 매면 땅에서 매이고 땅에서 풀면 하늘에서도 풀리는 영적 원리와 성경 말씀을 제대로 이해하게 됩니다. 이 말씀이 이해되면 하나님이 나와 함께 역사하는 원리를 이해하게 될 것입니다. 내가 일하면 하나님도 일하시고 내가 일하지 않으면 하나님도 일하시지 않습니다. 하나님이 일방적이고 강권적으로 역사 하실 수도 있으십니다. 때로는 그렇게도 역사하십니다. 하나님은 만물의 주인이시기 때문입니다.

그러나 하나님의 역사를 하늘에서 뚝 떨어지는 신비스러운 것만이 하나님의 역사가 아니라, 내주하시는 성령의 인도함이나 도우심을 받아 내가 할 수 없는 것을 할 수 있게 되는 것도 하나님의 역사입니다. 하나님을 앞서 가도 안 되겠지만 너무 하나님께 뒤 쳐져서 끌려 다녀서도 안 되는 것입니다. 하나님께서 끌어내 주면 마지못해 끌려 나가는 사람이 믿음이 좋은 사람이 아닙니다. 이러한 사람은 하나님이 기뻐하시는 사람이 아닙니다. 악하고 게으른 종이라 책망 받는 사람입니다(마 25:14-

30).

④ 십자가가 바로 영광이라는 양면성과 동일성을 가졌습니다. 십자가를 통하여 부활을 보고 영광을 볼 수 있습니다. 나 자신이 죽어야 할 십자가를 외면하고 영광만을 구하는 미련을 행하고 있습니다. 율법을 버려야 하나 또 한편으로는 율법의 일점일획도 어겨서는 안 되는 양면성을 헤아리지 못하는 것도 있습니다. 그러니 아직도 율법이냐 은혜냐 하고 논쟁하는 목사님들이 있고, 율법으로 구원받는다는 부흥회를 하는데 수백 명씩 몰려드는 희한한 일들이 벌어지고 있는 현실입니다.

⑤ 신비와 이성도 양면성과 동일성을 가졌습니다. 이성으로 이해되지 않는 신비한 하나님이시지만 이성적으로 알 수 있는 분명한 하나님이십니다. 또 가는 곳마다 신령한 기도원 원장들이 주의 종이 사명이라고 말해 할 수 없이 목사가 되었다는 말들을 공공연히 자랑스럽게 말하고 다니는 사람들이 있습니다. 이는 알지 못하는 신비나 우연을 믿고 있는 것이지 하나님을 알고 믿고 순종하는 것이 아닙니다. 이러한 믿음은 말씀 따라 믿는 신앙이 아니라 알지 못하는 운명적인 신을 믿고 있는 것입니다.

고난이 축복이요, 죽는 것이 사는 것이요, 실패가 성공이요, 성공이 실패이며, 사는 것이 죽는 것이요, 이기는 것이 지는 것이요, 지는 것이 이기는 것이라는 이러한 영적인 원리들이 말씀의 속성이며 진리 속에 감추어진 비밀들입니다. 말씀을 체험함으로 영의 눈이 열린 자 만이 말씀의 속성대로 십자가를 영광으로 고난을 축복으로 실패를 성공으로 전화위복시키는 열매를 맺게 될 것입니다. 성도가 하나님과 함께 하는 말씀의 속성인 이 영적 원리를 이해하여야 합니다. 말씀을 제대로 이해하지 못하고 있는 것은 진리는 양면성이 있으면서 하나라는 동일성의 원리를 이해하지 못하여 영적인 세계를 제대로 이해 할 수가 없습니다. 그렇기 때문에 이세상의 시간과 공간적인 차원에서 말씀을 이해하려니 영안이 열리지 않는 것입니다.

그러므로 결과적으로는 믿는다 하면서도 영안이 열리지 않으면 자신의 생각으로는 하나님과 함께 한다고 생각하면서도 실제적으로는 하나님의 축복을 누리지 못하는 결과를 낳게 됩니다. 여기에서 파생되어지는 말씀이나 설명이나 예화들이 얼마든지 있어 계속 언급한다면 보다 더 깊은 영적 원리들이 실제적으로 이해되면서 비밀들이 열려질 것입니다. 여기서 중요한 사실 한 가지만 더 언급하고 넘어 가려 합니다.

하나님의 자녀 속이나 목사님 속에도 기도하는 기도꾼들 속에도 어두움의 세력들이 있고 귀신이 있을 수 있다는 것을 이해하려 하지 않고 외면하려는 사람들이 많다는 것입니다. 그리하여 엄청난 성도들이 귀신의 영에 사로잡혀 고통 받고 있는데도 이를 모르고 있거나 알고 있어도 교단의 눈치를 보느라고 수수

방관만 하고 있습니다(마12:45).

　이러한 현실적인 영적 안목이 열리지 않는 것은 천년이 하루 같고 하루가 천년 같은 영계를 3차원의 인간이 이해하기 어렵습니다. 하나님과 사탄은 다르지만 이 세상에 함께 있다는 양면성과 동일성의 영적 원리를 이해하지 못하고 결국은 자기 고집이나 상식대로 믿기 때문에 영적 세계를 좀 더 이해하지 못하는 것입니다.

3. 기도는 말씀이 성령과 연합하게 하는 방편이다.

　예수님과의 지속적인 관계를 갖고 날마다 말씀과 기도로 죄를 씻어 거룩해지는 하나님의 속성이 나타나야 됩니다. (딤전 4:5)"하나님의 말씀과 기도로 거룩하여짐이니라" 구속의 큰 은혜를 강조하다 보니 거듭난 후 죄책에 시달릴 필요가 없다고 신학적으로 주장하는 사람들에게는 더 이상 죄를 씻어 주시는 예수님이 필요한 존재가 아닙니다. 과거의 내 죄를 용서해 주신 고마우신 예수님은 보이는데 날마다 내 죄를 용서받기 위해 나의 발을 씻겨 주시어 나와 관계 갖기를 원하고 계시는 예수님은 보이지 않는 것이 당연합니다.

　직설적으로 말하면 부정적인 것은 버리고, 적극적인 면만 강조하다보니 축복 받으라. 성령 충만 받으라. 기도하라. 전도하

라. 능력 받으라. 하는 등의 적극적인 면만 주장하지 부정정적인 면과 어두운 면은 힘써 외면하려 합니다. 부정적인 면과 어두운 면도 깨달아 알아야 영안이 열립니다.

그러므로 축복의 하나님을 제대로 이해하고 말씀을 제대로 보려고 한다면 빛 가운데 함께 있는 어두움의 세계를 제대로 이해하여야 합니다. 그러기 위하여 나의 무지와 어두움 속에 도사리고 있는 정체들을 헤아리고자 하는 필요성이나 회개의 필요성을 느껴야합니다. 회개하기 위해 예수님을 찾고 두드려야 하는데도 이러한 필요성을 볼 수 있는 안목이 없으므로 의에 갈급함이 없습니다. 예수님과의 관계를 계속 유지하여야 한다는 것을 알고 있음에도 불구하고 실제 생활과 믿음은 예수님과 관계 없는 삶을 산다는 것입니다. 목욕을 하고 몸을 다 씻었다 할지라도 예수님이 발을 씻겨주시지 않으니 예수님과 상관없다고 말씀합니다. 예수님이 직접 말씀하시니 예수님과 상관없으면 하나님과도 상관이 없을 수밖에 없습니다(요13:4-9).

4. 눈에 보이는 것보다 눈에 보이지 않는 것이 중요하다.

눈에 보이는 이 물질 세계는 눈에 보이지 않는 하나님의 말씀으로 지어졌습니다. 히브리서 11:3절 이 보이지 않는 이 영의 능력이 물질세계를 창조 할 수 있음을 지각해야 하는데 이를 지각하지 못하고 있기 때문에 영적 안목이 열리지 않고 있는 것입니다. 말씀을 듣고 알고 있으나 실제적으로는 듣지 못하고 있기 때문에 보이지 않는 영의 중요한 원칙과 원리를 적용하고 살지 못합니다. 보이는 소망이 아니라 보이지 않는 소망이요, 보이는 성전 보다 보이지 않는 하늘의 성소가 더 중요합니다. 하나님은 사람이 지으신 보이는 성전에 계시는 것이 아니라 보이지 않는 하늘의 성소에 계신다고 말씀하고 계십니다.

물론 보이는 성소를 통하여 보이지 않는 성소를 나타내야 하지만 오늘날 보이는 성전은 중요시하면서 보이지 않는 심령 성전과 하늘의 성전을 더 중요시하는지 가슴에 손을 얹고 묵상해 볼 일입니다. 보이는 축복보다 보이지 않는 이 영생의 복을 더 중요시하는지 자신을 살펴보고 헤아려야 합니다. 이 보이지 않는 성전을 중요시하면 초대교회와 같은 물건을 서로 통용하는 교회가 세워 질 것입니다. 보이지 않는 성전을 참으로 중요시하면 네 교회 내 교회 하지 않을 것이고, 내 성도 내 교인 하지 않을 것이고, 다른 교회의 양을 끌어오려고 애쓰지 않을 것입니다.

보이지 않는 성전을 중요시한다면 우리교회, 우리 성도, 우리 목사라고 말하지 않을 것입니다. 교회가 왜 이렇게 분열하고 타락합니까. 영안이 열리지 않고 보이지 않는 성전을 보지 못하기 때문입니다. 보이는 성전 때문에 보이지 않는 성전을 보지 못하는 수도 있습니다. 보이는 목사 때문에 보이지 않는 주님을 보지 못하는 수도 있습니다. 보이지 않는 것의 중요성을 알 수 있도록 기도하시기 바랍니다.

5. 말씀의 속성을 제대로 보아야 한다.

영안이 열리지 않는 것은 말씀 속의 예수의 생명과 능력을 보지 못하기 때문입니다. 말씀을 하나의 설교로 보고, 성경책의 풀이로 혹은 주석으로 보고, 역사적인 사건의 교훈으로 봅니다. 성스러운 이야기책으로 보기에 성경을 성서라 하며 역사적인 사건으로 봅니다. 과거에 행하신 하나님의 기적으로 보고 앞으로 일어날 심판의 사건으로만 봅니다. 그래서 그 당시의 사건을 분석하고 그 당시의 언어를 연구하고 그 당시에 무슨 말을 전하는 것인가를 알려고 많은 시간과 노력을 허비합니다. 환상의 의미와 뜻이 무슨 심판을 하는가를 연구하고, 적그리스도가 어디에서 나타나고 새 예루살렘 성전이 어디에 세워 질까 백 보좌가 어디일가? 내용과 사건과 글자로만 봅니다.

말씀의 속성을 헤아리지 못하여 말씀 속의 하나님의 임재와 인격과 신령한 속성인 빛과 생명과 영을 보지 못하고 환상 속에서 지금 나에게 주시는 말씀을 보지 못합니다.

지금 나에게 주시는 말씀이 아니고, 과거에 주신 말씀이니 전하는 자나 듣는 자가 다 같이 말씀이 들리지 않으며 마음이 동하지 않는 것입니다. 성경을 단순한 글자나 문장으로 혹은 문장이 주는 가르침이나 교훈으로만 봅니다. 살아 계시는 존재로 말씀으로 보아야 합니다. 영안이 흐리니 말세를 지구의 종말로 보고, 종말에 일어날 사건으로 보고, 지금 나에게 주시는 말씀의 실체를 헤아리지 못하고 글자에만 파묻혀 글자만을 보는 것입니다. 666 인치는 표로 매매하는 것을 실사회에서 매매하는 사건으로 해석합니다. 그러니 말 같지 않고 글자로 표현 할 수 없고 언어 같지 않은 라라라랄 방언 속에서 어찌 말씀하시는 하나님의 영과 음성을 헤아릴 수가 있겠습니까? 말씀 속의 영을 보지 못하니 방언이 라라랄하는 것은 방언 아니고, 지방의 언어가 참 방언이라고 운운합니다. 라라랄하는 방언 속에서도 영이 역사하고 있음을 볼 수 있어야 하는 것입니다.

이것도 미약하지만 성령의 나타나는 현상 중에 하나입니다. 하나님의 영이 말씀의 형태를 이루지 못하고 있지만 신령한 생명의 싹이 싹트고 있는 현상이라는 것입니다. 인간의 영과 접붙임 받은 하나님의 영이 미처 인간의 입술을 통하여 말씀의 형체를 입기 전에 나타나는 영의 실체가 바로 방언입니다. 이 알아들을 수 없는 형태의 말을 해석하고 번역할 수 있는 영의 형태로 나타나는 것이 통역입니다. 누구나 말이나 기도하는 소리 속에서 영의 실체를 느끼게 됩니다. 늙은이의 음성이나 젊은이의 음성이나 침체된 음성이나 부르짖는 음성 속에서 영의 실체를 느낍니다. 온전한 형체를 이루지 못한 영이라 할지라도 그 정체를 느낍니다. 이것이 영의 실체입니다.

한(恨)이 많은 영과 기쁨의 영이 다릅니다. 기도하는 소리를 들어보면 진정으로 기도하는 것인지 중언부언하는 것인지 억지로 하는 것인지 입술에 발린 기도 소리인지 다 감지됩니다. 이것이 영의 실체입니다. 이러한 실체를 미처 드러내지 않은 상태의 영을 민감한 사람들은 헤아리게 되고 통역하게 됩니다.

이러한 통역의 영을 통하여 성령의 감동을 받을 줄 아는 선지자나 통역할 수 있는 자는 하나님의 성령의 음성을 알아듣고 대언합니다. 지금도 하나님의 영은 인간의 영을 통하여 나타나려(성령의 나타남)하고 있는데 인간은 아직도 말씀을 헤아리지 못하고 영성훈련이 덜 되어 이러한 영적 지각이 둔하고 눈치 채지 못하고 있습니다.

말씀은 말씀 속에 있는 영원한 생명을 이해할 수 있어야 됩니다. 하늘나라 이야기이며 땅의 이야기가 아닙니다. 천국이 땅의 이야기가 아니지만 땅에서 일어나는 사건이요, 땅에서 이루어지는 사건입니다. 영원한 생명은 육신적이고 물리적인 영원한 생명이 아닙니다. 그렇다고 우리 육신과 상관없는 생명이 아니라, 육신과 상관이 있고 물리적인 생명과 상관있는 생명입니다. 그러므로 신령한 생명이며 신령한 몸으로 부활할 생명입니다. 이 생명이 신령하기 때문에 신령한 말씀입니다. 성경은 신령한 말씀을 신령한 성령님을 통하여 신령한 자들을 감동시켜 전하여진 하나님의 언어이요 말씀이며 영이요 생명이며 신령한 이야기입니다.

신령한 교훈들입니다. 신령으로 드리는 예배가 무엇이고 신령으로 기도하는 것이 무엇이며 신령한 몸이 무엇을 말하는지 이해가 되어야 신령한 말씀을 이해 할 수 있습니다. 신령한 세계를 이해 할 수 있고 신령한 성도의 생활을 할 수가 있고 신령한 목회자가 될 수 있습니다.

속칭 말하는 은사가 있어 심령감찰(투시)이나 하고, 예언할 수 있는 자를 신령한 자로 생각하는 눈으로는 참으로 성경 속에 감추어진 신령한 말씀과 신령한 생명을 볼 수 없고 신령한 지성소에 계시는 신령한 하나님을 볼 수가 없습니다. 성경에서 말하는 신령한 자는 예수의 영이 있어 하나님의 속성(형상)이 나타나는 사람을 말합니다.

그리고 참 빛이 되는 말씀이 내 심령에 있어야 합니다. 말씀이란 빛이며 빛이란 드러내는 것입니다. 제 모습을 제대로 드러내는 것입니다. 어두움을 비추어주지 않는 것은 빛이 아닙니다. 말씀은 빛이기 때문에 어두움 속에 도사리고 있는 것도 다 들추어냅니다. 자신 속에 깊이 숨어 있는 것도 갈라 쪼개어 들추어냅니다. 청중 속의 염소들도 골라냅니다. 그들은 하나님의 말씀에는 대적하는 반응을 보입니다. 청중을 다 즐겁게 만족시키는 말씀은 말씀이 없습니다. 말씀에 시험에 드는 자가 있어야 바로 전한 것입니다.

그러나 어느 누가 성도의 눈치를 안보고 제대로 전하는 자가 있습니까? 가만히 손을 얹어 생각하여 보자는 말입니다. 하나님의 말씀을 인공유해색소로 도색하거나 인공 조미료를 섞어 음식을 만드는 자를 구별하게 만듭니다. 인공 조미료에 입맛이 젖은 사람은 구별하지 못하지만 천연 조미료만 먹던 사람은 인공 조미료를 넣어 만든 음식을 먹으면 입안에 구역질이 느껴지기 때문에 먹을 수가 없습니다. 한때 신앙에 적극적인 사고방식이 도입되어 대단한 바람을 일으킨 적이 있습니다. 바로 이러한 말씀도 인공유해 색소와 조미료가 잔뜩 들어 있는 음식이라고 보아야 합니다.

성경은 사람이 아무리 적극적이고 능력이 있고 지혜가 있고 심지어 사랑이 있다고 하더라도 아무리 고상하고 거룩한 것처럼 보여도 인간의 것은 다 가증한 것으로 봅니다. 성령의 기름부음으로 만들어진 것이 아니고 인간의 조미료로 맛을 드린 것은 인간의 입맛에도 구역질이 나는데 하나님의 입맛에야 어찌 구역질이 나지 않겠습니까? 토하여 내칠 것입니다.

이것은 차지도 더웁지도 아니한 미지근한 것 보다 더 가증한 것으로 구역질이 더 날 것입니다. 하나님의 말씀은 수술하는 날센 검보다 예리합니다. 이런 것들과 이런 사람들도 다 골라내십니다. 경건의 모양 속에 능력 없는 것도 골라냅니다. 존경받고 있는 사람들의 위선으로 가장한 추한 모습도 들추어냅니다. 경건을 가장한 모습 속에 숨어 있는 귀신의 영들도 들추어냅니다. 유명한 설교자의 말씀 속의 가증한 바리새인적인 인간의 교훈을 골라냅니다. 발람의 교훈도 골라내고 니골라당의 교훈도 골라냅니다.

말씀 속에 빛의 속성이 없음으로 영안이 닫혀 성경을 해석하는 수많은 석학이나 박사들이 오늘까지 신학을 연구하고 원어를 연구하고 고전어를 연구해도 성경의 난제가 풀리지 아니하고 계시록이 풀리지 않는 것입니다. 성경 해석의 오류를 범하지 않고 순수하며 건전하고 온전한 접근방법은 바로 이 빛을 주관하는 성령과 더불어 성경을 접근하려고 하는 방법입니다.

빛을 발하여 첫째 날 밤과 낮을 나누고, 빛과 어두움을 나누었지만, 빛과 낮을 주관하는 큰 광명이 없는 사람에게는 밤을 주관하는 작은 광명을 가지고, 희미한 달빛으로 세상만사를 보듯이 성경이 희미하게 보임으로 성경해석을 제대로 하는 수가 없으니 부득불 인간의 전등이나 등불을 대신 켤 수밖에 없습니다. 말씀을 성령으로 바르게 해석하여 영적인 원리를 찾아내어 적용하는 성도가 영안이 열린 것입니다.

17장 영안으로 보아야 하는 신비

(고전 2:10-12)"오직 하나님이 성령으로 이것을 우리에게 보이셨으니 성령은 모든 것 곧 하나님의 깊은 것까지도 통달하시느니라. 사람의 일을 사람의 속에 있는 영 외에 누가 알리요 이와 같이 하나님의 일도 하나님의 영외에는 아무도 알지 못하느니라. 우리가 세상의 영을 받지 아니하고 오직 하나님으로부터 온 영을 받았으니 이는 우리로 하여금 하나님께서 우리에게 은혜로 주신 것들을 알게 하려 하심이라"

우리는 영안이라고 하면 꼭 눈으로 영물들을 보는 것으로 알고 있는 경우가 많습니다. 그러나 영안은 그런 것만 보는 것이 영안이 아닙니다. 세상을 살아가면서 겪고 닦는 모든 것을 하나님의 눈으로 바라보고 조치하는 것을 영안이라고 할 수 있습니다. 우리는 특별히 변화를 영적으로 내다볼 수 있는 영안이 열리기를 사모해야 합니다(고전7:25-40). 이 말씀에는 중요한 원리가 있습니다. 현대를 사는 우리 모두를 위한 것입니다.

첫째는 사도바울과 고린도교회 성도들은 다가오는 변화를 미리 예측하는 영안이 있었습니다. 그 변화는 환란입니다. 고린도전서7장 26절, 29절을 읽어보면 어떤 심각한 변화를 예측하고 있는 것을 볼 수 있습니다. 이것은 우리에게 대단히 중요한 원리를 말해주고 있습니다. 21세기는 변화의 시대라고 합니다. 예측을 할 수 없을 정도로 혼란스러운 시대입니다. 앞으로 어떤 변화가 우리 앞에 올지 아무도 모릅니다. 이 변화는 우리의 전통, 상식, 가치관을 바꾸어버립니다. 우리의 기준이 달라질 만큼 변화의 소용돌이 속에 휘말려 들어가고 있습니다. 이럴 때 우리에게 중요한 것은 변화를 영적으로 내다볼 수 있는 영안이 필요합니다. 교회 지도자들에게 필요합니다. 성도들에게 필요합니다. 그러면 우리는 어떻게 앞을 내다볼 수 있는 영안을 가질 수 있을까요?

하나님의 말씀과 기도로 가능합니다. 과학이 발달될수록 앞으로의 일을 조금은 예측할 수 있지만, 정확하지는 않습니다. 그러나 하나님의 말씀을 놓고 조용히 묵상하면 영적으로 어떤 도전이 올지 감을 잡습니다.

부(번영)라는 것은 하나님의 자녀에게 순기능보다 역기능이 많습니다. 성경에도 가난한 자보다 부유한 자들에게 경고하는 경우가 더 많습니다. 그런데 지금 우리는 잘 살고 있습니다. 더구나 예수님을 믿는 사람들이 더 잘 사는 경우가 많습니다.

이런 부는 점점 앞으로 쌓여 질 것이고, 문명이 발달할수록 문명이 주는 혜택은 더 많아 질 것입니다. 이런 것을 우리가 영적으로 내다보면 총칼로 위협하는 것보다 더 위험한 도전이 있다는 것을 알아야 합니다. 우리는 이 영안의 눈을 달라고 기도해야 합니다.

두 번째는 아무리 큰 환란이 닥쳐 세상이 바뀌고 영적으로 도전을 받아도 우리의 지상목표는 변해서는 안 된다는 것입니다. 하나님을 기쁘게 하는 것(고전7:32)이 우리의 목표입니다. 하나님을 기쁘시게 할 수 있다면 살아야 하고, 죽어야 합니다. 모든 삶의 궁극적인 목표는 하나님을 기쁘시게 하는 것입니다. 바울이 이렇게 예견을 하고 20~30년 후에 로마 제국에는 큰 환란이 일어났습니다. 그러나 성도들은 예수님을 포기하지 않았습니다. 그들이 죽음(순교)을 두려워하지 않고 신앙을 포기하지 않은 것은 오직 하나님을 기쁘시게 하기 원했기 때문입니다. 우리는 어떤 변화가 와도 세상이 부유하게 되어 사치가 만연한 세상이 되어도, 하나님의 백성의 궁극적인 목표가 흐려지거나 변질되는 삶을 살아선 안 됩니다.

세 번째는 변화를 위해서 적절하게 대응해야 합니다. 환란이 다가옵니다. 그리고 주님이 기뻐하시는 일은 절대로 물러설 수 없습니다. 그렇다면 어떻게 해야 할까요? 우리는 대응할 수 있는 준비를 해야 합니다. 바울은 결혼을 안 하는 것이 좋다. 라고 합니다. 환란이 닥치면 가정을 지키기가 어렵기 때문입니다. 도전을 주는 것입니다. 너무 슬픈 일을 당해도 슬퍼하지 말고, 좋은 일을 당하여도 좋아하지 말라고 합니다. 마음을 비우라고 합니다. 단순하게 보라고 합니다. 이럴 때 환란이 닥쳐도 그것을 이겨낼 수 있는 준비 자세라고 합니다. 우리 앞에 많은 변화가 찾아올 것입니다. 어떻게 하면 주님을 기쁘시게 하고 지상목표를 조금이라도 이탈하지 않고 그 모든 변화를 극복하면서 승리할 수 있을까요? 고린도교회 교인들처럼 희생할 것도 많고, 포기할 것도 많습니다. 고린도교회 청년들은 가정생활을 포기했습니다. 우리에게 찾아올 시험에 대비해서 나를 바꿔야 할 것은 바꿔야하고, 서슴치 않고 변해야 합니다. 이럴 때 우리의 믿음이 병들지 않고 승리할 수 있고 하나님을 영화롭게 하는 놀라운 축복이 우리에게 임할 줄 믿습니다. 이외에도 영안이 열리는 다음과 같은 것들을 보고 판단할 수가 있습니다.

1.말씀의 비밀이 보인다.

하나님은 성경의 모든 예언은 사사로이 풀 것이 아니라고 강조 하십니다(벧후1:20). 예언은 언제든지 사람의 뜻으로 낸 것이 아니고 오직 성령의 감동하심을 받은 사람들이 하나님에게 받아 말한 것이라고 합니다(벧후1:20). 고로 성경 말씀의 뜻을 바르게 알려고 하면 성령의 충만함을 받아야 합니다. 성령의 감동을 받아 풀어야 하는 것입니다. 영안은 사람이 열고 싶다고 열리는 것이 아닙니다. 성령의 불세례를 받고 말씀의 지식이 충분하고 성령의 충만함을 받아야 열립니다. 그것도 단번에 열어주시는 것이 아니고 말씀과 성령으로 영적인 수준이 자라는 만큼씩 열어주십니다. 영안은 전적으로 말씀과 성령으로 열리는 것입니다. 그러므로 영안이 열려야 정확한 하나님의 말씀의 비밀을 알 수가 있습니다. 성령으로 영안을 열어 성경을 보면 성경에는 영적인 전쟁을 하는 방법을 알 수 있습니다. 열왕기상 18장에 보면 엘리야가 갈멜산에서 영적인 대결을 하는 방법이 기록되어 있습니다. 엘리야는 아합 왕이 이방신을 섬기는 여자 이세벨을 데려다가 결혼하고 온 북 이스라엘로 하여금 바알과 아세라 신상을 섬기는 신앙으로 가득하게 만들었습니다.

여호와의 선지자들을 다 잡아 죽이고 여호와의 제단을 헐어버렸습니다. 그 결과로 하나님의 진노가 이스라엘에 임하게 되었습니다. 하나님의 사람 엘리야가 아합 왕을 만나서 내 입에서 말이 떨어지기 전에 이 땅에 우로가 없을 것이라고 했습니다. 그 결과로 3년 6개월 동안 북이스라엘에 우로가 없었습니다. 그러므로 기근이 막심하고 사람들이 굶어죽고 짐승들이 다 죽고 처참하게 되었습니다.

그 후에 엘리야가 아합 왕을 만나서 우리 결단을 내리자. 여호와가 참 하나님인지, 바알이 참 하나님인지, 시험을 해 보자. 온 바알의 선지자와 이스라엘 대표들을 갈멜산으로 모아놓고, 그곳에서 여호와가 참 하나님인지 바알이 참 신인지 우리가 시험을 하자고 했습니다.

그래서 아합 왕이 갈멜산으로 바알의 선지자 450명과 모든 이스라엘의 대표들을 다 모았습니다. 거기에서 엘리야가 이런 제안을 했습니다. 우리가 단 두 개를 쌓되 바알의 단도 있고 여호와의 단도 있는데 바알의 단이나 여호와의 단에 각각 송아지 한 마리를 잡아서 각을 떠서 얹어 놓고 기도해서 불로 응답하는 신이 참 신으로 하자. 바알은 그 제사장 수가 450명이 되니 먼저 하라. 그래서 바알의 제사장들이 단을 쌓고 장작을 펼쳐놓고 송아지를 각을 떠서 얹어 놓고 단 주위에 뛰고 춤추며 바알이여, 바알이여, 불을 주소서 불을 주소서, 고함을 치고 정오가 지나도 불이 임하지 않습니다.

그러니 엘리야가 나와서 조롱을 합니다. 더 고함을 쳐라 너희 신이 잠이 들었나보다 깨워라, 화장실에서 볼일이 길어지는가 보다 빨리 볼일 마치고 나오게 하라, 혹은 여행을 갔는가 보다 빨리 돌아오게 하라, 그러니 바알의 선지자가 답답하니깐 칼로써 자기 몸을 찢으며 피를 흘리고서 부르짖어도 응답이 없습니다. 저녁에 엘리야의 차례가 왔습니다. 엘리야는 사람들에게 모여 가까이 오라고하고 이스라엘의 무너진 제단을 수축했습니다. 이스라엘의 12자녀의 이름대로 12돌을 취해서 제단을 만들고 그 위에 송아지의 각을 떠서 얹고 난 다음 물 세 동이를 가지고 와서 부으라고 했습니다.

부으니깐 물이 제단과 도랑에 가득했습니다. 두 번째 또 부어라 세 번째도 그리하라, 그리고 난 다음 하나님 앞에 꿇어 엎드려서 하나님 아버지여 여호와께서 하나님이신 것과 내가 하나님의 종인 것과 이렇게 하는 것이 하나님의 뜻인 줄 알게 하여 주옵소서. 하나님께서는 유일한 하나님이시요 이 백성으로 하여금 마음을 돌이켜 여호와만을 섬기도록 하나님의 영광을 나타내시어 불로 역사하여 주시옵소서. 내 기도에 응답하시고 불을 내리소서, 불을 내리소서 하고 엘리야가 기도하니 놋과 같이 푸른 하늘에서 불이 제단에 떨어지면서 제단이 바싹 다 타버렸습니다. 온 제물도 타고 물도 다 타고 돌도 다 탔습니다.

그러자 이스라엘 사람들이 엎드려서 여호와 그는 참 하나님이라 여호와는 그는 참 하나님이라고 인정하며 고함을 칠 때에 엘리야는 말하기를 바알의 선지자를 다 잡아라, 군중들이 일어나서 450명을 잡으니 그들을 기손 시냇가로 데리고 내려가서 엘리야가 칼을 빼가지고 450명 바알의 선지자들의 목을 다 쳤습니다. 그리고 시체와 피를 기손 시냇물로 다 씻어 흘려 내려보냈습니다.

그리고 난 다음에 엘리야는 갈멜산에 올라가서 하나님께 비를 달라고 기도할 때에 얼마나 간절히 기도했던지 배가 오그라들어서 머리가 두 다리 사이에 들어갔습니다. 그러면서 자기 종 보고 산꼭대기에 올라가서 증거가 있는지 보라. 처음 올라가서는 아무 것도 안 보입니다. 일곱 번까지 올라가라 일곱 번째에 가보니 손바닥만 한 구름이 떴습니다.

그러자 빨리 아합 왕에게 가서 비에 막히지 않게 병거를 준비하고 빨리 이스르엘로 들어가라. 그러자 곧장 구름이 하늘을 덮고 비가 쏟아지는데 억수같이 쏟아집니다.

하나님의 성령이 엘리야에게 임하매 그는 내내 아합의 병거 앞에서 뛰어서 이스르엘까지 들어갔다는 이야기가 있습니다. 이 이야기는 하나님의 위대한 승리를 의미하는 것입니다. 오랫동안 우상 숭배하던 북 이스라엘에 하나님의 선지자 엘리야가 여호와의 이름으로 위대한 승리를 가져온 기록인 것입니다. 이것이 우리에게 가르치는 많은 영적인 교훈이 있습니다. 우리도 우리의 삶 속에 가난을 청산하고 위대한 신앙의 승리를 가져오기 위해서는 이렇게 하시기를 바랍니다. 성경은 하나님의 말씀입니다. 영안으로 말씀을 보면 말씀 속에 있는 영적인 비밀이 보여집니다. 자신의 나약한 모습이 보여 집니다. 자신이 예수를 믿으면서도 육신에 속한 그리스도인인가 아니면 예수 그리스도의 보혈로 새롭게 태어난 영적인 그리스도인 인가가 밝히 보여 집니다.

그리고 자신이 교만한 사람인가 겸손한 사람인가가 보여 집니다. 말씀 속에서 영적인 세계가 보여 집니다. 성령의 역사가 보여 집니다. 천사의 세계가 보여 집니다. 악령의 세계가 보여 집니다. 사람의 역사가 보여 집니다. 그리하여 자신이 하나님을 역사를 따라가는 성도인가 아닌가가 보여 집니다. 영안으로 자신을 보면 자신이 사람을 두려워하는 성도인가 아닌가가 보여 집니다. 그리고 예수를 믿더라도 육신에 속하고 세상을 즐기면 마귀가 가차 없이 침입하는 것도 알고 깨닫게 됩니다.

하나님은 말씀만 하시는 하나님이 아니라, 말씀하시고 이루시는 하나님이라는 것도 알게 됩니다. 그리고 성경 말씀 속에서 각종 영적인 원리들을 발견하게 됩니다. 영안으로 말씀을 보면 하나님의 음성을 듣는 원리가 보입니다. 영안으로 말씀을 보면 예언하는 원리와 중요성이 보입니다. 영안을 열어 말씀을 보면 영적인 전쟁을 하는 비결이 보입니다. 영안이 열리면 말씀 안에서 하나님의 복을 받는 방법이 보입니다. 말씀 안에서 성도를 하나님의 군사로 훈련시키는 방법을 깨달아 알고 성령의 역사를 따라갑니다. 그래서 연단이나 훈련의 의미를 깨닫고 하나님에게 감사하며 훈련을 달게 받게 됩니다. 영안을 열어 말씀 속에서 하나님의 살아 역사하심을 눈으로 보시기를 바랍니다. 그리하여 하나님에게 모두 쓰임을 받으시기를 바랍니다.

2.성령의 임재를 알고 따라가게 된다.

성령집회를 인도하면서 그때 그때 성령의 임재를 알고 따라가게 됩니다. 제가 성령집회를 하다가 보면 성령의 임재는 다양하게 역사합니다. 어느 때는 회개의 영으로 임하십니다. 어느 때는 신유의 영으로 임하십니다. 어느 때는 축귀의 영으로 임하십니다. 어느 때는 내적치유의 영으로 임하십니다. 어느 때는 성령의 불로 임하십니다. 어느 때는 예언의 영으로 임하십니다. 어떤 때는 희락의 영으로 임하십니다. 그리고 같은 시간에 같은 장소라도 그룹별로 각각 다른 영이 임하는 경우도 있습니다.

사역자는 이렇게 임하여 역사하는 영을 보고 알아서 집회를 인도하여 나가야 강력한 성령의 역사를 일으킬 수가 있습니다. 성령의 역사는 다양합니다. 그때 그때 임재하시고 역사하시는 성령을 따라 사역을 할 수가 있습니다. 성령의 임재는 뜨겁게 기도할 때 임하십니다.

(행4:27-31)"과연 헤롯과 본디오 빌라도는 이방인과 이스라엘 백성과 합세하여 하나님께서 기름 부으신 거룩한 종 예수를 거슬러 하나님의 권능과 뜻대로 이루려고 예정하신 그것을 행하려고 이 성에 모였나이다. 주여 이제도 그들의 위협

함을 굽어보시옵고 또 종들로 하여금 담대히 하나님의 말씀을 전하게 하여 주시오며, 손을 내밀어 병을 낫게 하시옵고 표적과 기사가 거룩한 종 예수의 이름으로 이루어지게 하옵소서 하더라. 빌기를 다하매 모인 곳이 진동하더니 무리가 다 성령이 충만하여 담대히 하나님의 말씀을 전하니라."

이 말씀에도 보면 담대하게 말씀을 전하게 하여 달라고 기도했습니다. 손을 내밀어 병을 낫게 해달라고 기도했습니다. 그리고 표적과 기사가 거룩한 종 예수의 이름으로 이루어지게 해달라고 기도하니, 모인 곳이 진동하도록 강한 성령이 역사했다고 했습니다. 이와 같이 성령 사역시 영안으로 성령의 임재 역사하심을 보시기를 바랍니다.

그래서 성령의 임재와 역사를 요청하며 사역을 이끌어 가시기 바랍니다. 성령이 권능으로 역사하게 하려면 권능의 영으로 임할 것을 요청해야 합니다. 성령이 불로 임하시게 하려면 성령의 불로 임할 것을 요청해야 합니다.

그리고 성령의 불이 임하면 성령의 불을 청중에게 던져야 합니다. 성령이 회개의 영으로 임하시게 하려면 회개의 영으로 임하실 것을 요청해야 합니다. 그러면서 청중들에게 지금 성령께서 회개의 영으로 임하셨습니다. 하고 담대하게 선포해야 청중에게서 강한 회개의 역사가 일어나는 것입니다. 그렇기 때문에 영안은 성령 사역시 중요하게 사용되는 것입니다. 그래서 성령 사역자는 영안과 영감으로 성령의 역사하심을 감지하여 즉각 청중에게 선포해야 역사가 강하게 일어나는 것입니다. 성령님은 인격이기 때문에 인격적으로 대접할 때 강하게 역사하는 것입니다. 우리도 영안을 열어 성령의 역사를 감지하고 성령이 집회와 예배의 중심이 되게 하기를 바랍니다. 성령이 주인된 예배라야 성도가 복을 받습니다.

3.사람에게 역사하는 선한 영을 본다.

예수님은 요한복음 1장 47-48절에서 나다나엘을 보실 때 "예수께서 나다나엘이 자기에게 오는 것을 보시고 그를 가리켜 이르시되 보라 이는 참으로 이스라엘 사람이라 그 속에 간사한 것이 없도다. 나다나엘이 이르되 어떻게 나를 아시나이까 예수께서 대답하여 이르시되 빌립이 너를 부르기 전에 네가 무화과나무 아래에 있을 때에 보았노라."고 말씀하십니다. 이와 같이 영안은 선한 영도 보이는 것입니다. 우리는 사람 안에 숨어 있는 선한 영(하나님의 형상)을 볼 줄 알아야 합니다. 많은 사람들이 사람을 보는 눈이 열리지를 않아서 사람으로 인하여 낭패를 당하는 것을 종종 보게 됩니다. 사기꾼과 가까이 하다가 사기를 당하기도 합니다. 요셉과 같이 하나님이 함께하는 형통의 복이 있는 사람을 냉대하여 굴러들어온 복을 빌로 차내는 경우가 있습니다. 사람은 윗사람도 잘 만나야 하지만 아랫사람을 잘 만나야 합니다. 그런데 윗사람을 보는 눈만 열려서 윗사람에게만 관심을 가지니 아랫사람을 등한히 하여 더 큰 것을 노치는 경우가 있습니다. 우리는 시위대장 보디발과 같이, 야곱의 삼촌 라반과 같이 자신과 같이 지내는 아랫사람을 보는 눈이 열려야 합니다. 저는 상담을 할 때 그 분들의 어두운 그림자 뒤에 있는 하나님의 함께 하심을 알려주어서 희망과 꿈을 갖게 합니다. 순종하는 분들은 말씀과 성령으로 자신의 어두운 그림자를 치유하여 목회자는 목회를 성공적으로 하고 계십니다. 성도는 전인적인 축복을 받고 있습니다. 영안이 열리고 성령의 인도를 받는 영적인 지도자의 말에 순종한 성도는 사업에 성공하여 부자가 되신 분들이 다수 있습니다.

그런데 조언을 해도 순종하지 않은 분들은 고생하고 계십니다. 무엇보다도 영적인 지도자의 권면에 순종하는 것이 중요합니다. 그래서 성령을 체험하고 치유하여 영육의 그림자를 제거해야 하나님의 역사가 일어납니다. 그림자란 성도가 하늘의 복을 받는 데 방해하는 요소를 말하는 것입니다. 그림자는 성령의 역사로만이 제거되는 것입니다. 말씀과 성령으로 충만하여 자신을 영안으로 보고 찾아 인정해야 그림자는 없어지는 것입니다. 성령의 역사에 순종만 하여 자신의 모습이 변하면 그림자는 바꾸어지는 것입니다. 우리는 영안이 열렸다고 겉사람에게서 보이는 그림자만 보지 말아야 합니다. 그림자 뒤에 있는 하나님의 함께 하심을 보시기를 바랍니다. 시위대장 보디발이 요셉을 본 것 같이 말입니다.

(창세기39:2-3)"여호와께서 요셉과 함께 하시므로 그가 형통한 자가 되어 그의 주인 애굽 사람의 집에 있으니, 그의 주인이 여호와께서 그와 함께 하심을 보며 또 여호와께서 그의 범사에 형통하게 하심을 보았더라"

이렇게 하나님이 함께하는 형통함을 보는 것도 영안이라고 저는 생각합니다. 우리 영안을 열어 악한 영물만 보려고 하지 말고, 사람에게 역사하는 선한 성령의 함께 하심을 영안을 열어 보시기를 바랍니다. 그리고 자녀가 있는 분은 사위나 며느리를 고를 때 영적인 원리를 적용하시기를 바랍니다. 그리고 사업하시는 성도님들과 목회자분들은 직원이나 부교역자를 채용할 때 활용하시기를 바랍니다. 하나님의 역사가 같이 가니 어디를 가도 형통한 것입니다. 성령의 인도로 성도를 형통하게 합니다.

저는 사람을 정확하게 보는 영안을 열어달라고 기도를 많이 합니다. 청년들이나 아이들을 안수 할 때도 내가 예수 이름으로 명하노니 "사람을 정확하게 보는 눈이 열릴지어다" 기도합니다.

4.사람의 심령을 감찰하여 문제와 질병을 알게 한다.

　성령치유 사역을 할 때 진단을 바르게 하는 것은 질병이나 문제의 뿌리를 찾아 치유하는데 중요한 요소입니다. 저는 성령치유 사역을 할 때 성령의 인도를 받아 영안으로 질병이나 문제를 찾아 치유합니다. 우리는 영안이라고 하면 영의 눈으로 보는 것만을 영안으로 아는 경우가 있습니다. 영안은 꼭 영의 눈으로 보는 것만을 영안이라고 하는 것이 아닙니다. 성령님은 인간의 오감각을 통하여 상대의 심령을 감찰하게 하십니다. 오감각이란 시각, 촉각, 미각, 후각, 청각을 말하는 것입니다. 성령은 이 오감각을 통하여 사람의 심령을 감찰하게 하십니다. 그리하여 문제를 알게 하십니다. 영안은 환자를 안수할 때 손을 통하여 질병을 알게 합니다. 저는 환자에게 손을 얹으면 간에 문제가 있다. 위장이 나쁘다. 허리가 아프다. 심장이 약하다. 마음에 응어리가 뭉쳐있다. 마음에 숨겨놓은 죄악이 있다. 질병에 대한 치유기도를 할 때도 세워놓고 기도하라. 눕혀놓고 기도하라. 앉혀놓고 기도하라. 등등 성령의 감동으로 알게 하십니다.

　냄새로도 상대편의 질병을 알게 하십니다. 청각을 통하여 악한 영의 역사를 감지하게도 하십니다. 당신도 말씀과 성령으로 영안을 여시고 성령님과 인격적인 관계를 맺으셔서 성령의 지시하심에 따라 환자를 치유하시기를 바랍니다.

필자는 성령치유 사역을 할 때 전폭적으로 성령님을 의지합니다. 성령님 역사하여 주시옵소서. 성령님 이 성도의 문제가 무엇 때문에 왔습니까? 원인이 무엇입니까? 그러면 성령께서 지식의 말씀으로 역사하며 알려주십니다. 성령치유 사역은 그냥 은사만 있다고 하는 것이 아닙니다. 성령님과 인격적인 관계가 되어야 합니다. 사역 간에 성령의 음성을 들어야 합니다. 그래서 성령이 주시는 레마를 받아서 사역을 행해야 합니다. 저는 성도에게 손을 얹어 안수할 때 성령님 알려주세요, 하고 요청합니다.

그러면 성령님께서 심령이 막혀서 갑갑하다. 위장에 문제가 있다. 심장에 문제가 있다. 장에 문제가 있다. 방광에 문제가 있다. 마음에 상처로 인하여 우울증이 있다. 상처로 인하여 울화병으로 고생한다. 말 못할 심령에 응어리가 있다. 태중의 상처로 인하여 서러움이 있다. 하며 알려주십니다. 그래서 치유사역을 진행합니다. 안수할 때도 성령님 다음에는 어떻게 해야합니까? 그렇게 물어보면 "명령해라."하시기도 하고, "정체를 밝히라고"하라고 하시기도 합니다. 그러면 성령님이 감동하여 주신대로 순종하고 명령하면 치유의 역사가 강하게 나타납니다.

성령님은 시각을 통해서 질병을 알게 하십니다. 희고 창백한 얼굴은 위장과 심장질환이 있기 때문에 위장벽이 헐고 상처가 있어 심장의 기능이 약해져 빈혈상태로 나타나는 증상으로 진단할 수 있습니다. 붉게 충혈된 얼굴은 소장장애와 신열이 있고 심장기능이 약하여 고혈압 상태나 신경성 질환으로 진단할 수 있습니다.

누렇게 뜬 얼굴은 간기능 약화로 황달증세로 진단합니다. 또 오른쪽 신장 기능이 안 좋아 요독이 몸에 퍼지는 상태로 진단할 수 있습니다. 검게 변색된 얼굴은 간, 신장질환, 소변이상, 소화불량, 중한 피로감, 눈의 피곤, 안질환 등으로 진단할 수 있습니다.

피부가 거친 얼굴은 심장이 약하고, 소장의 변비, 과민성 대장염, 영양실조 등으로 진단할 수 있습니다. 부어있는 얼굴은 오른쪽 신장염으로 몸 안에 요독이 퍼진 상태로 진단할 수 있습니다. 그리고 신경성 쇠약과 정력 감퇴 등으로 진단할 수 있습니다.

5. 영안이 열린 다음에 관리를 잘하라.

성령님을 강하게 체험하고서 영안이 열리는 경우가 많이 있습니다. 그런데 목회자분들의 경우에는 성경적인 신앙관이 많이 세워져서 어느 정도 믿음 안에서 분별할 수 있는 능력이 있으심으로 열린 영안을 어느 정도 관리할 수 있는 능력이 있으십니다. 하지만 신앙적으로나 영적으로 정립이 되어 있지 않으신 성도 분들 가운데 영안이 열린 이후로 큰 어려움에 빠지시거나 힘들어 하시는 경우들을 많이 보게 됩니다.

대표적인 케이스가 내가 영안이 열려서 느껴지고 알아진다고 해서, 그 느끼고 알아지는 내용들을 주의 없이 누구에게나 말하고 다니는 경우입니다. 영안도 열리는 정도가 개인마다 틀리지만, 특히 세밀하게 열리신 분의 경우에는 분별없이 사람들을 봐주고 이야기 해주다가 정작 본인이 악한세력들에게 큰 공격을 받는 경우들도 많이 있습니다. 어떤 초신자가 열정적인 믿음으로 영안이 밝게 열리게 되었는데, 그 영안으로 보고 알게 되는 내용들을 분별하지 못하고 사람들을 봐주다가 귀신들의 공격으로 정신적으로도 많이 혼잡해지고 몸도 아팠던 때가 있었습니다. 이분이 하는 말이 사업하시는 분들, 지역 개발에 관한 일 같은 부분을 봐 주었다고 하십니다. 이렇게 말해주다가 그대로 되지 않아서 공격 당하다가 상처가 깊어져서 질병이 찾아온 것입니다.

영안이 어느 정도 순간 강하게 열리면 어떤 대상을 생각하기만 해도 어느 정도 딱딱 잡히고 알아지는 내용들이 있게 됩니다. 그런데 그렇게 느껴지고 알아진다고 해서 그러한 영적인 감각을 분별없이 이 사람 저 사람들에게 말해 주어서는 안 됩니다. 정신병자 취급당하기 딱 좋습니다. 이유는 내가 영적으로 열린 상태에서는 성령님의 음성을 세밀하게 듣기도 하지만 반면 귀신들이 가져다주는 내용들도 들을 수 있기 때문입니다. 왜냐하면 성령님은 모든 상황을 다 응답하시지 만은 않으십니다. 예를 들어 꼭 알아야 할 필요가 없거나. 굳이 대답지 않아도 되는 내용은 가르쳐 주지 않으시기도 합니다. 많은 경우 사람들은 예언을 하거나 영안이 열린 사람들에게 자기의 관심사에 대해서 물어봅니다. 사업은 어떠한 것을 해야 할지? 언제 돈을 벌 수 있을지? 어디에 땅을 사야 할지? 간혹 성령님께서도 위와 같은 질문들에 답해 주시는 경우도 있지만 그렇지 않으신 경우도 많습니다. 그런데 그와 같은 내용은 욕심으로 묻고 구하려고 하면, 귀신들이 탐욕이라는 죄를 타고 역사하는 경우들이 많습니다. 그렇기 때문에 영안이 열리신 분들의 경우에는 가능한 분별하는 훈련을 하며 영적으로도 조심성 있는 생활을 하도록 노력 하셔야 합니다.

특히 영안이 열리신 분들의 경우, 악한 세력들의 공격이 남들보다 더 강하게 올 수가 있습니다. 왜냐하면 영안이 열렸다는 것은 무엇보다도 귀신을 보고 쫓을 수 있는 눈이 열렸다는 것임으로 귀신들에게는 경계 대상이 되는 것과 마찬가지입니다. 하지만 우리가 주님의 은혜로 영안이 열리는 것은 매우 중요합니다. 첫째,성령님의 음성에 민감히 반응할 수 있으며, 둘째는 악한 세력들과 귀신들의 존재를 인식하고 그들을 대적하며 승리하는 신앙생활을 하기 위해서 반드시 필요한 무기와도 같은 것이기 때문입니다. 믿음 생활이라는 영적 전쟁에 임함에 있어서 맹인이요, 귀머거리라면 어떻게 전쟁에 승리할 수 있을까요? 다른 이들을 도와주어야 하는 사역자 분들에게는 더욱 유용합니다. 우리가 영안이 열려서, 어둠의 세력들로 부터 나를 보호하고, 성령이 이끄시는 신앙생활을 하기 위해서 더욱 은혜가 충만하도록 간구해야 합니다.

그리고 영안이 열린 이후에도 이를 잘 관리하도록 노력해야 합니다. 내게 열린 영안을 결코 사사로운 욕심에 사용하지 않도록 주의해야 합니다. 특히 남을 분별없이 이렇다 저렇다 함부로 말하거나 심령 상태를 보고 말하는 것을 자제해야 합니다. 다른 사람의 영적인 상태를 함부로 말하는 것도 주의 해야 합니다. 반드시 본인이 알고 인정하게 하는 것이 최상이라는 것을 알아야 합니다. 그리고 하나님의 뜻과 의가 없는 경우에는 무리하게 응답을 받으려고 해서는 안 됩니다. 더욱이 성령님께서 주시는 것과 악한 세력들이 보여주는 것들을 분별할 수 있는 훈련이 반드시 필요 합니다. 다른 영적인 스승께 도움을 받거나, 신앙적인 안목으로 많은 연륜이 쌓이는 것이 바람직합니다. 말씀과 기도에 더욱 매진하시며 신앙생활을 더욱 강건히 하시는 것도 많이 필요 합니다. 이러한 과정을 통해 잘 다듬어 질 때에 성령께서 열어주시는 영안을 통해 온전한 열매를 맺는 결과를 낳을 수 있을 것입니다.

18장 영안으로 분별되는 비밀들

(계3:17-18)"네가 말하기를 나는 부자라 부요하여 부족한 것이 없다 하나 네 곤고한 것과 가련한 것과 가난한 것과 눈 먼 것과 벌거벗은 것을 알지 못하는 도다. 내가 너를 권하노니 내게서 불로 연단한 금을 사서 부요하게 하고 흰 옷을 사서 입어 벌거벗은 수치를 보이지 않게 하고 안약을 사서 눈에 발라 보게 하라"

하나님은 영안이 열려 하나님의 말씀의 비밀을 영으로 깨닫고 순종하는 성도를 사용하십니다. 영안이 열려간다는 것은 바로 '하나님의 말씀'을 영으로 깨닫고 알아 간다는 것입니다. 하나님의 말씀을 알아 간다는 것은 이론적으로만 아는 것이 아니라, 영으로 체험적으로 알아간다는 것입니다. 또, 알아간다는 것은 '하나님의 말씀'이 살아있는 생명의 말씀이며, 말씀 속에서 살아계신 하나님을 체험하는 것입니다. 그리고 '하나님의 말씀'속에서 하나님을 만나게 되는 것입니다. 제가 여러해 동안 성령치유 사역을 하다가 보니, 본인들 모두는 신앙은 좋았고, 나름대로 영안이 열렸다고 생각하고 있었으나 올바르게 열린 것이 아니었습니다. 그래서 '하나님의 말씀'을 제대로 알지 못하고, 나름대로 말하는 다른 사람들의 얘기나 간증하는 소리를 듣고 '믿-씁니다.' 하면 그것이 믿음인 줄 알았습니다.

그 반대도 마찬가지입니다. 이성적인 성경에 대한 박식한 지식으로 성경 말씀을 논하고 성령을 논하거나 말한다고 해서 실천해 나가지 아니하면 '하나님의 말씀'을 제대로 알고 영안이 열린 것이 아닙니다. 모세에게 성전을 식양대로 정확하게 짓도록 명령하신 것은 우리들이 그리스도의 몸 된 성전을 우리의 심령에 세워 나갈 때 살아있는 말씀대로 정확하게 실천해 나가는 신앙이라야 한다는 것을 비유하고 있습니다.

영안이 열리는 상태를 어떤 사람들은 기도하는 가운데 신령한 눈이 열리어 투시나 예언이나 사람의 마음을 꿰뚫어 보는 것으로 생각하는 사람들이 있습니다. 그러나 이러한 투시의 영안이 열려도 '하나님의 말씀'을 알지 못하고, 체험하지 못하면 마귀에게 미혹당할 수가 있다는 것입니다. 말씀과 성령으로 영적 세계를 분명하게 알지 못하고, 막연하게 아는 신을 믿고 따라간다면 그 사람을 성경에서는 소경이라고 합니다.

세상을 보지 못하는 육신적인 소경이 얼마나 답답하겠습니까? 생각만 해도 끔찍합니다. 육신적인 소경 못지않게 성경을 알고 하나님을 안다고 하는 자들의 영적인 소경도 답답한 것입니다. 인간 세상에서야 영적인 눈이 열리지 않은 것이 별로 답답할 것이 없고, 육신적으로 사는 사람들이야 답답할 게 없을 것 같습니다. 그러나 영안이 열린 신령한 사람이 영안이 열리지 않은 육신적인 사람을 볼 때, 여러 가지 인생사 답답한 문제와 고통을 잔뜩 껴안고 살아가는 모습을 보노라면 참으로 답답합니다. 더구나 영안이 열리지 않아 마귀의 올무와 덫에 걸려서 멸망으로 파멸로 가고 있는 모습을 보면 정말 더 답답합니다. 저 역시 이제 좀 말씀을 깨닫고 영안이 조금 열리고 보니, 영안이 열리지 않은 목회자들이나 성도들을 볼 때 참으로 안타깝기 짝이 없는 분들이 많이 있습니다. 그러나 저는 그분들에게 직접 대고 무엇이든지 잘못되었다고 꼬집지 않으며 함부로 말을 하지 않습니다. 기도만합니다. 왜냐하면 상처를 받을 수 있기 때문입니다.

그에 못지않게 말씀을 바로 보지 못해 성경을 엉뚱하게 해석하거나 종교적인 신앙으로 구원받은 줄 알고 착각하고, 안일하게 그 영이 잠자고 있는 사람들도 여러 가지 문제에 처해 있는 자 못지않게 더 답답해 보입니다. 모르고 있다고 생각하는 자보다 알고 있다고 생각하는 이러한 자가 더 고침 받기가 어렵기 때문입니다. 치유는 자기가 문제가 있다고 인정해야 치유가 되기 때문입니다.

그러나 우리가 특별히 주의해야 할 것은 영안이 열렸다고 함부로 남을 평가한다든지, 남의 허물을 드러내는 말을 함부로 하면 안 됩니다. 말을 함부로 하여 상대방을 낙심하게 하거나 시험 들게 하고, 상처받게 하는 것은 성령의 사람이 아닙니다. 우리가 영안을 열어 가는 것은 무엇보다도 내가 영적으로 바로 서서, 하나님께 쓰임을 받는 축복의 도구가 되기 위함이라는 것을 명심해야합니다. 하나님은 절대로 남을 평가하라고 영안을 열어주는 것이 아닙니다.

목회자도 맑은 물에는 피라미만 산다는 것을 명심해야합니다. 깊은 물에 큰 고기가 삽니다. 알아도 모르는 척하세요. 열심히 말씀과 성령의 역사를 일으켜서 자신이 자신을 보게 하시기를 바랍니다. 그리고 자신의 부족을 자신이 깨닫게 해야 합니다. 그래야 치유가 빨리됩니다. 그런 곳에 성도들이 붙어있으면서 믿음 생활하는 것입니다. 자꾸 자신의 심령 상태가 이렇다 저렇다 하며, 흠집을 들추어내면 어느 누가 그 교회에 있으면서 믿음생활하려고 하겠습니까? 본인이 본인의 상태를 보고 고칠 때까지 인내하며 기다리시기를 바랍니다. 하나님도 우리가 자신을 정확히 보고 고치기를 인내하시며 기다리신다는 것을 믿으시기 바랍니다. 성도는 내안에 계신 성령께서 나를 성도 만든다는 것을 아는 성도가 영안이 열린 성도입니다.

(요일 2:27) "너희는 주께 받은 바 기름 부음이 너희 안에 거하나니 아무도 너희를 가르칠 필요가 없고 오직 그의 기름 부음이 모든 것을 너희에게 가르치며 또 참되고 거짓이 없으

니 너희를 가르치신 그대로 주 안에 거하라."

그래서 목사님이 성도를 만드는 것이 아니라, 성도 안에 계신 성령이 깨닫게 하면서 성도를 만들어 가는 것입니다. 일부 목사님들이 사모님을 자신이 가르쳐서 사모 만들려고 하고, 또 사모님이 목사님을 가르쳐서 목사님을 만들려고 합니다. 그러나 바로 알아야 합니다. 사모님 안에 계신 성령님이 사모님을 만들어 가고, 목사님을 만들어 간다는 것을 알고 행하고 있다면 영안이 열린 것입니다.

그럼 말씀의 빛으로 내가 영안이 바르게 열렸는가, 분별을 하려면 어떻게 해야 할까요? 먼저 나의 영적인 상태가 보여야합니다. 바울 사도는 고린도 후서 13장 5절에서 "너희는 믿음 안에 있는가 너희 자신을 시험하고 너희 자신을 확증하라 예수 그리스도께서 너희 안에 계신 줄을 너희가 스스로 알지 못하느냐 그렇지 않으면 너희는 버림 받은 자니라" 말합니다. 그리고 요한은 요한계시록 3장 17절로 18절에서 "네가 말하기를 나는 부자라 부요하여 부족한 것이 없다 하나 네 곤고한 것과 가련한 것과 가난한 것과 눈 먼 것과 벌거벗은 것을 알지 못하는도다. 내가 너를 권하노니 내게서 불로 연단한 금을 사서 부요하게 하고 흰 옷을 사서 입어 벌거벗은 수치를 보이지 않게 하고 안약을 사서 눈에 발라 보게 하라" 말합니다. 무엇보다도 영안이 열린자는 자신의 영적인 상태를 정확히 보는 자입니다. 그리고 영안을 열어서 봐야할 것은 이런 것입니다.

1.현재 천국 영생을 누리고 있는 것이 분별된다.

예수를 '믿는다'하면서도 천국의 축복과 영생을 누리지 못하고 육신적인 생각과 믿음으로 살아가는 사람들을 소경이라 합니다. 성경은 우리에게 무엇을 말해주고 있는가? 바로 살아서 누리는 영생천국의 축복을 말해주고 있는데, 이 신령한 천국의 축복을 현세적으로 실제로 누리며 살지 못하는 자를 영안이 열리지 못한 소경이라 합니다.

> (눅8:10)"이르시되 하나님 나라의 비밀을 아는 것이 너희에게는 허락되었으나 다른 사람에게는 비유로 하나니 이는 그들로 보아도 보지 못하고 들어도 깨닫지 못하게 하려 함이라".
> (눅17:21)."또 여기 있다 저기 있다고도 못하리니 하나님의 나라는 너희 안에 있느니라."

영안을 열어 바르게 보고, 이 땅에서도 심령 천국을 이루며 복되고 평안한 믿음생활을 영위하시기를 바랍니다.
하나님의 은혜의 손길을 느끼는 것이 분별됩니다. 성경에서 성령을 하나님의 손길이라 설명하고 있습니다.

성령을 바로 이해하게 됨으로 하나님의 역사를 바로 이해하게 되는 비밀이 있습니다.

(고전 2:10)"오직 하나님이 성령으로 이것을 우리에게 보이셨으니 성령은 모든 것 곧 하나님의 깊은 것까지도 통달하시느니라."

그러므로 성령을 통하여 역사하시는 하나님의 손길을 헤아리지 못하는 것은 성령의 역사나 나타남(은사)을 제대로 알지 못하는 자로서 영적으로는 소경이라 합니다. 영안을 열어 내가 성령의 인도를 받고 살아가고 있는지, 아니면 내 생각과 의지를 가지고, 육신적인 믿음 생활을 하고 있는 지 볼 수 있는 성도가 되시기를 바랍니다.

(마12:28)"그러나 내가 하나님의 성령을 힘입어 귀신을 쫓아내는 것이면 하나님의 나라가 이미 너희에게 임하였느니라"
(눅11:20)"그러나 내가 만일 하나님의 손을 힘입어 귀신을 쫓아낸다면 하나님의 나라가 이미 너희에게 임하였느니라"

하나님이 사람을 통하여 역사하시는 신령한 사역은 성령을 통하여 하시기 때문에 성령을 통하여 하나님의 손길(성령)로 성경이 성경을 해석하고 있음을 볼 수 있습니다. 내 영 안에 계신 성령께서 말씀을 영으로 해석하게 한다는 것입니다. 왜냐하면 말씀은 영이기 때문입니다. 하나님의 말씀은 영이니 육으로는 해석할 수도 없고 비밀을 깨달을 수도 없는 것입니다. 오직 성령의 감동하심을 받아야 깨닫고 해석하여 비밀을 알 수가 있는 것입니다.

> (벧후 1:21)"예언은 언제든지 사람의 뜻으로 낸 것이 아니
> 요 오직 성령의 감동하심을 받은 사람들이 하나님께 받아 말
> 한 것임이라."

이것을 알고 행하는 자는 영안이 열린 성도입니다.

2.심령으로 예수를 보지 못하는 자가 아닌가 분별된다.

아래 성경본문에서 부활 후에 제자들 앞에 나타나신 예수님을 제자들은 알아보지 못했으나 제자들은 마음이 열려서 성경을 깨닫게 됨으로 예수님을 알아보는 것을 봅니다. 예수님의 겉모습이 아니라, 예수님의 참 모습을 알지 못하는 것을 의미합니다. 이것은 예수를 만나보고 있지만, 심령이 깨닫지 못하면 예

수를 심령으로 알 수 없어, 보고 있어도 보지 못하는 소경을 뜻하고 있습니다. 그래서 성경을 보아도 성경의 영적 의미를 헤아리지 못하여 '하나님의 말씀'을 보지 못하는 것을 영적인 소경이라고 하는 것입니다.

(눅24:13-21)"그 날에 그들 중 둘이 예루살렘에서 이십오리 되는 엠마오라 하는 마을로 가면서 이 모든 된 일을 서로 이야기하더라. 그들이 서로 이야기하며 문의할 때에 예수께서 가까이 이르러 그들과 동행하시나 그들의 눈이 가리워져서 그인 줄 알아보지 못하거늘 예수께서 이르시되 너희가 길 가면서 서로 주고받고 하는 이야기가 무엇이냐 하시니 두 사람이 슬픈 빛을 띠고 머물러서더라. 그 한 사람인 글로바라 하는 자가 대답하여 이르되 당신이 예루살렘에 체류하면서도 요즘 거기서 된 일을 혼자만 알지 못하느냐 이르시되 무슨 일이냐 이르되 나사렛 예수의 일이니 그는 하나님과 모든 백성 앞에서 말과 일에 능하신 선지자이거늘 우리 대제사장들과 관리들이 사형 판결에 넘겨 주어 십자가에 못 박았느니라. 우리는 이 사람이 이스라엘을 속량할 자라고 바랐노라 이뿐 아니라 이 일이 일어난 지가 사흘째요"

이 사건의 의미는 성경의 말씀에 관한 성경 구절이나 내용을 해석하여 이성적으로 알게 되었다고 '하나님의 말씀'을 알 수가 있는 것이 아니라는 것입니다. 성경 말씀의 의미를 심령이 깨닫게 되어 심령이 '말씀'을 헤아리게 되는 것을 의미합니다. 그러므로 성경을 연구하여 성경을 많이 알고 있다고 영안이 열리는 것이 아닙니다. 성경 속의 말씀을 헤아려서 말씀의 속성인 빛을 통하여 깨닫게 되고, 말씀과 성령으로 잠자거나 죽어있는 심령이 새롭게 소성해야 소경을 면하게 됩니다. 말씀과 성령의 역사로 잠을 자고 있는 영을 깨우시기를 바랍니다.

내가 육신적인 신앙인이 아닌가 분별됩니다. 기복적인 신앙만 생각하는 자도 축복의 말씀만 전하는 자도 성공적인 축복만을 전하는 자도 영안이 열리지 않는 자입니다. 보이는 성공과 보이는 소망과 보이는 성전만을 봄으로 보이지 않는 신령한 영적 축복은 보이지 않는 것입니다. 보이지 않는 소망과 보이지 않는 영생과 보이지 않는 마음 성전을 더 중요시 할 줄 아는 자가 영안이 열린 자입니다. 많은 성도들이 기사와 표적 등, 보이는 역사만 좋아하고 추종하는 성도들이 있습니다.

그러나 영안이 열린 성도는 보이는 기사와 표적만 보는 것이 아니라, 그 기사와 표적 속에 역사하는 성령의 역사를 볼 줄 알고 분별하고 따라가는 성도가 영안이 열린 성도입니다. 보이지 않는 하나님의 역사를 마음의 눈으로 보고 따라가는 자들이 되기를 바랍니다.

(살후 2:11-12)"이러므로 하나님이 미혹의 역사를 그들에게 보내사 거짓 것을 믿게 하심은 진리를 믿지 않고 불의를 좋아하는 모든 자들로 하여금 심판을 받게 하려 하심이라."

(요4:48)"예수께서 이르시되 너희는 표적과 기사를 보지 못하면 도무지 믿지 아니하리라"

영안으로 보이지 않는 하나님의 나라를 바라보아야 합니다. 즉 아브라함이 조카 롯을 보낼 때 자네가 제일 좋은 곳을 택하라, 네가 동으로 가면 나는 서로 갈 것이요, 네가 북으로 가면 나는 남으로 갈 것이다. 이것은 아브라함은 영안이 열려 어디로 가든지 하나님만 있으면 된다는 믿음이 있었다는 것입니다. 세상의 보이는 것을 보고 쫓아가면 롯이 소돔을 선택하여 망한 것 같이 망합니다. 보이지 않는 하나님을 선택하시고 하나님만을 따라가시기를 바랍니다. 우리 안에 하나님만 모시면 만사가 다 이루어집니다. 하나님만이 축복이고 권세이고 능력이십니다.

3.하나님의 의와 자신의 의를 분별한다.

하나님의 의를 자기의 의와 분별하지 못하기 때문에 자기의 뜻을 이루기 위하여 하나님의 일을 합니다. 또 자기의 낯을 세우기 위하여 헌신하고, 자신의 영달을 위하여 하나님의 일을 하는 자를 소경이라 합니다. 결과적으로 하나님을 대적하게 되니 이는 하나님을 알지 못하는 소경입니다. 성도는 하나님의 영광을 위하여 일을 해야 합니다. 우리의 옛 사람은 십자가에서 죽고 예수로 다시 태어나 하늘의 일을 하는 성도들이기 때문입니다. 그러므로 모든 일을 예수 이름으로 해야 되는 것입니다.

(벧전 4:11)"만일 누가 말하려면 하나님의 말씀을 하는 것
같이 하고 누가 봉사하려면 하나님이 공급하시는 힘으로 하는
것 같이 하라 이는 범사에 예수 그리스도로 말미암아 하나님
이 영광을 받으시게 하려 함이니 그에게 영광과 권능이 세세
에 무궁하도록 있느니라 아멘"

성도는 하나님의 영광을 위하여 자신을 희생할 수 있는 성도가 진정한 영안이 열린 성도입니다. 무엇을 하든지 예수 이름으로 하고 하나님에게 영광을 돌리시기를 바랍니다.

영안이 열리면 나의 죄나 허물을 보지 못하는 것을 자신이 압니다. 자신의 허물을 보지 못하면 한치 앞도 내다볼 수 없습니다. 남을 비방하거나 판단하는 자는 아직 영안이 열리지 않은 것을 단적으로 나타내고 있습니다. 그것은 바로 자신이 의롭다고 생각하고 있기 때문입니다. 자신의 죄를 깨달음으로 예수님(말씀)을 발견하게 되는데, 자신의 죄나 허물로 눈이 가려져 있

으니 영적인 소경입니다. 예수님은 의인을 부르러 오신 것이 아니라 죄인을 부르러 오셨습니다.

(눅6:42)"너는 네 눈 속에 있는 들보를 보지 못하면서 어찌하여 형제에게 말하기를 형제여 나로 네 눈 속에 있는 티를 빼게 하라 할 수 있느냐 외식하는 자여 먼저 네 눈 속에서 들보를 빼라 그 후에야 네가 밝히 보고 형제의 눈 속에 있는 티를 빼리라"

(마9:13)"너희는 가서 내가 긍휼을 원하고 제사를 원하지 아니하노라 하신 뜻이 무엇인지 배우라 나는 의인을 부르러 온 것이 아니요 죄인을 부르러 왔노라 하시니라"

사람은 완벽할 수가 없습니다. 사람은 육이기 때문입니다. 완전한 하나인 하나님이 오셔서 심령에 거해야 사람이 완전하게 성도가 되는 것입니다. 그러므로 사람을 사람의 눈으로는 평가할 수가 없습니다. 오직 나를 창조하신 하나님만이 사람을 판단하고 평가할 수가 있는 것입니다. 성령으로 충만하여 자신의 부족을 정확하게 볼 줄 아는 영안이 열리기를 바랍니다.

4.하나님의 영광과 사명과 능력이 분별된다.

자신의 사명을 깨닫지 못하거나 하나님께서 주신 영광과 성도들에게 주신 능력이 얼마나 큰 능력을 주셨는가를 알지 못하는 자는 영적 소경입니다. 사명을 깨달은 자는 달려 갈 바를 알고 달려가게 됩니다. 그러나 사명을 인식하지 못하는 자는 자신의 위치를 헤아리지 못하고 있기 때문에 앞을 보지 못하고 있는 것입니다. 자신의 유명세를 내세우고 하나님의 영광을 구하지 아니하면 영안이 열리지 않습니다.

> (엡1:17)"너희가 서로 영광을 취하고 유일하신 하나님께로
> 부터 오는 영광은 구하지 아니하니 어찌 나를 믿을 수 있느냐"
> (요5:44)"우리 주 예수 그리스도의 하나님, 영광의 아버지
> 께서 지혜와 계시의 영을 너희에게 주사 하나님을 알게 하시
> 고"

그래서 성도는 말씀과 성령으로 심령을 치유하여 성령으로 충만한 가운데 성령으로 자신의 사명을 바로알고 순종하는 성도가 되어야 합니다. 날마다 성령님에게 지혜와 계시의 영을 주시어 밝히보고 성령님을 따라가게 해달라고 기도하시기를 바랍니다.

5.성경에서 영적 원리를 헤아리게 된다.

성경에는 예배드리는 법, 기도하는 법, 말씀 듣는 법, 말씀 전하는 법, 은혜 받는 법, 그리고 능력 받는 법, 가난을 청산하는 법, 치유받는 법, 영적 전쟁하는 법이 있습니다. 이 법을 달리 말하면 구약의 율법이며, 신약에서는 말씀이라 하고, 진리로 가는 길이라고도 하며, 영적 원리라고 합니다. 성령의 법은 성령이 역사하는 영적 원리요, 죄와 사망의 법은 죄와 사망이 역사하는 영적 원리를 의미합니다. 하나님은 하나님의 속성대로 역사하며 사단은 사단의 속성대로 역사합니다. 이러한 영적 원리들을 헤아려야 '말씀'이 보입니다. 제 경험으로는 영적인 세계가 열려야 말씀의 비밀이 바르게 보입니다. 무조건 기도하거나 막연하게 영성 훈련하는 것이 아니라, 이 영적 원리를 헤아려서 예배드리고 기도하고 경건에 이르는 영성 훈련을 해야 합니다. 이 영적 원리를 알고 이를 쫓아 기도하고 이를 쫓아 말씀 전하고, 이를 쫓아 신앙 생활하는 것이 진리임을 알지 못하는 것을 소경이라 합니다.

(시119:18)"내 눈을 열어서 주의 율법에서 놀라운 것을 보게 하소서" (요8:43)"어찌하여 내 말을 깨닫지 못하느냐 이는 내 말을 들을 줄 알지 못함이로다" (마6:9)"그러므로 너희는

이렇게 기도하라 하늘에 계신 우리 아버지여 이름이 거룩히 여김을 받으시오며" (마22:29)"예수께서 대답하여 이르시되 너희가 성경도, 하나님의 능력도 알지 못하는 고로 오해하였도다"

영안을 열어 말씀 안에서 영적인 원리를 발견하여 삶에 적용하시기를 바랍니다. 진정한 성도는 영안으로 말씀을 보고 말씀 안에서 영적인 원리와 비밀을 보고 적용하며 순종하는 성도입니다. 자신이 성경의 말씀대로 행하는 자인가 아닌가 분별이 됩니다.

(롬2:18-19)"율법의 교훈을 받아 하나님의 뜻을 알고 지극히 선한 것을 분간하며 맹인의 길을 인도하는 자요 어둠에 있는 자의 빛이요"

성경에 대한 해박한 지식을 소유하고 성경을 가르친다고 해도 행함이 없는 자를 소경이라 합니다. 믿는다 하면서도 믿음으로 살지 아니하는 자도 소경입니다. 믿음으로 살지 않는 것이 죄라는 것은 바로 영적 소경이라는 것입니다. 심령을 감찰하는 투시가 열리고 환상이 보이고 예언을 한다 하더라도 성령으로 난 믿음으로 살지 않는 자는 소경입니다. 말씀을 많이 안다고 내가 영안이 열리고 다 되었다고 생각한다면 스스로 착각하는 것입니다. 날마다 자신의 부족을 깨닫고 성령의 도우심을 구하는 성도가 진정한 영안이 열린 성도입니다. 그리고 성령으로 심령에 말씀을 새기고 행하는 성도가 영안이 열린 성도입니다.

6.영과 진리로 기도하는 가가 분별된다.

기도의 영적 원리는 기도를 쉬게 되면 타락한 인간의 속성이 다시 머리를 들게 되고 넘어지게 됨으로 영안이 열린 자는 성령으로 기도하게 됩니다. 성경을 가르치고 말씀을 전한다 해도, 그리고 뜨겁게 믿는다 해도, 교회 일에 열심을 낸다고 해도, 또한 이러한 영적 원리를 안다 해도, 성령으로 기도하지 않는 자는 영적 소경입니다. 이렇게 기도하지 않던 소경이 어느날 말씀과 성령의 역사로 영안이 열려서 자신이 지금 타락한 인간의 성품을 드러내고 있다는 것을 진정으로 깨닫고 있다면 기도 할 것입니다. 그러므로 기도하지 아니하는 자는 심령이 메말라 가고 있다는 것을 알지 못하는 사람이기 때문에 '하나님의 말씀'을 진정으로 알고 있지 못하는 것입니다.

그리고 영과 진리로 기도한다는 것과, 어떻게 기도하라는 것이라는 것을 알지 못하기 때문에, 기도의 영적 원리를 알지 못한다고 하는 것입니다. 이것은 바로 말씀을 알지 못한다는 것을 의미합니다. 말씀을 알지 못하는 자가 말씀 안에서 영으로 기도할 수 없는 것은 당연한 것입니다.

기도는 머리로 생각으로 하는 것이 아니라, 성령으로 충만하여 영으로 하는 기도가 응답이 되고, 심령이 성령으로 변하는 것입니다. 그래서 기도를 많이 하면 할수록 심령이 변해야 맞는 것입니다. 육신의 생각으로 기도하기 때문에 하나님의 응답을 받지 못하고 심령이 변하지 못하므로 영과 진리로 기도하지 못하는 자는 소경입니다. 왜냐하면 하나님은 영이시기 때문입니다.

(눅21:36)"이러므로 너희는 장차 올 이 모든 일을 능히 피하고 인자 앞에 서도록 항상 기도하며 깨어 있으라 하시니라"

우리가 인자 앞에 서는 날이 오늘이 될지도 모릅니다. 항상 깨어 성령으로 기도하는 성도가 진정으로 영안이 열린 성도입니다.

7.환경을 통해 역사하는 하나님의 손길을 본다.

주위 환경 속에서 어디를 보아도 하나님의 손길이 있습니다. 오늘날의 내가 존재하고 있는 것도 하나님의 은혜입니다. 고난

속에서도 사망의 음침한 골짜기 속에서도 하나님의 손길이 있습니다. 자신이 지나온 세월의 뒤를 한번 돌아보시기를 바랍니다. 하나님의 손길과 도우심과 은혜가 보이게 될 것입니다. 그리고 축복만이 아니라, 또 반대로 하나님은 사랑하는 자에게는 시험을 통하여 강권적으로 기도하게 하십니다.

이 기도를 통하여 영성의 체질을 만들어 가시고, 이 기도를 통하여 영적 생명을 자라게 하십니다. 그래서 보다 신령한 몸으로 변화시키시고, 영안을 보다 더 활짝 열어 가시는 것입니다. 오히려 하나님은 고난 속에 있고, 약한 자와 멸시받고 천대받거나 비난 속에 외로운 자에게 더 관심과 애정을 가지고 역사하십니다.

(고전1:28)"하나님께서 세상의 천한 것들과 멸시 받는 것들과 없는 것들을 택하사 있는 것들을 폐하려 하시나니"

(히12:6-7)"주께서 그 사랑하시는 자를 징계하시고 그가 받아들이시는 아들마다 채찍질하심이라 하였으니, 너희가 참음은 징계를 받기 위함이라 하나님이 아들과 같이 너희를 대우하시나니 어찌 아버지가 징계하지 않는 아들이 있으리요"

(욥42:5)"내가 주께 대하여 귀로 듣기만 하였사오나 이제는 눈으로 주를 뵈옵나이다."

주님의 일을 하면서 당하는 고난을 달게 받으시기를 바랍니다. 하나님은 나를 고난을 통하여 연단하시고 순금같이 사용하신다는 것을 믿으시기 바랍니다. 절대 하나님은 연단되고 단련되지 않으면 사용하지 않으십니다. 이것을 알고 주님을 위한 고난은 달게 받아들이고, 인내할 줄 아는 성도가 영안이 열린 성도입니다.

8.영적인 존재들을 보지 못하는 자가 아닌가 분별된다.

말씀을 가리고 있고, 말씀을 대적하고, 성령을 훼방하고 있는 이들의 실체와 정체를 알지 못하는 것입니다. 그리고 신앙을 혈과 육의 것으로만 생각하는 자는 진정 영의 눈이 열리지 않은 육신에 속한 성도인 것입니다. 말씀의 속성인 생명과 빛이 있으면 성령역사를 훼방하는 통치자와 권세와 공중권세 잡은 자와 어둠의 주관자와 하늘에 있는 악한 영들과 적그리스도의 영들과 666의 세력들을 볼 수 있는 영안이 열립니다. 인간의 모든 문제의 첫째 원인은 죄입니다. 그다음 죄를 타고 들어와 죄 뒤에 역사하고 있는 마귀입니다. 그래서 영안이 열린자는 모든 문제의 뒤에는 마귀가 있다는 것을 아는 자입니다. 그리고 이 마귀를 몰아내야 문제가 해결될 수 있다는 것을 알고 능력을 받아 영적전쟁을 하는 자입니다. 마귀는 인간의 힘으로는 어찌할 수 없는 강한 놈입니다. 반드시 성령 하나님의 역사와 예수 이름이 있어야 떠나가는 것입니다. 이것을 알고 성령의 능력을 사모하고 성령을 충만하게 하려고 하는 자는 영안이 열린 자입니다. 그리고 예수 이름으로 대적하여 마귀, 귀신을 몰아내는 자는 영안이 열린 자입니다(엡6:11-13).

영적인 전쟁은 혈과 육의 싸움이 아닙니다. 영안을 열어 영적인 세력들을 분별하고 성령의 권세로 싸우는 것이 영적인 전쟁입니다. 그래서 사람을 미워하면 안 됩니다. 그 뒤에서 역사하는 악한 영을 보고 대적하고 영적으로 싸워야 하는 것입니다. 영적인 전쟁은 혈과 육의 싸움이 아니라는 것을 알고 행하는 성도가 영안이 열린 성도입니다.

하나님의 영으로 말씀을 알고, 바른 영성훈련으로 영안을 열어 하나님을 깊이 있게 섬깁시다. 말씀으로 자신을 볼 수 있는 눈이 열리시기를 바랍니다. 모든 것을 살아있는 말씀으로 진단하고 처방하는 영적인 성도가 되시기 바랍니다. 이 모든 것은 성령으로 되는 것입니다. 성령 충만 하려고 의지적인 노력을 하시기 바랍니다. 성령 충만은 영의 기도를 통하여 되는 것입니다. 고로 기도를 쉬지 않는 모두가 되시기 바랍니다. 기도로 항상 깨어있어 영안을 열고 승리하시기 바랍니다.

19장 영안을 밝게 여는 영적 비결

하나님은 성도들이 말씀을 체험함으로 영안을 밝게 열어 하나님의 군사가 되기를 원하십니다. 부정적인 면들을 보게 됨으로 보다 더 긍정적인 면을 확실하게 알게 됩니다. 이 부정적인 요인들을 통하여 말씀을 읽는 분들이 빛과 어두움을 분명하게 보는 눈이 열립니다. 그래서 하나님을 온전하게 헤아릴 수 있는 긍정적인 영안도 열리는 것입니다. '죄가 많은 곳에 은혜가 넘친다.'는 지극히 성경적인 서술법이니 이를 깨닫는 마음으로 말씀을 읽으셔야 은혜가 됩니다.

성경의 가르침과 말씀과의 차이를 알아야 합니다. 문제는 성경을 앞에 두고도 말씀을 보지 못하기 때문입니다. 하나님의 말씀에 대한 실제적인 체험이 없기 때문입니다. 그래서 성경도 하나님의 능력도 알지 못한 상태에서 성경을 가르치고 말씀을 전하고 신학을 가르칩니다. 듣는 자들도 성경과 말씀의 차이가 무엇인지 모르고 설교를 들으려고 합니다. 성경 말씀은 체험을 해 보아야 살아있는 생명의 말씀으로 알고 전하고 들을 수가 있습 니다. 말씀을 전하고 들으면 들을수록 영안이 밝아지는 것입니 다.

(요14:9)"예수께서 가라사대 빌립아 내가 이렇게 오래 너 희와 함께 있으되 네가 나를 알지 못하느냐 나를 본 자는 아버 지를 보았거늘 어찌하여 아버지를 보이라 하느냐"

성경은 하나님의 말씀을 영으로 받아 기록한 것입니다. 이 말 씀은 태초에 하나님과 함께 계셨고 바로 하나님이십니다. 성경 은 바로 이 말씀을 전하고 있는 것입니다. 이 신령한 말씀의 존 재를 성경의 내용이나 사건이나 교훈으로 알려고 하기 때문에 말씀이라는 존재를 알 수가 없는 것입니다. 그래서 영안이 열리 지를 않는 것입니다. 이렇게 됨으로 성경을 연구하여 성경에 관 한 해박한 지식은 가질 수 있을지 모릅니다. 통독으로 성경을 암송 할 수 있을지는 모릅니다. 말씀은 살아있는 존재요, 인격 체요, 영이기에 그러한 인간적인 방법만으로는 알 수가 없는 것 입니다. 말씀을 아는 것은 말씀이라는 존재와 인격과 영의 실체 를 전인격적으로 알아야 되는 것입니다. 성경해석이라 하지 않 고 '말씀 해석' 이라는 새로운 방법을 통하여 성경을 알아가며 영안을 열어 가고자 하는 것입니다. 요약하면 성경의 비밀을 알지 못하고 영안이 열리지 않는 것은 성경은 잘 알지만, 말씀 무지에서 오는데 이것은 엠마오 제자들에게 나타나시듯 부활하신 예수님의 영이 나타나셔서 성경을 풀어 해석하시어 말씀의 속성을 깨닫게 해주시지 않기 때문입니다. 성경과 말씀의 차이를 비유적으로 다시 말하면 사람을 겉 사람과 속사람을 구분하듯이 성경을 형상에 비유한다면 말씀은 속성에 비유할 수 있겠습니다. 말씀의 속성을 알아야 영안이 열립니다. 말씀의 속성은 체험해야 바르게 깨달을 수가 있는 것입니다. 그래서 기독교를 체험의 종교라고 하는 것입니다.

1. 말씀을 들을 줄 아는 심령의 귀를 열어라.

하나님을 알기 위한 지식이나 설교는 말씀을 체험적으로 살아가는 삶과 성령 안에서의 기도를 통한 영적 교제로 알게 되는 것입니다. 그래서 말씀을 통하여 하나님의 속성을 아는 체험적인 지식이 생겨나는 것입니다. 이것은 전하는 자나 듣는 자가 다 같이 성경 말씀 속의 하나님의 뜻을 진정으로 구하고자하는 마음이 있어야 가능한 것입니다. 절대적인 말씀의 권위를 인정하고 무조건 순종하고자 하는 마음이 있어야 성경 속의 '말씀' 이 생명으로 귀에 들어오는 것입니다. 생명의 말씀으로 들으니 말씀의 속성을 깨닫게 됨으로 영안이 열리는 것입니다.

(고전 2:12)"우리가 세상의 영을 받지 아니하고 오직 하나
님께로 온 영을 받았으니 이는 우리로 하여금 하나님께서 우
리에게 은혜로 주신 것들을 알게 하려 하심이라"

영으로 전하는 말씀이 내 심령에 심어지기 때문에 영안이 열
리는 것입니다. 말씀이 심령에 새겨지게 하기 위해서는 영으로
기도해야 합니다. 영으로 기도하여 성령이 충만해야 생명의 말
씀이 깨달아지는 것입니다. 그런데 많은 성도가 기도를 단순한
상식선에서 알고 있습니다, 기도가 무엇인가를 제대로 알지 못
합니다. 어떻게 하여야 성령 안에서 기도하는가를 모르고 있습
니다. 그래서 기도가 힘들고 기도의 열매를 맺지 못하는 것입니
다. 기도가 힘들면 아직도 하나님의 생명이 나를 주장하지 못
하고 있는 영적 상태입니다. 기도는 즐거운 것이고 기도 시간이
기다려지며 기도하고 싶은 갈급함이 있는 심령이 하나님께 살
아 있는 심령입니다.

기도가 죽어 있고, 기도가 힘이 드는 상태이면 이는 잠자는
자이요. 죽은 자와 마찬가지로 심판의 대상이 되는 자라고 해도
과언은 아닐 것입니다. 성경은 영적 잠자는 자와 죽은 자를 동
일시하고 있습니다. 기도는 마지 못해 하는 기도나 의무적으로

할 수 없이 하는 기도는 기도가 아닙니다. 기도는 내가 하는 것이 아니고 말씀과 더불어 성령을 힘입어 기도하는 것이 참 기도입니다. 중언부언하거나 의미 없는 방언만 하거나 소원을 간구하고 나라와 민족을 운운하며 마음에도 없는 소리를 발하는 것이 아닙니다.

기도는 간구와 다르고, 기도는 묵상하는 것과 다르고, 방언으로 말하는 것과도 다르고, 기도는 말씀을 상고하는 것과 다르고, 기도는 종교 의식이 아니고, 예배의 순서가 아닙니다.

기도의 의미가 여러 가지가 있지만, 그 중에 하나의 의미는 기도를 통하여 하나님 보좌 앞에 나아가 말씀을 듣는 것입니다. 내 심령에 말씀을 심는 것입니다. 기도로 말씀을 내 심령에 심으면 내 심령이 깨어 있어 살아있는 심령이 되어 영안이 열리는 것입니다. 이 말씀의 빛 된 속성을 체험을 통하여 삶 가운데서, 기도 가운데서, 영안이 열려가는 것을 체험하게 될 것입니다.

2. 보이지 않는 성전의 중요성을 알아야 한다.

우리가 일반적으로 생각하는 것은 물질이나 세상이 실체이고 영적인 것이 허상이나 그림자처럼 생각합니다. 그러나 성경은 그렇게 말하고 있지 않습니다. 보이는 것은 보이지 않는 것으로 말미암아 이루어졌다고 말하고 있습니다. 보이지 않는 것을 중요하게 생각하는 자는 영안이 열린 것입니다(히11:3).

　세상에 보이는 것이 허상입니다. 인간의 영혼이 참모습이고 육신은 단지 영혼의 반영입니다. 마음이 육신의 모습으로 나타나고, 보이지 않는 성전이 참 성전이고, 보이는 성전은 보이지 않는 성전의 반영입니다. 그럼에도 불구하고 보이지 않는 영혼과 보이지 않는 성전의 실체를 저버리고, 보이는 것에 매달려 보이지 않는 것을 보지 못하는 눈이 되어있기 때문에 영안이 열리지를 않는 것입니다. 보이지 않는 영혼이 더 중요하고 보이지 않는 하나님의 성전이 더 중요합니다. 보이지 않는 것을 보는 영안이 열려야 하는 것입니다. 보이지 않는 것을 보는 영안은 말씀과 성령으로 충만할 때 보이는 것입니다.

　그런데 육신적이 되어서 보이는 성전을 더 중요하게 가르치는 잘못을 저지르는 것이 문제입니다. 그래서 성도들이 보이는 것을 더 사랑하는 마음과 보이는 것에만 매여 있고 보이는 것으로 판단하고 보이는 것으로 소망을 삼고 살아가게 되는 것입니다. 그래서 보이지 않는 심령 성전의 의미와 중요성을 모르기 때문에 영안이 열리지 않는 것입니다. 우리는 영의 기도로 말씀의 실체를 깨달아서 보이지 않는 하나님과 보이지 않는 하나님의 능력과 보이지 않는 하나님의 사랑과 역사를 소망하는 마음으로 바꾸어져야 합니다. 말씀을 체험함으로 영안이 열려야 하는 것입니다.

성경 속에서 말씀하시는 뜻은 이 보이지 않는 성전에 들어가서 지성소에 계시는 하나님을 만나라는 것이 성경의 핵심적인 말씀입니다. 이 보이지 않는 성전에서 하나님의 축복과 말씀을 누리기 위해 신령한 예복을 입어야 합니다. 이 예복을 입기 위해 예수님이 필요합니다. 이 예수님으로 말미암아 주신 성령의 인도함을 받아야합니다. 또 율법을 지켜야하고 기도를 해야 하고, 여러 가지 파생된 수단과 방편이 동원되고 성령의 역사가 있어야 한다는 것입니다.

3. 구원의 의미를 바로알고 회개해야 한다.

빛이 있으나 빛을 주관하는 광명을 다시 주십니다. 홍해를 건넜으나 요단강을 다시 건너야 됩니다. 젖과 꿀이 흐르는 땅을 소유했다가 잃어버리고 잃어버린 고토를 되찾아야 합니다. 허물어진 성전을 다시 재건하고, 소경이 눈을 떴으나 안수를 두 번 받았습니다. 예수를 만나 거듭 났으나 잃어버린 첫사랑을 다시 찾아야합니다. 다시 한 번 더 공중 혼인 잔치에서 만나야 되는 성경 말씀의 맥을 헤아려야 합니다. 구원을 받으면 다 된 줄로 생각한다면 큰 잘못을 저지르는 것입니다. 성령으로 성화가 되어야 합니다.

만약에 구원만 받으면 다 된다는 인식을 갖고 있다면 영안은 점점 흐려질 것입니다. 말씀을 체험하여 열린 영안으로 말씀을 보면 예수님을 죽어서 다시 만나는 것이 아닙니다. 잃어버린 첫 사랑을 회복하고, 잃어버린 처음 행위를 찾기 위해, 신랑을 맞이하는 신부처럼 새롭게 단장하고, 혼인 잔치를 맞이하라는 현재 우리들에게 살아서 역사하는 성령과 말씀으로 만나게 되는 것입니다.

그리고 영안을 열려면 영들의 실체를 헤아려야 하고 영적인 투쟁을 해야 합니다. 영안이 열리면 우리의 믿음과 이를 위한 기도는 혈과 육이 아니요. 통치자와 권세와 하늘에 속한 악의 영들과의 투쟁이라는 성경의 말씀을 바르게 깨달아야 행하는 것입니다. 그 투쟁의 상대를 잘 모르고 영적 투쟁의 신앙생활을 하지 않는다면 영안이 흐리기 때문입니다. 영안이 열리면 보이지 않는 예수의 몸인 참 교회를 대항하고 성도를 무너뜨리는 세력은 하나님을 대적하는 인간의 교만과 악한 영들과 짝하고 동조하는 대중의 무지한 세력들입니다.

그리고 공중 권세 잡은 자들과 이 세상 주관자들입니다. 영안이 흐리면 물질 물량 주의 신앙과 사단에게서 나온, 적그리스도의 영(귀신)의 가르침으로 성령 사역을 거부하게 하는 세력에 빠져드는 것입니다. 우리가 바르게 알아야 할 것은 어두움의 세력들은 성경의 가장 귀중한 핵심적인 진리를 가리고 있는 것입니다. 엉뚱하게 해석하게 하는 것입니다.

그러므로 공중권세 잡은 자들과 어두움의 주관자들과 하늘의 악한 영들의 실체는 이 세상에서 악을 행사하는 자들만이 아닙니다. 성경의 해석을 잘못하게 만들어 하나님을 왜곡하게 만드는 세력들도 공중 권세 잡은 자들도 포함됩니다. 이 세력들에 편승하는 주장과 신학과 이론과 말을 말합니다. 이러한 세력들에 동조하는 사람 속에 역사하는 이론과 신학과 말로 말미암아 신령한 분위기에 찬물을 끼얹는 것입니다. 고상한 인간적 신앙을 갖게 하는 사람이나 행위들이나 분위기들이 공중 권세 잡은 자들이요 어두움의 주관자들입니다. 하늘에 악한 영들이란 믿는 사람들이든, 믿지 않는 사람들이건, 사람들의 심령 속에서 역사하는 사단이 주는 악한 생각이나 사상이나 말이 바로 그 실체요, 믿음을 빼앗아 가는 의심과 참소하는 충동들이 다 이들의 정체입니다. 이를 바르게 알고 대처하고 있다면 영안이 열린 것입니다.

3. 신령한 산제사를 드려야 한다.

신령한 산제사를 드려야 영안이 열리는 것입니다. 영안이 열리면 내가 제물이 되지 않기 때문에 내가 살아서 하나님을 가까이 가고 만나는데 걸림돌이 되고 있다는 것을 알고 회개하고 돌아서는 것입니다. 나를 깨트리고 육성을 벗어나게 하려는 하나님의 역사와 손길을 헤아립니다. 순종하는 법을 배워 성령과 더불어 먹고 마시고, 동행하는 삶을 통하여 신령한 예복을 입고 성령의 법을 따라 살아가면서 경건에 이르는 연습을 지속적으로 하므로 영안이 밝게 열리는 것입니다.

남의 허물이나 티끌은 보아도 자신의 들보를 보지 못하는 눈으로는 신령한 제사를 드릴 수 가 없습니다. 자신의 몸을 희생의 제물로 번제를 드리고 속죄제를 드리고 감사제를 드리는 법을 배워야 합니다. 이 신령한 제사를 매일 드림으로 말미암아 주시는 하나님의 신령한 축복을 누리며 사는 법을 배우고 적용해야 합니다.

하나님의 나라는 먹고 마시는 것이 아니요, 여기 있다 저기 있다는 것도 아니고, 우리 심령 속에 있음을 통하여 내가 과연 이 하나님의 나라와 보이지 않는 이 신령한 축복을 과연 얼마나 누리고 있는 것인가? 늘 보고 부족한 자신을 성찰해야 합니다.

(요4:24)"하나님은 영이시니 예배하는 자가 영과 진리로 예배할찌니라."

시공간을 초월한 영적 세계를 3차원의 시공간으로 생각하기 때문에 영안이 열리지 않는 것입니다. 창세기도 오늘 나에게 주시는 말씀이요, 계시록도 지금 나에게 주시는 말씀이며, 천국도 지옥도 현재의 나의 영적 상태를 말합니다. 영적 무지는 이 영원세계가 현재의 세계 안에 있고, 오늘의 현세가 영원세계 안에 있어, 서로 유기적으로 연결된 상태를 이해하지 못합니다. 아브라함과 이삭과 야곱의 하나님이시고, 산자의 하나님이시며, 네가 내안에 내가 예수 안에 있는 이 세계를 제대로 이해하지 못하기 때문입니다.

장소적인 개념으로 성경과 영적 세계를 보려고 하지 말아야 합니다. 천년이 하루 같고 하루가 천년 같은 영계의 사건이고 이야기이면서 지금 이루어지는 사건이요 이야기입니다. 하나님의 의와 자신의 의를 분별하지 못하기 때문에 영안이 열리지를 않습니다. 사람은 너나 할 것 없이 자기를 나타내기를 원합니다. 믿음으로 행하고 주의 이름과 복음을 위한 모든 일에도 자기의 의를 드러냄으로 하나님의 의를 드러내는 것 보다 우선합니다.

무엇이 자기의 의를 드러내려고 하는 행위인지 분별하지 못하기 때문에 성경을 오해하게 됩니다. 먹고살기 위해서 하나님의 일을 하지 않지만, 먹지 않고서는 하나님의 일을 하지 못하는 것이 현실이며, 하나님을 위해서 일하지만 나를 위해서도 일하게 되는 것도 역시 현실입니다.

이러한 모순 속에 진실이 있고, 하나님의 뜻을 따라 일하는 것이 과연 어떤 것인가를 헤아리는 분별이 있어야 할 것인데 이것을 헤아리기가 그리 쉬운 것이 아니기 때문입니다.

이를 놓고 하나님 존전 앞에 나아가야 하는데 인간은 현실과 환경을 초월하여 살기가 쉬운 일이 아닙니다. 현실 세계 속에 살면서 이 현실을 초월하여 내 심령과 중심을 바로 한다는 것은 이론적으로는 가능하나 실제적으로는 불가능하기 때문입니다. 이것은 영과 육이 이론적으로는 다르고 구별되는 것이지만 현실적으로는 혼이라는 울타리 속에 있는 하나이기 때문입니다.

그러므로 내 심령이 좌로나 우로나 치우쳐 있으면 하나님 존전 앞에 나아가지 못하고 자신의 내면의 소리를 듣게 되어 영적으로 오히려 손실이 오게 되고 눈이 더 멀어지고 하나님과 더 멀어지게 됩니다. 그러므로 자신의 생각이나 뜻을 버리고 성령으로 하나님 존전에 나아가야 됩니다. 하나님의 존전에 나가려면 반드시 예수를 통하여 성소의 문(양 의문)으로 들어가야합니다. 그렇지 않고, 담을 넘어 하나님 보좌 앞에 나아가려고 한다면 강도가 되는 것입니다. 또,먼저 하나님의 나라와 의를 구하라는 말씀을 헤아리지 못하고, 자기의 의로 기도하게 되면 자아가 되므로 기도하면 기도할수록 잘못되어 가는 것입니다.

4. 성경 속의 말씀의 속성을 바르게 이해하라.

성경의 여러 사건들 중 가장 중요하고 핵심적인 사건은 하나

님이 우주에 나타나시는 사건으로 시작되고 인간 앞에 나타남
으로 시작됩니다.

(요12:46)"나는 빛으로 세상에 왔나니 무릇 나를 믿는 자로
어두움에 거하지 않게 하려 함이로라"

에덴동산에서 나타나신 하나님이 노아를 통하여 나타나시
고, 아브라함에게 나타나신 하나님, 모세에게 나타나신 하나
님, 요셉에게 나타나신 하나님, 사무엘에게 솔로몬에게 나타나
신 하나님, 그 다음에 시대에 따라 나타나시는 여러 가지 모습
과 현상들이 달라집니다. 하나님과 함께 계시던 말씀이신 예수
님으로 나타나시던 시대와 오순절 이후 성령으로 나타나시는
하나님을 보아야 합니다. 이제 이 시대는 말세적인 현상이기에
성경 속에서 남종과 여종에게 새 영을 부어 주시는 하나님과 주
의 영으로 재림하시어 나타나시는 예수님을 보아야 합니다. 예
수의 영이 나타나시(고전 12:7)는 현상을 통하여 말씀의 존재
로 임재하시고 역사하시는 주님을 보아야 합니다.

(고전12:7)"각 사람에게 성령의 나타남을 주심은 유익하게
하려 하심이라" (요 1:1)"태초에 말씀이 계시니라 이 말씀이
하나님과 함께 계셨으니 이 말씀은 곧 하나님이시니라"

천국과 천국의 열쇠(성령)를 잘 헤아리지 못하기 때문에 영안이 열리지 않습니다. 예수님을 통하여 주신 말씀은 천국 복음이며, 이 천국을 위해 천국 열쇠를 주셨는데 이 천국 열쇠를 통하여 먼저 땅에서 열면 하늘에도 열리는 이 영적 원리를 이해해야 합니다.

(마16:19)"내가 천국 열쇠를 네게 주리니 네가 땅에서 무엇이든지 매면 하늘에서도 매일 것이요, 네가 땅에서 무엇이든지 풀면 하늘에서도 풀리리라 하시고"

이 천국에 대한 것보다 변질된 복음을 전하고 있으며, 이 천국 열쇠를 천주교는 사죄권을 말하고, 개신교는 '주는 그리스도이시오 하나님의 아들이시이다'는 신앙고백을 천국 열쇠로 말하고 있습니다. 이 천국 열쇠는 베드로가 신앙 고백을 할 수 있도록 한 베드로 속에 역사 한 성령을 말합니다. 이 성령의 열쇠는 단순하게 열쇠 구멍에 꽂아 비틀어서 열어 한번으로 끝나는 열쇠가 아닙니다. 비밀 번호를 맞추어 가면서 완전한 천국이 임할 때까지 열어야하는 열쇠입니다. 이 번호를 알아내야 하는데 하나이신 하나님은 삼위 일체 하나님으로 1위의 창조주 하나님과 2위의 예수님과 3위의 성령님은 인간에게 동일하게 역사하여 나타납니다.

천국 열쇠의 비밀 번호는 이 얽히고설킨 영적 원리를 하나님과 인간과 사단의 각각 그 구조와 속성을 풀어감으로 성령 사역과 하늘의 비밀이 열려지고, 영안이 열려지고, 성경이 열려지고, 말씀이 열려집니다. 스스로 완전한 자라고 자찬하는 자는 넘어지게 되어 있습니다. 이것이 세상의 원리이며 영적 원리이며 이것이 정상입니다. 이것이 인간의 속성입니다. 거듭나지 못한 인간은 교만합니다. 자신의 힘으로 세상을 살아갈 줄 압니다.

이 인간의 속성을 사단은 이용을 하는 것입니다. 이것이 성경에서 말하고 있는 말씀 가운데 하나인데 이러한 것들이 자신들에게 감추어져 있어 잘 보이지 않는 비밀 가운데 하나입니다. 자신에게는 가려져 있는 이 비밀의 하나가 항상 부족합니다. 자신이 안다고 생각하고 완전하다고 생각하는 순간 사단이 이를 깨트려 버린다는 것을 깨달아야 합니다. 이 진리를 깨달으면 겸손한 자는 결코 악인의 꾀를 쫓지 않을 것이고, 죄인의 길에 서지 않을 것이며, 오만한 자의 자리에 앉지 않을 것이라서 영의 눈이 열려 나갈 것입니다.

생명과 경건에 속한 것을 갖지 못하기 때문에 영안이 열리지 않는 것입니다. 생명과 경건은 바로 말씀의 속성 가운데 하나입니다. 이 말씀의 속성은 또한 빛의 속성을 가지고 있기 때문에 영안을 열어 갑니다. 어두움의 무지에서 깨달아져 하나님을 아는 것 이것이 지식이요. 이것이 바로 생명이며 경건이며 바로 하나님을 아는 이 지식이 영안을 열어 갑니다. 그러므로 영안이 열려가는 것 이것이 바로 영생입니다.

(요17:3)"영생은 곧 유일하신 참 하나님과 그의 보내신 자 예수 그리스도를 아는 것이니이다."

(롬10:2)"내가 증거하노니 저희가 하나님께 열심이 있으나 지식을 좇은 것이 아니라"

5. 성령의 법과 영적 원리를 알아야 한다.

(롬 8:1-2)"그러므로 이제 그리스도 예수 안에 있는 자에게는 결코 정죄함이 없나니 이는 그리스도 예수 안에 있는 생명의 성령의 법이 죄와 사망의 법에서 너를 해방하였음이라"

성령은 하나님의 손길인 것입니다. 예수 안에 있기 위해 성령의 도우심을 받고 성령 안에서 살아가야 합니다. 그렇지 않으면 인간은 다시 육성이 나타나게 되어 있습니다. 영은 하나님에 대하여 살아 있지만, 이 육성은 사망의 법에 지배를 받는 속성을 가지고 있어 죄의 법을 좇아 살고 있습니다.

이 죄에는 사망 권세의 세력과 귀신의 영들이 지배합니다. 귀신의 영의 지배를 받지 않기 위하여 성령을 힘입어 귀신을 쫓아내고 내 심령 속에는 항상 하나님의 나라가 이루어져 하나님에 속한 신령한 성품과 속성을 나타내는 삶을 살아야 되는 것입니다.

구원받은 하나님의 백성이지만 육성을 가지고 있습니다. 세상 속에서 살아가야만 합니다. 사단은 우는 사자와 같이 삼킬 자를 찾고 있습니다. 하나님이 주신 이 능력과 빛과 생명을 잃어버리지 않고 승리하는 삶을 살기 위하여서 끊임없는 하나님의 도우심과 하나님의 능력과 사랑이 있어야 합니다. 하나님은 보혜사 이 성령을 통하여 우리를 도와주시기 때문에 이 성령의 속성을 잘 알아야 도움을 받을 수 있습니다. 성령의 도움을 받아야 마귀를 이기고 자신의 영을 지킬 수가 있는 것입니다. 그러나 이 세상을 지배하는 보이지 않는 영적 배경이 공중 권세 잡은 자들과 어두움의 이 세상 주관자들과 하늘의 악한 영들이 주관하고 있습니다.

이러한 악한 어두움의 영들을 분별 할 수 있어야 합니다. 성령이 역사하는 원리와 사단들이 역사하는 영적 원리를 알아야 합니다. 이 영적원리는 말씀을 체험함으로 깨달아 알 수가 있습니다.

말씀을 체험함으로 생명이 되어 심령에서 성령의 나타남이 있기 때문에 영안이 열리는 것입니다. 하나님의 백성들에게 특별하게 주신 천국의 열쇠인 성령이 충만하여 자신을 통해 나타나기 때문에 신령한 능력이 나타나고 영안이 열리는 것입니다.

(고전 12:7)"각 사람에게 성령의 나타남을 주심은 유익하
게 하려 하심이라"

심령에서 성령이 역사하지 않으면 타락하여 신령한 것을 보지 못합니다. 어두움의 주관자들이 눈을 가리면 인간의 눈은 타락하여 신령한 것을 보지 못하게 됩니다. 영적인 것을 헤아릴수 있는 눈이 막힘으로 성경 속의 신비가 벗겨지지 않아서 태초에 함께 계시던 말씀을 보지 못하게 만듭니다. 말씀을 깨닫지 못하는 것이 무지요 어리석음이며 어두움입니다. 어두움을 쫓는 육성이 이 육성을 지배하는 어두움의 세력들에게 매여있고 이 들의 영적 세력들이 눈을 가리게 만듭니다.

그리스도의 영에 접붙임 받은 바 있지만, 육성과 이 어두움이 완전히 벗겨지지 아니한 자를 다른 말로 말하면 이런 그리스도인을 육신에 속한 자라 성경은 말하고 있습니다. 성경은 성령의 감동을 받은 신령한 자들이 말씀을 받아 기록한 것입니다. 육신에 속한 그리스도인들이란 말씀과 성령으로 완전하게 성화되지 못해서 인간의 이성이나 지성으로 살아가는 사람을 말합니다.

육신에 속한 그리스도인들이 성령의 감동으로 기록된 성경 속에 감추어진 신령한 비밀을 이해할 수가 없는 것입니다. 성경 말씀 속에 있는 비밀을 깨달아 알기 위하여 성령으로 육성이 깨트려져야 되는 것입니다. 육성이 깨트려지지 않은 상태에 있는 그리스도인을 육신에 속한 그리스도인이라고 합니다. 그렇기 때문에 성령의 감동을 받을 수 있는 영적 성숙함이 있는 자가 아니면 성경을 해석할 수는 있다 할지라도, 말씀은 해석 할 수 없다는 것을 의미하기도 합니다. 우리는 말씀을 해석하기 위하여 날마다 말씀과 성령으로 구습을 치유하여 성령에게 장악되어야 합니다.

하나님의 백성을 파멸시키는 것은 하나님을 아는 지식을 빼앗으면 이스라엘 백성처럼 망하게 되는 것을 사단은 너무나 잘 알고 있습니다. 그렇기 때문에 하나님을 볼 수 있는 눈을 가리게 만들고, 하나님을 아는 지식을 왜곡하게 만들면 사단은 간단하게 저들이 원하는 어두움의 세상을 만들 수 있고 믿음의 사람들을 자기편으로 쉽게 끌어들일 수 있기 때문에 할 수만 있으면 택한 자들을 미혹하는 것입니다. 그러므로 공중 권세 잡은 자들과 어두움을 주관하는 세력 등의 정체와 실체를 좀 더 현실적으로 이해해야 보다 더 영안이 쉽게 열릴 것입니다.

그래서 기독교는 체험의 종교라고 하는 것입니다. 체험이라는 것은 아는 것과 실체를 눈으로 보는 것을 말하는 것입니다.

20장 열린 영안을 관리하는 방법

(롬 8:12-15)"그러므로 형제들아 우리가 빚진 자로되 육신에게 져서 육신대로 살 것이 아니니라. 너희가 육신대로 살면 반드시 죽을 것이로되 영으로써 몸의 행실을 죽이면 살리니, 무릇 하나님의 영으로 인도함을 받는 사람은 곧 하나님의 아들이라. 너희는 다시 무서워하는 종의 영을 받지 아니하고 양자의 영을 받았으므로 우리가 아빠 아버지라고 부르짖느니라"

영안이 열리는 것도 중요하지만 관리하는 것이 더욱 중요합니다. 사람은 영적인 동시에 육적이기 때문입니다. 하나님은 요한복음 6장 63절에서 이렇게 말씀하십니다. "살리는 것은 영이니 육은 무익하니라, 내가 너희에게 이른 말은 영이요 생명이라" 영안이 성령으로 열렸기 때문에 성령으로 살지 아니하면 곧 육신적이 되므로 열린 영안이 흐려지거나, 마귀가 사용할 수도 있습니다. 무엇보다 경각심을 가져야 하는 것은 하나님이 주신 은사를 마귀를 위하여 사용하지 않는 것입니다. 이는 성령으로 충만하여 영안이 밝히 열릴 때 분별할 수가 있습니다. 우리(성도)는 의지적으로 영성을 관리하려고 노력을 해야 합니다. 육을 가지고 있는 존재이기 때문입니다. 열린 영안을 잘 관리하기 위하여 다음과 같이 영성 깊은 생활을 해야 합니다.

1. 영으로 말씀을 묵상하라.

영안이 밝히 열리는 것은 성령으로 충만한 상태에서 영의 능력으로 열리는 것입니다. 영의 능력은 성령의 임재 하에 말씀을 묵상할 때 나타납니다. 말씀은 우리를 보호하는 울타리가 됩니다. 성도의 모든 생활은 하나님의 말씀 안에서 찾아서 실천해야 합니다. 성도는 말씀의 비밀을 깨달아 알아야 합니다. 말씀을 안다는 것은 체험하여 영안이 열린 것을 말하는 것입니다. 우리가 말씀의 비밀을 알려고 하니 성령하나님이 영안을 밝게 열어주시는 것입니다. 말씀 안에 하나님의 마음이 있습니다. 성령의 임재가운데 말씀 묵상을 지속적으로 하여 심비에 말씀을 새겨야 합니다. 진정한 영안은 말씀을 삶에 적용하여 체험할 때 밝히 열리는 것입니다. 열린 영안을 잘 관리하려면 성령의 감동에 따라 말씀을 삶에 적용해야 합니다.

1) 말씀은 하나님과 우리의 인격적인 만남을 제공한다. 말씀을 통하여 성령의 감동감화를 받는다는 것은 말씀을 통하여 하나님과 인격적으로 만나는 것을 말합니다. 손을 잡듯이, 손을

만지듯이 하나님의 말씀을 마음으로 만지고 붙잡고 새겨 넣을 때, 인격적으로 하나님을 만나는 것입니다.

이러한 성령의 감동감화를 위하여 성경을 묵상하기 전에 기도해야합니다. 기도하고 성경을 묵상하면 말씀을 통하여 성령의 감동이 내 마음에 오게 됩니다. 말씀을 통하여 하나님과 마음으로 만나게 된다. 인격적으로 만나게 됩니다.

사람을 만날 때도 마찬가지입니다. 감정으로도 사람을 만날 수 있고, 육적으로도 사람을 만날 수 있고, 영적으로도 사람을 만날 수 있습니다. 누구든지 이제는 육적이나 감정적으로 만나지 말아야 합니다. 영적으로 만나는 훈련을 의지적으로 해야 합니다.'영적으로 사람을 만나게 해주세요.'하고 기도하고 누구든지 만나는 습관을 들여야 합니다. 간음한 여인을 향하여 돌을 든 사람들은 감정에 휘말려 돌을 들고 있었습니다. 그러나 예수님은 영적인 상태에서 가만히 앉아서 글을 쓰셨습니다.

무슨 일이든지 생기거든 얼른 영적인 상태가 되세요. 영적인 상태에서 나오는 영의 힘으로 감정을 이겨야 합니다. 그래야 열린 영안이 더 밝게 열릴 수가 있습니다. 감정에서 나오는 행동은 돌발적 행동이나, 영적 상태에서 나오는 행동은 깊은 5차원의 지혜가 있는 행동입니다. 이러한 영적 행동이 감정의 불을 끌 수 있습니다. 항상 영에서 나오는 놀라운 힘을 사용하는 훈련을 하시기를 바랍니다. 말씀을 통하여 하나님의 생명, 하나님의 감동, 하나님의 마음을 내 마음에 받아 넣으세요. 성령으로 충만한 가운데 말씀을 묵상하여 말씀을 마음에 새겨 넣어야합니다. 그렇게 하라고 성경을 기록하셨습니다. 신명기 6장 6절에 "오늘날 내가 네게 명하는 이 말씀을 너는 마음에 새기고." 하셨습니다.

2) 말씀은 우리의 영혼을 소생케 한다. 성경은 바다처럼 매우 깊은 책입니다. 성령의 임재 가운데 들어가면 들어갈수록 더욱 놀라운 새로운 세계가 펼쳐집니다. 성경은 글로 기록되어 있으나 글로 전혀 표현하지 못하는 것을 우리에게 표현하는 신비의 책입니다. 성경의 기록된 말씀 속에 성령하나님이 임재하고계시며, 하나님의 말씀을 통해 하나님의 임재를 만날 수 있습니다. 성경을 읽을 때 이에 대한 흥분과 기대를 가져야 하며, 이를 위한 기도를 하고 말씀을 읽어야 합니다. 말씀을 읽음으로 하나님을 만나고, 하나님을 모시도록 노력하고 훈련해야합니다.

성경 말씀에 대하여 마음을 열면 여는 만큼 하나님의 은혜가 임합니다. 하나님의 은혜가 임하는 만큼 영안이 밝게 열립니다. 하나님의 말씀을 읽을 때, 가장 깊은 부분인 마음 안의 영을 열어서 내 영에 하나님이 오시도록 해야 합니다. 그럴 때, 말씀이 성령의 검이 되어 우리 심령을 치료하며 영안을 열어주시는 은혜를 주실 수 있습니다. 말씀 앞에 자신을 개방하고 성령의 역사가 마음 깊숙이 임하게 하는 기도하는 마음으로 성경을 대하세요. 성경을 읽을 때 저자와 같은 성령의 임재 하에 깊은 영감으로 하나님의 입장에서 나에게 하시는 말씀으로 묵상하는 것을 습관화해야 합니다.

3) 성경 말씀은 하나님이 나에게 하시는 말씀이다. 성경을 읽고 묵상하는 것, 그 자체가 성령께서 나를 파악하고, 나를 만나는 행위입니다. 그러므로 성경을 읽는 것, 그 자체가 이미 고백과 기도, 예배가 되어야 하며, 성경을 읽으면서 자신을 하나님께 더 드러내고 말씀이 내게 더욱 가까이 오고 감동을 받으며 수술과 치료를 받는 것이 되어야 합니다. 말씀을 읽을 때, 사무엘처럼 하나님의 음성을 듣는 자세를 가지는 것이 영성이 깊어지는데 좋습니다. 성경을 펼 때, 하나님께서 바로 내 앞에, 말씀 속에 계시며, 말씀을 통해 그분을 만나고, 그분의 말씀을 들으려는 마음과 믿음을 지녀야 합니다. 구약 성경이나 신약 성경이나 현재성을 가지고 묵상하는 습관을 들여야 합니다. 지나간 일로 남의 일로 생각하고 성경을 읽고 묵상하지 말아야 합니다.

4) 말씀을 묵상하며 섭취하는 방법은. 말씀을 읽는 것이 아니라, 말씀 속에 계시는 하나님을 내 안에 들어오게 한다는 자세를 가지세요. 하나님의 음성을 직접 듣는다는 믿음을 가지세

요. 말씀을 나의 마음에 여러 가지로 음미하여 새겨 넣는다는 자세를 가지세요.

① 조용한 찬양으로 성령님의 임재를 요청하세요.

② 성령님에게 말씀이 내 영혼의 양식이 되게 하여 달라고 간구하세요.

③ 말씀을 자신에게 적용하세요. 자신의 말로 바꾸어보세요. 성경을 읽으며 고백과 회개와 기도와 간구와 위로와 은혜와 능력을 받으세요. 성경을 읽으면서 하나님을 만나고 나에게 하시는 말씀을 들으세요.

④ 말씀이 나에게 적용되는 것을 상상하세요. 마음속으로 그려보세요.

⑤ 말씀이 나에게 적용되는 것을 상상하면 자연스럽게 기도가 나오게 됩니다.

말씀을 볼 때 글씨로만 보려고 하지 말고 영상으로 그림을 그리면서 보려고 하세요.

2. 깊은 영의 기도를 하라.

열린 영안을 관리하는 제일 좋은 것은 깊은 영의 기도입니다. 성령의 임재 하에 호흡을 들이쉬고 내쉬면서 영으로 기도하는 것입니다. 처음에는 자신의 의지로 기도를 하되 기도가 깊어짐에 따라 자신의 의지가 아니라, 성령의 이끌림으로 깊은 경지에 들어가는 것입니다.

깊은 영의기도는 이런 순서로 하면 됩니다. 성령님을 먼저 요청하세요. 손을 가슴에 얹고. 편안한 자세, 간편한 옷을 입고, 배가 고프지도 않고, 너무 부르지도 않은 상태에서, 조용한 시간으로 잠자기 직전, 직후의 1-2시간을 택해서 하면 좋습니다. 자신이 지속적으로 할 수 있는 시간을 택하면 됩니다. 습관적으로 해야 합니다. 조용한 장소로서 소파 같은 곳, 약간 딱딱한 곳이 좋습니다.

찬양 음악이 있으면 좋습니다. 순수한 악기로만 연주된 찬양이 좋습니다. 시작 전에 조용한 찬양을 하거나 들으세요. 그러면서 성령님에게 집중하세요. 성령님을 자꾸 찾으세요. 단조롭게 성령님을 부르세요. 도움을 요청하세요. 감사와 사랑을 고백하세요. 그러면서 가만히 있으세요. 마음속에 성령님을 느끼세요. 호흡이 약간 빨라집니다.

긴장이 풀리면서 눈까풀이 떨리거나 표정이 평안하게 됩니다. 불이 심령에서 올라오고, 약간 몽롱한 상태, 그러나 마음이 부풀어 오르는 것 같은 상태를 느낄 수 있게 됩니다. 포근함, 안락함, 짐을 내려놓은 느낌을 가지게 됩니다. 그러면서 계속 성령님을 찾으세요. '성령님, 임하소서.' 하고 자꾸 성령님을 부르세요. 그러면서 시간의 개념으로부터 분리 되려고 해야 합니다. 외부적인 감각이 꺼지면서 내면의 활동이 강하게 됩니다. 그 자체가 이미 기쁨이 넘치며 많은 은혜가 임하게 됩니다. 깊은 영의기도는 우리에게 신비한 체험을 하게 합니다.

깊은 영의기도를 통하여 내 전인격이 변화를 받아 지혜와 사랑을 얻기 위한 성령하나님의 은총의 체험입니다. 이 깊은 기도의 결과로 하나님이 주신 성령의 불과 능력이 흘러나오며, 하나님이 주시는 참 지혜가 생기며, 세상을 향해 베풀 수 있는 사랑을 하나님으로부터 받게 됩니다. 저는 이 기도를 통하여 저의 영육의 치유와 깊은 영성을 유지하며 사역을 하고 있습니다.

깊은 영적인 상태에 의식적으로 들어가야 하겠다고 생각하면 절대 들어갈 수 없습니다. 호흡을 하면서 마음으로 기도를 집중적으로 몰입해서 계속하다가 보면 어느 순간에 영의기도에 들어갑니다. 영의 기도의 최고의 경지로서 여러 가지 영적 체험을 할 수 있습니다. 이 단계에 들어가면 자신의 안에서 올라오는 깊은 영적인 에너지를 받을 수가 있습니다. 영안이 밝아집니다. 더 자세한 것은 "깊은 영의기도 쉽게 숙달하는 비결"책을 참고하시기를 바랍니다.

3.주님에게 집중하라.

우리는 사랑하는 대상에게 관심을 갖게 되어 있습니다. 자신의 상태를 알아보려면 평소에 가장 관심을 갖는 것이 무엇인가 보면 정확한 것입니다. 열린 영안을 잘 관리하려면 주님에게만 관심을 가져야 합니다. 주님만이 사랑의 대상이 되어야 합니다. 주님에게 집중해야 합니다. 집중한다는 것은 항상 예수님을 주인으로 생각하는 것입니다. 항상 찾는 것입니다. 일을 할 때나, 길을 걸어갈 때나, 예배를 드릴 때나 주님의 이름을 부르며 찾는 것입니다. 대소사를 막론하고 의논하는 것입니다. 의논하는 이유는 주님이 자신의 삶의 주인이시기 때문입니다. 그래서 주님이 원하는 뜻대로 움직이는 것입니다. 이는 습관이 되어야 합니다.

우리가 무엇에 관심을 가지고 집중하느냐에 따라서 5차원도 될 수가 있고, 3차원도 될 수가 있습니다. 열린 영안을 잘 관리하기 위해서는 5차원이 되어야 합니다. 5차원이 되려면 항상 주님에게 집중을 해야 합니다. 주님에게서 초자연적인 권능이 나옵니다. 주님을 찾는 것이 습관이 되어야 합니다. 그래야 영안이 더 밝게 열리고 영성이 깊어지게 됩니다.

4.안정한 심령을 유지하라.

밝은 영안은 마음이 안정될 때 열리게 됩니다. 그리스도인들은 무엇보다 마음이 안정이 되어야 합니다. 마음이 안정될 때 성령이 역사하기 때문입니다. 안정된 마음에 하나님의 지혜가 떠오르기 때문입니다. 마귀는 어찌하든지 마음이 불안하도록 상황을 조성합니다. 마음이 불안해야 자신이 영향을 끼칠 수 있기 때문입니다. 우리는 어찌하든지 마음을 평안하게 유지해야 합니다. 마음을 평안하게 유지하려고 의지적인 노력을 해야 하는 것입니다. 마음을 평안하게 유지하려면 성령으로 충만해야 합니다. 성령으로 충만하면 마음이 평안해집니다. 왜냐하면 성령의 속성은 평안이기 때문입니다. 우리가 기도하고 말씀을 묵상할 때 마음이 평안해 집니다. 이는 자기 안에 성령이 충만해지기 때문에 마음이 평안한 것입니다.

하나님은 데살로니가전서 5장 16-18절에서"항상 기뻐하라. 쉬지 말고 기도하라. 범사에 감사하라 이것이 그리스도 예수 안에서 너희를 향하신 하나님의 뜻이니라."명령하시는 것입니다. 하나님은 영이 십니다. 평안할 때 영이신 하나님과 교통할 수가 있는 것입니다. 하나님과 교통할 때 영안이 밝히 열리는 것입니다. 그렇기 때문에 항상 마음으로 하나님을 찾아서 성령으로 충만한 상태가 되어야 열린 영안을 관리할 수가 있는 것입니다. 우리는 영안을 여는 것도 중요하지만 열린 영안을 잘 관리하는 것이 더 중요합니다.

이 책을 통해 예수님이 땅끝까지 전파 되기를 소원합니다.
(출판으로 인한 이익금은 문서선교와 개척교회 선교에 사용합니다.)

영안을 밝게 여는 비결

발 행 일 1 2014.01.15초판 1쇄 발행

지 은 이 1 강요셉

펴 낸 이 1 강무신

편집담당 1 강무신

디 자 인 1 강무신

교정담당 1 원영자/최옥희

펴 낸 곳 1 도서출판 성령

신고번호 1 제22-3134호(2007.5.25)

등록번호 1 114-90-70539

주   소 1 서울 서초구 방배천로 4안길 20(방배동)

전   화 1 02)3474-0675/ 3472-0191

E-mail 1 kangms113@hanmail.net

유   통 1 하늘유통. 031)947-7777

ISBN 1 978-89-97999-18-7 부가기호 1 03230

가   격 1 18,000원